노자는 늙지 않는다

도덕경에서 얻는 삶의 지혜

노자는 늙지 않는다

도덕경에서 얻는 삶의 지혜

초판 인쇄 2025년 5월 23일
초판 발행 2025년 6월 10일

지은이	권혁석
펴낸이	이대현
편집	이태곤 권분옥 임애정 강윤경
디자인	안혜진 최선주 강보민
마케팅	박태훈
펴낸곳	도서출판 역락
주소	서울시 서초구 동광로 46길 6-6(반포4동 문창빌딩 2F)
전화	02-3409-2060(편집부), 2058(영업부)
팩스	02-3409-2059
등록	1999년 4월 19일 제303-2002-000014호
이메일	youkrack@hanmail.net
홈페이지	http://www.youkrackbooks.com
ISBN	979-11-6742-907-0 03150

노자는
늙지 않는다

도덕경에서 얻는 삶의 지혜

권혁석 지음

역락

서문

    중국 최초의 저명 시인이자, 전원시의 대가인 도연명(陶淵明)의 시 중에 연작시 형태의 <형영신(形影神)> 3수가 있다. 내용은 사람의 몸, 그림자, 정신을 의인화한 대화체를 통해 바람직한 삶의 태도를 탐색해 보고자 한 작품으로, 시인의 인생관이 담겨 있다. 첫 번째 작품 <형증영(形贈影)>에서는 몸이 자신의 그림자에게 전하는 말의 형식을 통해 '죽음 앞에 무상할 수밖에 없는 인생에 특별한 의미를 찾지 말고 술 생기면 사양하지 말고 마시면서 하루하루 즐기라'고 하고 있다. 두 번째 작품 <영답형(影答形)>에서는 그림자가 몸의 충고에 대답하는 형식을 통해 '비록 죽음이 있다 하더라도 선행을 행하면 사후에 이름을 남길 수 있으니 하루하루 즐기는 삶보다는 훨씬 의미가 있지 않은가'라고 했다. 마지막 작품 <신석(神釋)>에서는 양자의 대화를 들은 정신이 양자의 고민을 풀어주겠다고 하면서 다음과 같이 말한다.

    대자연의 조화는 편애함이 없으니, 만물의 이치가 저절로 뚜렷이 드러난다네. 사람을 삼재 중에 넣은 것은 어찌 나 때문이 아니겠는가? 그대들과는 비록 다른 종류지만, 나면서부터 서로 붙어 다니며, 결탁하여 착한 일 나쁜 일 함께하였으니, 어찌 한 마디 하지 않을 수가 있겠나? 삼황오제는 대성인이지만 지금 어디에 있는가? 8백 세 팽조가 장수를 좋아하여, 세상에 오래 남아 있고자 했어도 더 살 수가 없었다네. 남녀노소 누구나 한 번 죽게 마련, 여기엔 어진 사람 바보도 구분되지 않는다네. 매일

같이 취하면 어쩌면 근심을 잊을 수도 있겠지만, 수명을 재촉하는 도구가 되지 않을까? 선행을 행하는 것은 항상 좋은 일이긴 하지만, 누가 그대들을 위해 칭찬해 줄까? 너무 깊이 생각하면 생명을 손상시키게 되니, 제일 좋기로는 자연의 운행 원리에 내 몸을 맡긴 채, 조화의 파도를 따라 대자연의 섭리 속에서, 기뻐하지도 않고 겁내지도 않으며, 응당 다할 목숨이라면 다하게 내버려두면 될 뿐, 다시금 유난 떨며 너무 걱정들 하지 마시게나.(大鈞無私力, 萬理自森著. 人爲三才中, 豈不以我故! 與君雖異物, 生而相依附. 結託善惡同, 安得不相語! 三皇大聖人, 今復在何處? 彭祖壽永年, 欲留不得住. 老少同一死, 賢愚無復數. 日醉或能忘, 將非促齡具? 立善常所欣, 誰當爲汝譽? 甚念傷吾生, 正宜委運去. 縱浪大化中, 不喜亦不懼. 應盡便須盡, 無復獨多慮.)

어떻게 사는 게 옳은 것인지란 물음에 대한 정신이 내린 최종 해답은 후반부의 "제일 좋기로는 자연의 운행 원리에 몸을 맡긴 채, 조화의 파도를 따라 대자연의 섭리 속에서, 기뻐하지도 않고 겁내지도 않으며, 응당 다할 목숨이라면 다하게 내버려두면 될 뿐, 다시금 유난 떨며 너무 걱정들 하지 마시게나."였다. 이는 이 시의 작가 도연명의 인생관으로 볼 수 있는데, 이는 바로 노자가 말한 자연의 섭리를 따라 사는 삶이 아닐까라고 생각해 본다.

필자 역시 중국고전문학을 공부하는 한 사람으로서 언제부터인지도 모르게 도연명을 특별히 좋아하게 되었고, 그에 따라 자연스럽게 노자를 찾게 되었고, 짧지 않은 기간 동안 노자의 말에 경도되어 왔다. 그리고 관련 책들을 읽어나가면서 생각을 정리할 수 있었으며, 마침내 노자가 말한 '무위'에 반하는 결정, 즉 노자에 대한 내 생각들을 활자화시켜 보고자 하였다.

이 책은 논문이 아니다. 나는 오랜 시간에 걸쳐 노자와 관련된 여러 책을 읽었고, 그중 공감이 가는 부분들은 시간이 흐르면서 마치 내 생각처럼 자리잡기도 했다. 따라서 이 책에 담긴 서술, 즉 번역이나 해설 등의 적잖은 내용은 내가 읽었던 책들의 내용일 수도 있다. 여기에 그러한 책들을 아래와 같이 열거하면서 미리 해당 책의 저자들에게 출처를 밝히지 않고 인용했을 수도 있는 부분에 대한 양해를 구하고자 한다. 또한 기억력의 한계로 인하여 목록에서 빠진 책이 있을 수도 있는 점 역시 양해를 구한다.

김용옥, 노자-길과 얻음, 통나무, 1989.

오강남, 도덕경, 현암사, 1995.

박영호, 빛으로 쓴 얼의 노래 노자, 도서출판 두레, 1998.

정창영, 도덕경, 시공사, 2000.

김학주, 노자, 명문당, 2002.

김충열, 노장강의, 예문서원, 2004.

이천교, 역촌 도덕경(백서노자 갑을본), 지샘, 2004.

임채우, 왕필의 노자주, 도서출판 한길사, 2005.

최남규, 곽점초묘죽간(상하), 신성출판사, 2005.

이석명, 백서노자, 청계출판사, 2006.

최재목, 노자, 을유문화사, 2006.

楊潤根, 發現老子, 北京 新華書店, 2007.

최재목·박종연, 진고응이 풀이한 노자, 영남대학교 출판부, 2008.

張玉良, 老子譯解, 北京 新華書店, 2008.

최진석, 나 홀로 읽는 도덕경, 시공사, 2021.

다음으로 책의 구성에 대해 설명하면, 먼저 노자라는 인물과 그의 저서인 《노자》《도덕경》에 대해 과거에 쓴 필자의 논문을 대폭 줄이고 수정한 본서의 해제 성격의 내용을 본론 앞에 배치하였다. 그리고 본론에서 인용한 원문은 《노자》의 여러 판본 중 통행본인 왕필주석본을 텍스트로 삼았다. 그리고 각 장의 제목은 원문 첫구와 함께 각 장의 내용과 관련 있는 우리말로 된 짤막한 구절을 원문 구의 의미와 상관없이 병기하였다. 그리고 이 책이 정확한 번역을 위한 것이 주된 목적이 아니기 때문에 어려운 어휘에 대한 주석도 최소화하였다. 그리고 주석에 이어 원문에 대한 번역문을 첨부하였고, 이어서 각 장의 의미 이해를 돕기 위해 '이해하기'란 제목으로 설명을 부연하였다. 그래도 부족한 부분은 '사족'이란 제목으로 뱀의 발을 그리듯 추가하였다.

이 책을 읽는 독자들은 수많은 《노자》 관련 책들 중에 이런 책도 있구나 정도로 생각하면서 읽어주면 좋겠다.

책의 제목을 '노자는 늙지 않는다'라고 한 것은 2천 년도 훨씬 전의 글이고 사상이지만 전혀 고루하지 않으며 현대인에게도 여전히 유효한 내용이기 때문이다. 그리고 부제 중의 '도덕경'은 노자의 저술을 달리 일컫는 말이며, 아울러 '지혜'라고 한 것은 이 책의 저술 목적이 지식 전달에 있지 않다는 것을 말하고 싶었기 때문이다. 책을 읽어가면서 이해되는 부분이 있어서, 그것이 자신의 삶에 조금이나마 보탬이 되는 지혜 역할을 했으면 하는 작은 바람이 있을 뿐이다. 아울러 책 속에 있을 많은 오류들은 질정과 함께 양해를 당부 드린다. 노자의 지혜를 어느 정도 이해했다고 하면서 정작 이렇게 노자 지혜의 핵심인 '무위'를 어겼으니 정작 나 자신에게도 부끄럽기만 하다.

2025년 초하, 유경재(由敬齋)에서 저자 씀

차례

노자는 늙지 않는다

도덕경에서 얻는 삶의 지혜

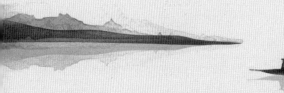

노자(老子)와 《노자(老子)》에 대해

※이 글은 필자가 '《老子》의 저술 경위 연구'라는 제목으로
《東亞人文學》제16집(2009.12)에 발표했던 논문을 수정, 축약한 것이다.

　　유가와 도가의 이동(異同) 문제 및 원시 도가사상에 대한 보다 정확한 이해를 위해서는 《노자》의 저자 및 저술 시기를 밝히는 것이 중요하다. 그 결과에 따라 크고 작은 상이한 내용의 여러 가지 판본들 중에서 어떤 것을 연구의 텍스트로 삼아야 할지가 결정되기 때문이다. 《노자》의 저술 경위에 대해서는 전통적으로 《사기》의 기록을 믿는 학자들이 주류를 차지하다가, 송대 이후 등장하기 시작한 의고파들에 의해 《사기》의 기록이 의심을 받게 되는데, 이런 의고파가 주류를 차지하면서 20세기 후반까지 이어져 왔다. 그러던 중 2차에 걸친 새로운 고고학적 자료의 발굴로 인해 《노자》의 저술 경위에 대한 연구는 새로운 시기로 접어들게 된다. 즉, 1973년에 발굴된 마왕퇴(馬王堆) 한묘(漢墓) 백서본(帛書本)(이하 백서본)과 1993년에 발굴된 곽점초묘(郭店楚墓) 죽간본(竹簡本)(이하 초간본)은 그 이전의 논쟁에 종지부를 찍고 새로운 지평을 열게 하였다.

1. 노자와 《노자》

1) 노자의 생애

《사기(史記)·노자열전(老子列傳)》(이하 <노자열전>)의 내용 분석을 근간으로 삼고, 기타 선진자료들을 방증 자료로 삼아 노자와 《노자》에 관련된 여러 가지 사실들을 밝히고자 하였다.

현존하는 역사 문헌 중에서 가장 완정된 기록이자 신빙성을 가진 자료는 <노자열전>이라고 할 수 있다. 이 기록에서의 노자에 대한 사마천(司馬遷)의 서술 관점은 단정적인 태도와 소문에 의지한 불확실한 태도가 병존한다.

먼저 단정적인 서술 태도는 노자의 성명, 고향, 벼슬 등에 대한 서술과 예에 대한 물음의 대답을 내용으로 하는 공자와의 상봉, 주나라의 쇠미와 출관(出關) 중에 《노자》를 저술한 것, 노자의 후대 계보 등에 대한 서술에서 보인다. 이와 반대로 소문에 근거한다고 밝히면서 제시하고 있는 불명확한 태도는 노래자(老萊子)와 태사(太史) 담(儋)이 노자라는 설이라는 후반 말미의 기록이다.

이런 이중적 서술 태도는 사마천 당시의 노자의 전래 상황을 보여주는 것이기도 한데, 단정적인 서술을 할 정도의 객관적 자료가 존재했던 것과 함께 그 자료에 대해 의심하는 사람 또한 적잖았음을 말해 준다.

(1) 노자와 이이(李耳)

사마천은 노자에 대한 전기를 기록하면서 결정적인 모순점을 드러내어 후인들의 혼동을 야기했다. 대부분 선진 전적에서는 노자의 성명을 노담(老聃)이라고 한 것에 반해 사마천은 선진 전적에 전혀 근거가 없는 이이(李耳)라고 분명하게 밝히고 있기 때문이다. 이러한 단정적인 기록은 서두뿐만 아니라 말미 부분의 후손의 족보와 사상을 언급할 때도 보인다. <노자열전>의 서두는 다음과 같이 시작된다.

> 노자라는 사람은 초나라 고현에 속하는 여향의 곡인리 사람이다. 성은 이씨이며 이름은 이고, 자는 담이며, 주나라 수장실의 사관이었다.(老子者, 楚苦縣, 厲鄕曲仁里人也. 姓李氏, 名耳, 字聃, 周守藏室之史也.)

초나라의 고현(苦縣)은 본래 진(陳)나라 땅인데, 전국시대에 와서 초나라가 차지하게 된다. 이 구절 때문에 노자를 전국시기 사람이라고도 하는데, 후반부에 공자와 동시대 사람인 노래자를 언급할 때 역시 초나라 사람이라고 했으니, 그것 때문에 전국시대 사람이라고 볼 수는 없다.

문제는 이것이 아니다. 사마천의 이 단정적인 서술이 후반 말미의 후대 계보에 대한 언급과 함께 분명한 자료에 의거한 서술임을 알 수 있다. 그 자료란 선진시대의 자료가 아닌 사마천 당대의 자료임이 분명하다. 이에 대해 섭중경(聶中慶)은 다음과 같이 설명하고 있다. 노자라는 인물의 모호성에도 불구하고 전국시대부터 한나라 초까지 그의 사상은 상당한 영향력을 발휘하고 있었다. 그런 가운데 노자의 사상에 밝았던 인물 중에 조정에서 벼슬하던 이가(李假)와 이해(李解) 등이 집안에서 내려오던 어떤 자료를 근거로 하여 마침내 노자의 후손으로 자처하게 된 데서부터 노자의 성명이 이이가 된 것이라고 보았다.[1] <노자열전> 말미에

---

1   聶中慶, <《老子》其書作者芻議>(2003, p.34.)

다음과 같이 자세하게 노자의 후손에 대한 족보가 언급되어 있다.

> 노자의 아들은 이름이 종(宗)이며, 위(魏)나라 장군으로서 단
> 간(段干) 땅에 봉해졌다. 종의 아들은 주(注), 주의 아들은 궁(宮),
> 궁의 현손은 가(假)인데, 가는 한나라 효문제(孝文帝)를 섬겼다.
> 그리고 가의 아들 해(解)는 교서왕(膠西王) 앙(卬)의 태부가 되어
> 그때부터 제(齊)나라 땅에서 살게 되었다.(老子之子名宗, 宗爲魏將,
> 封於段干. 宗子注, 注子宮, 宮玄孫假, 假仕於漢孝文帝. 而假之子解爲膠西
> 王卬太傅, 因家于齊焉.)

이뿐만 아니라 이어서 노자의 사상을 언급하면서도 이이라고 분명
하게 밝히고 있는데,[2] 이러한 기록을 통해 볼 때 비록 그 기록의 근거는
밝히고 있지 않았지만 사마천은 노자의 본명이 이이라는 확신을 가지
고 있었음을 알 수 있다. 그러나 중요한 것은 노자의 본명이 이이인지
아닌지가 아니라 노자가 과연 주나라 때의 사람인지 여부이다.

(2) 공자와의 상봉 및 예에 대한 가르침

활동 시기가 비교적 명확한 공자로 인해, 노자와 공자의 만남에 대
한 기록은 다른 어떤 자료보다 노자의 활동 시기를 밝힐 수 있는 가장
명확한 자료가 된다. 이는 그 기록의 출처와 기록된 내용의 범위에 따

---

2   세상에서 노자를 공부하는 사람은 유학을 배척하고, 유학을 공부하는 사람 역시 노자
를 배척한다. "도가 같지 않으면 함께 일하지 않는다."라는 것은 이것을 두고 하는 말이
아니겠는가. 이이는 무위로써 저절로 변화했고, 청정으로써 스스로를 바로 잡았다.(世
之學老子者則絀儒學, 儒學亦絀老子. "道不同不相爲謀", 豈謂是邪? 李耳無爲自化, 淸靜自正.)

라 《노자》의 저술 시기와도 관련된 증거가 된다. 이에 관한 <노자열전>의 기록은 다음과 같다.

> 공자가 주나라에 가서 노자에게 예에 대하여 물었다. 노자가 말했다. "선생께서 말하는 그 사람들은 모두 이미 그 육신과 뼈가 썩어 없어져 버렸고, 오직 말로만 전해지고 있을 뿐이오. 또 군자라는 사람도 때를 잘 만나면 수레를 타고 다닐 수 있지만 때를 만나지 못하면 쑥대밭을 걸어다니는 것이오. 나는 '훌륭한 장사꾼은 물건을 깊숙한 곳에 보관하기 때문에 겉보기에는 물건이 없는 것처럼 보이며, 덕을 많이 쌓은 군자의 태도도 겉보기에는 어수룩하게 보인다.'라고 들었소. 그대는 교만함과 욕심을 버려야 하며, 잘난 체하거나 뽐내지 말아야 하며, 쾌락을 멀리하길 바라오. 그런 것들은 그대에게 무익한 것들이오. 내가 그대에게 당부하고 싶은 말은 바로 이것이오." 공자는 돌아가서 제자들에게 말했다. "… 나는 오늘 노자를 뵈었는데 마치 용과 같았다."(孔子適周, 將問禮於老子. 老子曰, "子所言者, 其人與骨皆已朽矣, 獨其言在耳. 且君子得其時則駕, 不得其時則蓬累而行. 吾聞之, 良賈深藏若虛, 君子盛德, 容貌若愚. 去子之驕氣與多欲, 態色與淫志, 是皆無益於子之身. 吾所以告子, 若是而已." 孔子去, 謂弟子曰, "… 吾今日見老子, 其猶龍邪!")

이 내용은 일부 사람들에 의해 《장자(莊子)·천운(天運)》의 내용에 근거한 것이라고 하여 그 사실에 대한 신빙성을 의심받기도 한다. 이러한 내용은 《사기》 중 다른 부분에도 보인다.

> 노나라 남궁경숙(南宮敬叔)이 노나라 임금에게 "공자와 함께 주나라로 가기를 청합니다."라고 하였다. 이에 노나라 임금은

그에게 한 대의 수레와 말 두 필, 시동 한 명을 주었으며, 주나라
로 가서 예에 대해 물었는데, 이렇게 해서 공자는 노자를 만날
수 있었다. 이윽고 공자가 헤어지려고 할 때 노자가 전송하며
말했다. … 공자가 주나라에서 노나라로 돌아왔다. 그의 제자가
조금씩 늘어갔다.(魯南宮敬叔言魯君曰, "請與孔子適周." 魯君與之一乘
車, 兩馬, 一豎子俱, 適周問禮, 蓋見老子. 辭去, 而老子送之曰. … 孔子自周
反于魯, 弟子稍益進焉.)(<孔子世家>)

이 기록은 시간상 앞 기록 이전의 상황을 기록한 것이다. 공자가 노
자를 찾아가게 된 과정까지 간단하게나마 언급되어 있다. 이러한 상황
에 대한 설명뿐만 아니라 다음처럼 노자와 공자가 사제지간임을 천명
한 기록도 보인다.

공자가 스승으로 섬기는 인물은 주나라의 노자, 위(衛)나라의
거백옥(蘧伯玉), 제나라의 안평중(晏平仲), 초나라의 노래자, 정
(鄭)나라의 자산(子産), 노나라의 맹공작(孟公綽) 등이었다.(孔子之
所嚴事, 於周則老子, 於衛蘧伯玉, 於齊晏平仲, 於楚老萊子, 於鄭子産, 於魯
孟公綽.)(<仲尼弟子列傳>)

공자가 노자에게 예를 물었다는 내용을 직접적으로 기록하지는 않
았지만 공자가 주나라 왕실을 방문하고 그곳의 역사 기록과 전해오는
이야기를 들었다는 사실에 대한 기록도 있다.

이로써 공자는 왕도를 밝혀 70여 제후에게 쓰이기를 바랐지
만 등용되지 못했다. 그래서 서쪽으로 가 주나라 왕실을 구경하
고 역사의 기록과 옛날 전해오는 사실을 의논, 노나라에서 시작

하여 《춘추》를 지었다. 위로는 은공(隱公) 때부터 기록했고, 아래로는 애공(哀公) 때 획린한 시기까지 언급했다. (是以孔子明王道, 干七十餘君, 莫能用, 故西觀周室, 論史記舊聞, 興於魯而次春秋, 上記隱, 下至哀之獲麟.)(<十二諸侯年表序>)

이상 여러 기록으로 보아, 사마천은 노자와 공자의 상봉을 확실한 사실로 받아들이고 있음을 알 수 있다. 이와 관련된 기록은 《사기》뿐만 아니라 선진의 다양한 전적들 속에 광범위하게 기록되어 전하고 있는데, 여기에서는 그중 몇 가지를 보기로 하겠다. 먼저 유가의 저작인 《예기》에도 공자가 노자에게 찾아가 예를 물었다는 내용이 여러 차례 기록되어 있다. 다음은 그중의 하나다.

> 공자가 말씀하셨다. "… 내가 노담에게 들으니 '천자가 붕어하고 국군이 훙하면 축이 여러 사당의 신주를 모아서 조묘에 간직하는 것이 예이며, 졸곡성사 뒤에 신주를 각각 그 본 사당에 돌린다. 국군이 그 나라를 버리고 가면 태재가 여러 사당의 신주를 모아 가지고 쫓아가는 것이 예이다. 조묘에서 협제를 거행할 때에는 축이 사묘의 신주를 맞아오며, 신주가 사당을 나올 때와 사당에 들어갈 때는 반드시 행인을 금지한다.'라고 노담이 말했다."(孔子曰, "… 吾聞諸老聃, 曰, '天子崩, 國君薨, 則祝取羣廟之主而藏諸祖廟, 禮也. 卒哭成事而后主各反其廟. 君去其國, 大宰取羣廟之主以從, 禮也. 祫祭於祖, 則祝迎四廟之主, 主出廟入廟必蹕.' 老聃云.")(<曾子問>)

주석의 내용을 포함한 《예기》의 네 가지 일화는 모두 공자가 노자에게 예를 배웠다는 구체적인 기록이다.

다음으로 역시 유가의 전적에 속하는 선진 전적 중 《공자가어(孔子

家語)》의 기록을 보기로 하겠다. 이 책에 대해 손해휘(孫海輝)는 그와 관련된 연구 업적을 근거로 위서가 아니라고 보았다.[3] 이 책 역시 많은 부분에 걸쳐 공자와 노자의 만남을 이야기하고 있는데,[4] 다음은 그중의 하나다.

> 공자가 남궁경숙에게 말했다. "내 들으니 노담은 옛일도 넓게 알고 지금 일도 모르는 것이 없으며 예악의 근원에 능통하고 도덕의 귀추에도 밝다 하니 우리의 스승이다. 나는 장차 한 번 가 보기로 작정했다." … 경숙의 청을 들은 노나라 임금은 공자에

---

3 孫海輝, <孔子與老子關係研究_以《孔子家語》爲中心>(2004, pp.5-19) 이에 따르면 위서론은 왕숙(王肅)이 정현(鄭玄)의 설을 반대하기 위해 도가적 성분을 삽입한 것으로, 이후 위진 현학의 선구가 되었다고 한 것이다. 1970년 부양쌍고퇴(阜陽雙古堆) 1호 목독(木牘)과 하북(河北) 정현(定縣)의 팔각랑(八角廊)에서 발견된《유가자언(儒家者言)》이 계기가 되어《공자가어》는 그 진실성을 인정받게 되었다고 하였다. 또 이학근(李學勤)의 설(1987)을 인용하여《공자가어》는 오랜 기간에 걸쳐 완성된 책으로,《유가자언》은 그 죽간본 형태라고 할 수 있다고 하면서 아울러《한서·예문지》에 기록된 '《孔子家語》二十七卷'이란 목록이 바로 고본으로, 그 성격이《논어》와 유사했을 것이라고 했다. 또 주자(朱子)의 "《공자가어》는 다만 왕숙이 옛 기록과 잡기를 편찬한 것으로, 그 책이 흠이 많긴 하지만 왕숙이 지은 것은 아니다."(《家語》只是王肅編古錄雜記, 其書雖多疵, 然非王肅所作.)와 "《공자가어》는 기록이 순수하지 않지만 그래도 당시의 책이다."(《家語》雖記得不純, 却是當時書.)라는 언급과 현대 학자 주여동(周予同)·왕승략(王承略)·양조명(楊朝明) 등의 설을 예시하면서 그 진실성을 설명하였다.

4 <치사(致思)>: 공자가 말했다. "계손(季孫)이 내게 천 종의 곡식을 준 후부터 나의 교제가 더욱 친밀해졌고, 남궁경숙이 내게 수레를 타게 한 뒤로부터 나의 도가 더 행해지게 되었다. 그러므로 도가 아무리 귀할지라도 반드시 때를 만난 뒤에 소중하게 되며, 세력이 있은 뒤에 행해지는 것이다. 이 두 사람이 주는 재물이 아니었더라면 나의 도는 자칫 없어지게 되었을 것이다."(孔子曰, "季孫之賜我粟千鍾也, 而交益親. 自南宮敬叔之乘我車也, 而道加行. 故道雖貴, 必有時而後重, 有勢而後行, 微夫二子之贶財, 則丘之道, 殆將廢矣.") 이 외에도 <관주(觀周)> 등 여러 편에 공자가 노자에게 예와 관련된 내용을 들었다는 내용이 기록되어 있다.

게 즉시 수레 한 채와 말 두 필에 말구종까지 끼워서 주었다. 이리하여 경숙도 따라 함께 가게 되었다. 주나라에 이르자 공자는 예는 노담에게 묻고 악은 장홍(萇弘)에게 물었다. … 공자는 주나라를 떠나 노나라로 돌아오게 되었다. 노자는 공자를 작별하면서 다음과 같이 말했다. "부유하고 귀한 자는 사람을 떠나보낼 때 재물을 주고, 어진 사람은 사람을 떠나보낼 때 말씀을 준다고 들었소. 나는 부귀한 자가 아니기 때문에 재물을 줄 수는 없고 어진 사람이란 이름이나 빌어서 그대를 보내면서 몇 마디 말을 주려 하오. …" 이에 공자는 "공경하여 가르치신 대로 받들어 행하겠습니다."라고 대답하고 주나라로부터 노나라로 돌아왔다. 이로부터 도가 더욱 높아져 먼 지방에서까지 배우러 오는 자들이 약 3천 명이나 되었다.(孔子謂南宮敬叔曰, "吾聞老聃博古知今, 通禮樂之原, 明道德之歸, 則吾師也, 今將往矣." … 與孔子車一乘, 馬二疋, 堅其侍御. 敬叔與俱至周, 問禮於老聃, 訪樂於萇弘. … 及去周, 老子送之曰, "吾聞富貴者送人以財, 仁者送人以言, 吾雖不能富貴, 而竊仁者之號, 請送子以言乎. …" 孔子曰, "敬奉教." 自周反魯, 道彌尊矣. 遠方弟子之進, 蓋三千焉.)(<觀周>)

이 부분 역시 <노자열전>이나 《장자》 중의 기록과 유사하다. 이렇게 시대와 사상이 다름에도 비슷한 내용들이 기록되어 전하고 있음을 한 마디로 '믿을 수 없다'라고 부정해 버릴 수는 없다.

다음은 도가사상의 양대 저서 중의 하나인 《장자》의 기록을 보기로 하겠다. 그중에서도 장자(대략 BC369-BC286) 자신 또는 장자의 제자에 의해 지어진 내편과 외편에도 많은 부분에 걸쳐 이와 관련된 기록이 보인다. 그중 내편의 기록을 보면 다음과 같다.

무지(無趾)가 노담에게 말했다. "공구(孔丘)는 지인에 이르려

면 아직 멀었더군요. 그는 어째서 자꾸만 당신한테 배우려 할
까요? 그는 매우 기괴한 명성을 바라고 있겠지만 지인은 그것
을 스스로를 묶는 수갑과 차꼬라고 여긴다는 점을 모릅니다."
노담이 말했다. "죽음과 삶을 하나로 보고, 옳다 옳지 않다를 한
가지로 여기는 자로 하여금 당장 그 수갑과 차꼬를 풀어주도록
해 보시지요. 그건 될 텐데요."(無趾語老聃曰, "孔丘之於至人, 其未邪?
彼何賓賓以學子爲? 彼且蘄以諔詭幻怪之名聞, 不知至人之以是爲己桎梏
邪?" 老聃曰, "胡不直使彼以死生爲一條, 以可不可爲一貫者, 解其桎梏, 其可
乎?"(<德充符>)

우언을 위주로 하고 있는 《장자》의 성격상 전적으로 신뢰할 수는
없지만 다른 전적들 중의 이와 유사한 내용의 진실성을 높이는 의미는
지니고 있다고 하겠다. 다음은 외편의 기록이다.

공자가 노담에게 물었다. "도를 닦음에 있어서 상식에 어긋나
는 듯하여 옳지 않은 것을 옳다 하고 그렇지 않은 것을 그렇다
고 하는 사람이 있습니다. 변론가들의 말에도 '굳은 것과 흰 것
이 분리된 모양이 마치 딴 세상의 것 같다.'라고 합니다. 이와 같
다면 곧 성인이라 할 수 있겠습니까?" 노담은 대답했다. "그것은
지혜만 앞선 채 재주에 얽매여 몸을 지치게 하고 마음을 불안하
게 하는 자다. 너구리를 잡는 개는 줄에 묶이고, 민첩한 원숭이
도 산림에서 사로잡혀 온다. 구야, 나는 네가 들을 수도 말할 수
도 없는 것을 네게 일러 주겠다. …"(夫子問於老聃曰, "有人治道若相
放, 可不可, 然不然. 辯者有言曰, '離堅白若縣宇.' 若是則可謂聖人乎?" 老聃
曰, "是胥易技係, 勞形怵心者也. 執狸之狗成思, 猿狙之便自山林來. 丘, 予
告若, 而所不能聞與而所不能言. …"(<天地>)

외편에는 이 외에도 많은 부분에 걸쳐 한결같이 노자가 공자에게 사상적으로 일깨움을 주었다는 고사를 구체적으로 기록하고 있다. 다음은 전국 말에 편찬된 《여씨춘추(呂氏春秋)》의 기록을 보기로 하겠다.

> 영향을 받는 것은 나라뿐이 아니다. 공자는 노담·맹소기(孟蘇夔)·정숙(靖叔) 등에게 배웠다.(非獨國有染也. 孔子學於老聃、孟蘇夔、靖叔.)(〈仲春紀〉)

다음은 서한 초의 《한시외전(韓詩外傳)》에 기록된 내용을 보기로 하겠다. 이 책은 비록 시대적으로는 늦지만 유가의 전적에 속하기 때문에 기록의 가치가 상대적으로 높다고 하겠다.

> 애공이 말했다. "그렇다면 오제에게도 스승이 있었는가?" 자하(子夏)가 대답했다. "소신이 듣건대 황제(黃帝)는 대분(大墳)에게 배웠고, … 중니(仲尼)는 노담에게 배웠다고 합니다. 이 열한 분의 성인이 이런 스승을 만나지 못했다면 공적이 세상에 드러날 수가 없었을 것이고, 이름이 후세에 전해질 수가 없었겠지요."(哀公曰, "然則五帝有師乎?" 子夏曰, "臣聞黃帝學乎大墳, … 仲尼學乎老聃. 此十一聖人, 未遭此師, 則功業不能著乎天下, 名號不能傳乎後世者也.")(《韓詩外傳5》)

이 기록과 《예기》·《공자가어》 등의 관련 기록을 통해 볼 때, 한대 초기 및 그 이전에는 유가들조차 공자가 노자에게 배운 것을 인정하고 있었음을 알 수 있다.

이상의 선진의 역사적 사실을 근거로 한 다양한 유파에서 나온 전적 중에서 공자와 노자의 만남을 언급한 기록이 출현한다는 것은 그 사실을 의심할 수만은 없음을 말해 준다. 한대까지의 이러한 기록들을 모조리 의심해 버린다면 우리가 믿어야 할 역사적 진실은 과연 어떤 것이 될지 알 수가 없게 된다. 필자가 보기에는 이를 결정적으로 부정할 수 있는 고고학적 자료가 새로 출현하기 전까지는 이 사실이 유효하다고 생각한다.

(3)《노자》의 저자

현존하는《노자》는 그 저자의 이름이 이이이든 노담이든 분명 노자라는 인물의 사상을 담고 있는 책이다. 그 책은《논어》처럼 제자들에 의해 기록된 어록일 수도 있고, 아니면《맹자》나《장자》의 일부처럼 본인의 직접적인 저술일 수도 있다. 사마천은 후자에 속한다고 보았으며, <노자열전>에서 다음과 같이 기록하고 있다.

> 노자는 도와 덕을 닦았는데, 그의 학문은 자신을 숨기고 이름을 내지 않고 사는 것에 힘을 쓰는 것이었다. 주나라에 산 지 오래되었으나, 주나라가 쇠미한 것을 보고서 마침내 떠났다. 관문에 이르자 관문 관리 윤희(尹喜)가 그에게 말했다. "선생님께서는 장차 은둔하려 하시니, 억지로라도 저를 위해 책을 써 주십시오." 이에 노자는 마침내 책 상하편을 지었는데, 도와 덕의 의미를 말한 5천 글자의 책을 지은 뒤 떠났으니, 그 후 그의 행적에 대해서는 아는 사람이 없었다. (老子脩道德, 其學以自隱無名爲務. 居周久之, 見周之衰, 迺遂去. 至關, 關令尹喜曰, "子將隱矣, 彊爲我著書." 於是老子迺著書上下篇, 言道德之意五千餘言而去, 莫知其所終.)

이 기록에 대한 의심과 부정은 송대부터 일어나기 시작하다가 청대를 거쳐 1920-30년대 고사변파(古史辨派)의 의고사조로 인해 광범위하게 퍼져나갔다.[5] 즉, 기존 역사서가 실제 역사를 완벽하게 반영할 수 없다는 입장에서 이 설은 부정되기 시작하였다. 노자라는 사람이 어느 한 시기에 통행본과 같은 수미일관한 완전한 저서를 남길 수 없다는 주장이다. 그리하여 어떤 사람은 전국시대 이이라는 사람이 전설상의 노담에서 비롯된 도가학설을 종합하여 정리한 책이라고 하기도 하고,[6] 또 어떤 사람은 노담 또는 노래자, 태사 담의 손을 거쳐 전국시대에 완성되었다고 하였다.[7]

주나라의 쇠미함은 포괄적인 사실을 말하는 것이 아니라 특정 사건을 가리키는데, 즉, 춘추 말 왕자 조(朝)의 난을 가리킨다. 이 사건은 주경왕(景王)이 죽으면서부터 시작되어(BC520) 18년 간이나 지속된다. 이것이 바로 주나라의 쇠미함이니, 노자는 대략 BC520-BC516년 사이에 주나라를 떠나게 된다. 그중 BC516년일 가능성이 가장 높은데, 그 이유는 왕자 조(朝)가 반란에 실패하여 소공(昭公) 26년(BC516)에 석(石)씨 일족과 모백득(毛伯得)·윤씨고(尹氏固)·남궁은(南宮嚚) 등과 함께 주나라의 전적을 가지고 초나라로 떠났기 때문에 수장실의 관리였던 노자 역시 책임을 지고 면직을 당하여 주나라를 떠나게 되었을 것이다. 이 시

---

5   논쟁 내용을 간단히 정리하면 다음과 같다. 그 단초는 호적(胡適)의 저서에서 노자를 첫머리에 놓은 것을 지적한 양계초(梁啓超)에 의해,《노자》가 전국 말기에 나왔다고 하는 주장으로부터 논쟁의 막이 올랐으며, 논쟁에 참여한 사람으로는 양계초와 호적, 전목(錢穆)·고힐강(顧頡剛)·나근택(羅根澤)·풍우란(馮友蘭)·당란(唐蘭)·마서륜(馬敍倫)·장서당(張西堂)·손차주(孫次舟) 등이었다. 논쟁은 가열될수록 더욱 복잡해져 갔는데, 결국 크게 조출설(早出說)과 만출설(晚出說)이란 양대파로 나뉘게 되었다.

6   풍우란, 박성규 역,《중국철학사》[상], 까치글방, 2007, p.274.

7   李海龍, <老子其人其書"公案"研究近況評述>(2003).

기가 바로 노자가 주나라를 떠났던 시기이자 《노자》를 지었던 시기라고 보는 것이다. 공자 생졸년이 BC551-BC479년이라면 두 사람의 만남 또한 충분히 가능성이 있는 것이다.

그러나 앞에서도 말했듯이 《사기》의 기록처럼 현존하는 5천 글자의 《노자》가 노자라는 1인에 의해 한 시기에 지어졌다는 것은 믿기가 어렵다. 공자와 동시대에 노자가 비록 존재했다고는 하더라도 그의 사상이 어록처럼 부분적으로 사람들에게 전해지다가 시간이 흐르면서 모든 전적들을 망라하여 그 속에서 노자의 말을 추출하여 체계를 갖춰 엮은 지금의 《노자》가 탄생했을 것이라는 가설이 더 신빙성이 있다.

(4) 노자에 대한 이설

<노자열전>의 기록은 다음과 같다.

> 어떤 사람은 말한다. "노래자 또한 초나라 사람으로, 15편의 저서가 있으며, 도가사상의 응용면을 내용으로 하며, 공자와 동시대 사람이다." 일반적으로 노자는 160여 세 살았다고 하는데, 어떤 사람은 200여 세를 살았다고도 하니, 아마 그가 도를 닦아서 장수했기 때문일 것이다. 공자가 죽은 후 129년 후에 역사는 주나라 태사 담이 진(秦) 헌공(獻公)을 알현하고 "처음 진나라는 주나라와 합쳐져 있었고, 합쳐진 지 500년 만에 분리되었으며, 분리된 지 70년 후에 패왕을 자처하는 자가 나타나게 될 것입니다."라고 말한 내용을 기록하고 있다. 어떤 사람은 담이 곧 노자라고 하고, 어떤 사람은 그렇지 않다고 하는데, 세상에는 그 정확한 사실을 아는 사람이 없다. 노자는 은둔한 군자였다. (或曰, 老萊子亦楚人也, 著書十五篇, 言道家之用, 與孔子同時云. 蓋老子百有六十餘歲, 或言二百餘歲, 以其脩道而養壽也. 自孔子死之後百二十九年, 而史記

周太史儋見秦獻公曰, "始秦與周合, 合五百歲而離, 離七十歲而霸王者出焉."

或曰儋卽老子, 或曰非也, 世莫知其然否. 老子, 隱君子也.)

확신에 찬 사마천의 서술 태도가 이 단락에 이르러 의심을 나타내
는데, 당시에 노자에 대해 여러 설이 존재했기 때문에 판단의 참고를
위해 기술한 것으로 보인다. 노자는 양생법을 통해 100-200세까지 살
았다고도 한다. 그렇다면 공자가 죽은 지 129년 후에 진 헌공을 알현했
던 태사 담이란 사람이 예전의 노자라는 설도 있다고 하는데, 사실 여
부는 모르겠다고 했다. 이 글의 문맥을 보면 결코 후대의 태사 담과 춘
추시기의 노담이 다른 사람이라는 말이 아니라, 후대 태사 담이란 사
람이 춘추시기에 태어나 장수한 노담이라는 말이 된다. 태사 담에 대한
역사적 기록은 《사기》의 다른 곳에도 보이는데,[8] 이는 태사 담에 대한
모호함이 아니라 노자의 장수 여부에 대한 모호함을 말하는 것이다. 부
연하자면 사마천의 이 의혹은 기본적인 사실 자체를 인정한다는 전제
하에 참고용으로 당시 떠돌던 여러 설들을 제시한 것으로서, 사마천의
역사 기술의 신중성을 보여주는 부분으로 볼 수 있을 뿐, 신빙성을 따
질 부분은 아니라고 할 것이다.

결론적으로 사마천의 기록을 뒤집을 결정적인 근거가 현재까지는
없기 때문에, 비록 여러 가지 추정과 가설은 가능하지만 결국은 《사기》
의 내용을 잠정적으로 수용할 수밖에 없다고 하겠다.

---

8   <주본기(周本紀)>: 열왕 2년(BC374)에 주나라의 태사 담이 진나라 헌공을 알현하고 다
     음과 같이 말했다. "처음 주나라는 진나라와 합해졌다가 나뉘었는데, 나뉜 지 500년 만
     에 다시 합해질 것이며, 합해진 지 17년 만에 패왕이 출현할 것입니다."(烈王二年, 周太
     史儋見秦獻公曰, "始周與秦國合而別, 別五百載復合, 合十七歲而霸王者出焉.")

2) 《노자》의 저술 시기

《사기》에 따르면 노자가 공자와 동시대인 춘추 말기의 인물이든 아니면 전국시대의 인물이든 간에 결국 《노자》는 노자가 저술한 것이라고 분명히 밝히고 있다. 여기에서는 그와 관련하여 현존 고대 문헌 중에 《노자》의 내용을 인용한 예를 통해 《노자》의 저술 시기에 대해 살펴보기로 하겠다.

(1) 춘추 말 전국 초

서한 시대 유향(劉向)이 편찬한 《설원(說苑)》의 기록을 보기로 하겠다.

> 한(韓)나라 평자(平子)가 숙향(叔向)에게 물었다. "강함과 부드러움 중 어느 것이 더 견고한가?" 숙향이 대답하였다. "소신은 80세인데 치아가 다시 떨어졌지만 혀는 아직 그대로입니다. 노담이 한 말 중에 '세상에서 가장 부드러운 것이 세상에서 가장 견고한 것을 부린다.'라고 하였고, 또 '사람의 삶은 유약하지만 그 죽음은 굳세고 강하며, 만물 초목도 살아있을 때는 부드럽고 약하지만 죽었을 때는 바짝 말라 있다. 이로 본다면 유약함은 삶의 속성이요, 굳세고 강함은 죽음의 속성이다.'라고 하였습니다."(韓平子問於叔向曰, "剛與柔孰堅？" 對曰, "臣年八十矣, 齒再墮而舌尙存, 老聃有言曰, '天下之至柔, 馳騁乎天下之至堅.' 又曰, '人之生也柔弱, 其死也剛强. 萬物草木之生也柔脆, 其死也枯槁. 因此觀之, 柔弱者生之徒也, 剛强者死之徒也.'")(<敬愼>)

위 기록 중 숙향이 인용한 노자의 말은 통행본 제43장과 제76장의 내용으로, 지금까지 나온 가장 이른 판본인 초간본에는 없는 내용이다.

아울러 숙향은 진(晉) 평공(平公) 때의 사람으로 공자와 동시대 사람이다. 이것은 두 가지 사실을 동시에 말해 주고 있는데, 현존 최고본인 초간본 이전에 그와는 다른 《노자》가 유행하고 있었다는 사실과 그 시기가 공자와 같은 시기라는 사실이다. 이는 앞에서 살펴본 공자와 노자의 만남이란 기록과 일치한다는 점에서 시사하는 바가 매우 크다. 다음은 《태평어람(太平御覽)》 중의 기록이다.

> 묵자가 말했다. "그러므로 노자가 '도는 텅 비어 있지만 사용해도 채워지지 않는 상태로 있다.'라고 했다."(墨子曰, "故老子曰, '道沖而用之, 有弗盈也.'"(＜兵部＞)

이 부분의 노자의 말은 통행본 제4장의 첫 부분이며, 역시 초간본에는 없다. 묵자의 생졸 연대(약 BC468-BC376)로 보아 역시 춘추 말 전국 초에 이미 초간본과는 다른 《노자》가 유행하고 있었음을 말해 준다. 이상 두 기록으로 보아 춘추 말기에 노자의 어록은 이미 사회에 어느 정도 유행하고 있었음을 알 수 있다.

다음으로 공자와의 교류를 내용으로 하는 선진의 기록 중에서 저술 시기의 실마리가 되는 《노자》의 내용이 언급된 부분을 살펴보기로 한다. 먼저 《공자가어》의 기록을 보자.

> 공자가 말했다. "또 일찍이 군자가 일에 대해 말하는 것을 들었는데, 절제함에 있어서 도량이 없으면 일을 이룰 수 없으며, 정치가 지나치게 밝고 세밀하면 그 백성들이 삶을 보존할 수 없다고 하였다. 또 일찍이 군자가 뜻을 말하는 것을 들었는데, 너무 강해 부러지는 사람은 제명대로 살지 못하며, 너무 경솔한 사람은 제 뜻을 자주 상하게 되며, 너무 완고한 사람은 남

과 친해지지 못하며, 자기 이익만 취하는 사람은 폐단을 저지르지 않는 경우가 없다고 하였다. … 이 네 가지는 내가 들은 것이다."(孔子曰, "又嘗聞君子之言事矣, 制無度量, 則事不成, 其政曉察, 則民不保. 又嘗聞君子之言志矣, 剛折者不終, 徑易者則數傷, 浩倨者則不親, 就利者則無不弊. … 此四者, 丘之所聞也.")(<三恕9>)

공자가 들었다는 말은 똑같지는 않지만 전체적인 의미에 있어서 순서대로 통행본 58장, 36장과 78장, 60장 등의 내용과 비슷하다.

이뿐만 아니라 노자의 무위사상에 대해 평한 부분을 《논어》에서 찾을 수 있는데, <위령공(衛靈公)> 중의 "공자가 말했다. '함이 없이도 다스려진 경우는 아마도 순(舜) 임금일 것이리라.'"(子曰, "無爲而治者, 其舜也與!")는 구절은 무위의 정치에 대한 찬탄이라고 볼 수 있다. 또 자연의 무위적 이치를 말한 노자 사상과 유사한 부분도 보이는데, 즉, <양화(陽貨)> 중의 "공자가 말했다. '하늘이 무슨 말을 하더냐? 사시가 바뀌어 가고 만물이 철에 따라 자라고 시들지만 하늘이 무슨 말을 하더냐?'"(子曰, "天何言哉? 四時行焉, 百物生焉, 天何言哉?")라는 구절이다. 이러한 《논어》의 내용은 비록 《노자》와의 직접적인 관련성을 지니고 있다고 할 수는 없지만 공자가 활동하던 시기에 《노자》 사상을 지닌 인물이 활동할 수 있었던 개연성을 보여주는 증거가 될 수는 있다.

(2) 전국 중기 이후

춘추 말부터 유행하기 시작한 《노자》의 내용은 전국시대로 접어들면서 그 영향력이 날로 확대되어 《장자》 등 다양한 제자서에 광범위하게 인용된다. 먼저 《전국책》의 기록을 보기로 하겠다.

(안촉(顔斶)이 다음과 같이 말했다.) "노자가 말하기를 '비록 귀하
더라도 반드시 천한 것을 근본으로 삼고, 비록 높더라도 반드시
낮은 것을 기본으로 삼는다. 이에 후왕이 자신을 칭할 때, 고·
과·불곡이라고 하는 것이다. 이는 천한 것을 근본으로 삼은 것
이다. 그렇지 아니한가'라고 했습니다."("老子曰, '雖貴必以賤爲本,
雖高必以下爲基. 是以侯王稱孤、寡、不穀, 是其賤之本與, 非夫?'"(<齊策4>)

　　윗글 중의 노자의 말은 통행본 제39장의 내용이며, 초간본에는 없
는 부분이다. 아울러 안촉은 제선왕(齊宣王. BC319-BC301 재위) 때 사람이
니 이로 본다면 전국 중기 쯤에 이미 초간본과는 다르면서 통행본과 같
은 《노자》가 유행하고 있었음을 알 수 있다. 다음으로 《열자(列子)》 중
의 내용을 보기로 하겠다.

　　노담이 말했다. "군대가 강하면 멸망할 것이오, 나무가 강하
면 부러질 것이다. 유약한 것은 삶의 속성이고, 굳고 강한 것은
죽음의 속성이다."(老聃曰, "兵彊則滅. 木彊則折. 柔弱者生之徒, 堅彊者
死之徒.")(<黃帝>)

　　위의 노담의 말은 통행본 제76장의 내용과 유사한 것으로, 역시 초
간본에는 보이지 않는다.

　　진나라 대부가 노나라 사신으로 가서 사사로이 숙손(叔孫)
씨를 만났다. 숙손씨가 말했다. "우리나라에는 성인이 계십니
다." "공자가 아닙니까?" "그렇습니다." "무엇을 가지고 그가 성
인인 줄 아십니까?" 숙손씨가 대답했다. "제가 일찍이 안회(顔回)
가 말하는 것을 들은 적이 있는데, 공자는 마음을 폐지하고 몸

을 쓰신다 하더군요." 진나라 대부가 말했다. "저희 나라에도 역시 성인이 있는데 선생님께서도 알고 계신지요?" "성인이란 누구를 말하는지요?" "노자의 제자에 항창자(亢倉子)란 분이 있는데 노자의 도를 터득하여 귀로 보고 눈으로 들을 수 있다고 합니다."(陳大夫聘魯, 私見叔孫氏. 叔孫曰, "吾國有聖人." 曰, "非孔丘邪?" 曰, "是也." "何以知其聖乎?" 叔孫氏曰, "吾常聞之顔回, 曰, '孔丘能廢心而用形.'" 陳大夫曰, "吾國亦有聖人, 子弗知乎?" 曰, "聖人孰謂?" 曰, "老聃之弟子, 有亢倉子者, 得聃之道, 能以耳視而目聽."(<仲尼>)

위 인용문 중 안회가 공자에 대해서 한 말은 "마음을 비게 하고 배를 채워 주며, 그들의 의지를 약하게 하고 육체의 뼈를 강하게 해 준다."(虛其心, 實其腹, 弱其志, 强其骨.)(제3장)라는 내용, 즉 욕망의 근원인 마음보다 몸을 더 소중히 여기는 노자의 무위사상을 말한 것이며, 후반부의 기록은 노자의 제자 항창자가 공자와 동시대였음을 말하고 있다. 이 외에도 두 차례 노자의 말에 대한 언급이 있다.[9]

다음으로 《장자》에는 많은 곳에서 통행본 《노자》의 내용이 보인다. 대표적으로 외편에 속하는 <거협(去篋)> 중의 두 예를 보기로 하겠다.

그래서 말한다. "물고기는 못을 떠나면 안 되고, 나라의 유효한 도구는 남에게 보이면 안 된다." 저 성인도 세상의 유용한 도구이니 온 세상에 뚜렷이 내보여서는 안 된다. 그러므로 총명함을 근절하고 지혜를 내버리면 큰 도둑이 없어진다. … 그래서 "뛰어난 재주는 서툴게 보인다."라고 했다. 증삼(曾參)이나 사추

(史鰌)의 행위를 때 내고 양주(楊朱)나 묵적(墨翟)의 입을 막으며
인의를 물리치면 비로소 온 세상의 덕은 현묘한 도와 하나가 될
것이다. (故曰, "魚不可脫於淵, 國之利器不可以示人." 彼聖人者, 天下之利
器也, 非所以明天下也. 故絶聖棄知, 大盜乃止. … 故曰, "大巧若拙" 削曾史
之行, 鉗楊墨之口, 攘棄仁義, 天下之德, 始玄同矣.)

인용문 앞에서부터 순서대로 각각 통행본의 36장, 19장, 45장, 56장
에 나오는 내용이다. 이 사실을 통해 두 가지 사실을 알 수 있는데, 즉,
《장자》 외편이 씌어진 시대를 전국시대로 본다면 전국시대에 통행본과
유사한 《노자》가 존재했음을 알 수 있으며, 이는 초간본과는 또 다른
판본이었음을 알 수 있다.

그때 백성은 새끼줄의 매듭을 기호로 썼고 그들의 식사를 맛
있게 여겼으며, 그들의 옷을 훌륭하다고 생각했고, 그들의 풍속
을 즐기며 그들이 사는 집을 편안하게 여겼다. 이웃 나라가 바
로 보이고 닭이나 개 울음소리가 서로 들릴 정도였지만 백성들
은 늙어 죽을 때까지 서로 왕래하지 않았다. 이와 같은 시대야
말로 가장 잘 다스려지던 시대이다. (當是時也, 民結繩而用之, 甘其
食, 美其服, 樂其俗, 安其居, 隣國相望, 鷄狗之音相聞, 民至老死而不相往來.
若此之時, 則至治已.)

윗글은 통행본 제80장의 내용으로 초간본에는 보이지 않는다. 이
부분 역시 앞글과 마찬가지로 전국시대에 이미 초간본과는 다른 통행
본과 유사한 《노자》가 유행하고 있었음을 말해 준다.
특히 주석에 인용한 <지북유(知北遊)> 중의 여러 구절은 황제의 말
중에서 언급된 것으로, 순서대로 각각 통행본 56장, 2장, 38장(초간본에

는 없음), 48장에 보이는 내용이다. 이 역시 전국시대에 이미 통행본《노자》와 유사한 판본이 유행하고 있었음을 보여주는 부분이면서 아울러 노자 이전에 이미 이러한 말들이 있었으며, 그 말을 노자가 수용함으로써《노자》속으로 편입되었을 가능성을 보여준다고 하겠다.

다음은《한비자(韓非子)》중의 기록을 보기로 하겠다. 한비자는 장자와도 달리《노자》에 대한 의미를 체계적으로 풀이하여 특별히 <해로(解老)>와 <유로(喩老)>를 짓기도 했다.

> 노담이 한 말이 있다. "족함을 알면 욕되지 않고, 그칠 줄 알면 위태롭지 않다." 무릇 위태롭고 욕된 까닭에 족함 밖의 것을 추구하지 않은 사람이 노담이다. 지금 백성을 풍족하게 하고도 다스릴 수 있다고 생각하는데, 이는 백성들이 모두가 노담 같다고 생각하는 것이다. (老聃有言曰, "知足不辱, 知止不殆." 夫以殆辱之故而不求於足之外者老聃也, 今以爲足民而可以治, 是以民爲皆如老聃也.)(<六反>)

윗글의 내용은 통행본《노자》제44장에 보인다.《한비자(韓非子)·난삼(難三)》중에도 "지혜로써 나라를 다스리려는 것은 나라의 도적이다."(以智治國, 國之賊也.)란 통행본《노자》의 제65장에 보이며 초간본에는 보이지 않는 내용이 있는데, 이를 통해 볼 때 한비자가 활동하던 전국시대에 이미 초간본과는 다른 통행본《노자》가 유행하였음을 말해 준다.

이뿐만 아니라《순자(荀子)》중에도 "노자는 굽음은 보았지만 펼침은 보지 못했다."(老子有見於詘, 無見於信.)(<天論>)란 구절은 순자가 활동하던 시대인 전국시대에 노자의 사상이 유행하고 있었음을 말해 준다. 그리고 전국이 통일되기 직전에 편찬된《여씨춘추(呂氏春秋)》중에도

"노담은 유약함을 귀히 여겼다."(老耼貴柔.)(<不二>)라는 말이 보이는데, 이 역시 전국시대에 노자의 사상이 유행하고 있었음을 말해주는 부분이다.

이 밖에도 《문자(文子)》와 《윤문자(尹文子)》 등에도 대량으로 《노자》의 글이 인용되어 있는데, 이러한 선진 전적의 기록들을 통해 볼 때 노자의 학설이나 그의 저서인 《노자》가 존재하였음을 알 수 있다. 그 출현 연대는 가깝게는 전국시대 말기에서부터 멀게는 공자와 동시대인 춘추시대 후기까지로 미루어 볼 수 있다.

2. 《노자》의 판본

노자의 사상을 이해하기 위한 유일한 자료는 《노자》라는 책이다. 그러나 노자와 《노자》는 사람과 저서라는 차이뿐만 아니라, 서로 다른 판본의 《노자》의 존재 때문에 서로 동일시하기가 어려운 점이 있다. 《노자》에 대한 판본 연구는 노자의 사상을 이해하기 위한 전제 연구의 의미를 지닌다. 즉, 서로 다른 판본들 중 《노자》의 원본에 가장 가까운 것이 무엇인가를 밝히는 것이다.

《노자》는 책이 나온 이래로 지금까지 여러 형태의 내용으로 사람들에게 읽혀 오고 있다. 이는 원본 여부와 무관하게 여러 판본들이 각 시대마다 또는 읽는 사람들의 취향에 따라 각각 나름대로의 의미를 갖고 있기 때문일 것이다. 따라서 이 장에서는 그러한 여러 판본들의 가치를 따지기보다는 《노자》의 저자인 노자의 사상에 가장 근접한 판본이 무엇인지를 밝히고자 하였다.

《노자》는 현재 가장 근래에 발견된 최고본인 죽간본에서부터 왕필 주석본, 나아가 현대에 이르기까지 많은 판본들이 존재하고 있다. 이를 시기적으로 간략하게 정리하면 다음과 같다.

　가장 이른 것으로, 1993년에 발견된 초간본이 대략 전국 중기의 판본으로 보이며, 이어서 1973년에 발견된 백서본 중 갑본은 대략 전국 후기, 을본은 서한 초기의 것으로 보인다. 이후 한 문제 때 사람으로 알려져 있는 하상공(河上公)이 주석한 《노자하상공장구(老子河上公章句)》와 역시 한나라 때 은사 엄준(嚴遵)이 주석한 《도덕지귀론(道德指歸論)》과 위나라 때 왕필(王弼)이 주석한 《노자주(老子注)》 등이 후대에 영향력이 큰 판본이다.

　당대에 이르면 교감학이 첨가되어 당초 태사령(太史令) 부혁(傅奕)이 교감한 《도덕경고본편(道德經古本篇)》이 나왔으며, 송대의 범응원(范應元)의 《노자도덕경고본집주(老子道德經古本集註)》 및 팽사(彭耜)의 《도덕진경집주석문(道德眞經集注釋文)》 등이 나왔다. 명대의 주요한 판본으로는 설혜(薛蕙)의 《노자집해고이(老子集解考異)》와 초횡(焦竑)의 《노자익고이(老子翼考異)》가 있다.

　청대에 이르면 고증학의 흥성으로 인해 《노자》 판본에 대한 연구 역시 왕성하게 되는데, 그 중 기윤(紀昀)의 《노자도덕경교정(老子道德經校訂)》, 필원(畢沅)의 《노자도덕경고이(老子道德經考異)》, 엄가균(嚴可均)의 《노자당본고이(老子唐本考異)》, 유월(俞樾)의 《노자평의(老子平議)》 등이 있다.

　민국 시기에 이르면 나진옥(羅振玉)의 《노자고이(老子考異)》, 유사배(劉師培)의 《노자짐보(老子斠補)》, 마서륜(馬叙倫)의 《노자핵고(老子覈詁)》, 우성오(于省吾)의 《쌍검치노자신증(雙劍誃老子新證)》, 장석창(蔣錫昌)의 《노자교고(老子校詁)》, 노건(勞健)의 《노자고본고(老子古本考)》, 고형(高亨)의 《노자정고(老子正詁)》 및 주겸지(朱謙之)의 《노자교석(老子校釋)》 등이 나왔다. 백서본과 초간본이 발견된 이후에는 그에 관한 현대 학자들의 연구가 현재에도 계속되고 있다. 여기에서는 그중 시대적으로 각각 대표성을 지닌 판본을 각각 고본·금본·통행본 등의 이름으로 묶어서 순서대로 정리하였다.

1) 고본: 곽점초묘(郭店楚墓) 죽간본(竹簡本)[초간본(楚簡本)]

1993년 10월 말 호북성(湖北省) 형문시(荊門市) 사양구(沙洋區) 사방포향(四方鋪鄕) 곽점촌(郭店村) 1호 초묘(楚墓)에서 800여 매의 죽간이 발굴되었는데, 그중에 도가에 속하는 저작 2종, 즉,《노자》3책 및《태일생수(太一生水)》와 유가의 저작 14편이 있었다. 그 묘지는 동주시기 초나라의 도성인 영(郢)의 북쪽 약 9km 지점에 위치하며, 고고학의 연구를 통해 초나라 귀족의 무덤이라고 밝혀졌다. 즉, 부장품 중의 칠이배(漆耳杯)의 바닥 부분에 있는 '동궁지사'(東宮之師)라는 글자로 보아 묘주가 태자의 스승이었을 것으로 추정할 수 있다. 만약 네 번째 글자를 '杯' 자로 본다면 태자가 묘주에게 하사한 물품으로 추정할 수 있다. 어쨌든 두 가지 경우 모두 묘주의 신분이 귀인임은 확실하다. 그 매장 시기는 전국 중기 이후 늦어도 BC300년 이전으로 보이며, 당연히 그 속의 부장품의 하나인《노자》의 성립 시기 역시 매장 시기 이전이 될 것이다. 이것으로 판단할 때 이 초간본《노자》는 최초의 판본이자 현존 최고본이라고 할 수 있다. 그러나 그 분량이 백서본이나 통행본의 5분의 2(1,666글자)에 지나지 않으며, 배열 순서 또한 통행본과 크게 차이가 나는데, 바로 이 점 때문에 오히려《노자》원본의 모습에 대한 논쟁은 더욱 격화되고 있다.

그중에서도 초간본이 통행본의 조본인지 그렇지 않으면 통행본과 같은 고본에서 일부를 뽑은 적초본인지에 대한 논쟁도 분분하다. 초간본 자체를 완정된 것으로 보며 통행본의 조본이라고 하는 주장은 곽기(郭沂)·윤진환(尹振環)·이개(李開) 등이며, 우리나라 김충열 선생도 이를 따르고 있다.

그에 반해 왕박(王博)·진고응(陳敵應) 등 일부 연구자들은 묘주의 신분상 이 세 책의 《노자》는 태자 교육을 목적으로 원본 《노자》 중에서 뽑아 만든 것이라고 추정하고 있다. 아니면 단순히 묘주가 평소 아끼던 것이었기 때문에 부장된 것이라고 하더라도 그것은 당시까지 유행하던 《노자》 중에서 특별히 좋아하던 부분이었을 것이라고 볼 수도 있다. 이렇게 보는 근거는 선진시대 전적에 기록된 《노자》의 내용 중에 이 초간본에는 없는 부분이 있기 때문이다.

이러한 초간본의 적초본설의 근거는 초간본 이전에 초간본에 없는 《노자》의 내용이 존재했었다는 것을 여러 측면에서 제시하고 있는데, 그 첫째가 앞에서 인용한 《설원》과 《태평어람》의 두 기록이다. 또한 《노자》와 함께 매장된 다른 전적들이 모두 유가에 속한다는 사실을 통해 어떤 목적에 의해 《노자》 중에서도 유가와 상통하는 부분만을 뽑았을 것이라는 설이 가능할 수도 있다.

둘째, 1973년 하북성(河北省) 정현(定縣) 팔각랑촌(八角廊村) 40호 한 묘에서 한나라 죽간으로 된 《문자(文子)》가 출토되었는데, 비록 후인이 손을 댄 흔적이 보이긴 하지만 위서는 아니며, 연구 결과 선진시대 전적으로 밝혀졌다. 책의 첫편인 <도원(道原)>에 보이는 "道可道, 非常道, 名可名, 非常名.", "天下之至柔, 馳騁天下之至堅, 無有入無間.", "柔弱者生之徒, 堅强者死之徒." 등의 구절이 초간본에는 보이지 않는다. 이것은 《문자》 이전에 이미 통행본과 유사한 《노자》가 통행하고 있었음을 말해 준다는 것이다.

셋째, 《논어·헌문》 중의 '以德報怨'을 통행본 제63장의 '報怨以德'

을 가리킨다고 보는 것인데, 역시 초간본에는 없기 때문이다.

일반적인 관점에서는 춘추 말 공자와 동시대 노자가 있었으며, 그의 사상은 단편적으로 여러 사람들에 의해 기록되어[초간본] 훗날 합쳐져 하나의 완정된 저서[백서본]가 되었다고 볼 수 있다.

2) 금본: 마왕퇴(馬王堆) 한묘(漢墓) 백서본(帛書本)

1973년 12월 호남성 장사(長沙) 근교 마왕퇴촌(馬王堆村)의 3호 한묘에서 대량의 백서가 발견되었는데, 매장 시기는 한 문제 12년(BC168) 4월 4일로 추정된다. 발견된 약 10여만 자의 백서 중에는 두 종류의《노자》사본도 들어있는데, 그중 글자체가 오래된 것을 갑본, 늦은 것을 을본이라고 한다.

갑본은 전서와 예서 중간 글자체의 글씨가 모두 464행으로, 이 백서는 고조 유방(劉邦)과 왕후 여치(呂雉)의 이름을 피하지 않았으며, 나아가 진시황의 이름[政]과 그 아버지 장양왕(莊襄王) 자초(子楚)의 '楚'자도 피하지 않은 것으로 보아 진시황이 제위에 오르기(BC247) 전인 전국 말기에 필사된 것으로 추정된다. 여기에 추가로 서홍흥(西洪興)은 갑본 중의 '邦'자에 대해 서주 때 제후를 분봉하여 줄 때 쓴 글자로, 춘추 말까지 사용되다가 이후 주나라가 망한 후인 전국시대에는 점점 '國'자로 대치된다는 점을 지적하였다. 아울러《논어》중의 48곳의 '邦'자는 '國'의 의미를 지니고 있는데,《맹자》·《순자》·《한비자》등에는 대부분 '國'자를 쓰고 있다고 하면서 백서본 갑본이 이루어진 시기는《논어》와 비슷한 시기일 것으로 보았다.[10]

---

10   西洪興, <擬古與信古>(1999).

을본은 고조 유방의 이름은 피했으나 그 후의 황제인 혜제(惠帝) 유영(劉盈)과 문제 유항(劉恒)의 이름은 피하지 않았는데, 이것을 통해 을본은 대략 고조가 사망하기(BC195) 전인 한대 초기로 추정할 수 있다.

백서 갑을본 모두 통행본과 다르게 덕경이 도경보다 앞에 배치되어 있는데, 이는 《한비자》의 <해로>와 <유로>, 엄준의 《도덕지귀》의 체제와 일치한다. 장의 배치는 통행본 제24장이 백서본에서 제22장 앞에, 제41장은 제40장 앞에, 제80장·제81장은 모두 제67장 앞에 있다. 또 다른 차이점은 장과 절이 나뉘어져 있지 않은데, 따라서 당연히 장의 이름도 없다.

초간본과 백서본의 관계에 대해 곡중신일(谷中信一)은 전국시대 중후기 제나라 직하(稷下)의 학궁(學宮) 중심의 황로사상이 매개 역할을 한다고 보았다. 즉, BC300년 경의 초간본 같은 간단한 원시 형태의 《노자》가 직하의 황로사상가들에 의해 백서본 형태로 발전하게 된다고 하였다.[11] 아울러 백서본의 발견은 전국시대에 이미 통행본과 유사한 총 81장의 《노자》가 이미 존재하고 있었음을 말해 준다. 하지만 그것과 초간본의 시간적 선후관계를 밝히기에는 아직 명확한 증거가 없다.

3) 통행본: 왕필본(王弼本)

이 판본은 현재 가장 일반적으로 통행되고 있는 판본이라고 할 수 있다. 왕필본과 백서본은 상하편의 배치의 차이와 분장 유무의 차이 외에도 보다 뚜렷한 차이를 보이는데, 즉, 일부 장의 순서가 다르다. 왕필본의 '22장-23장-24장'이 백서본에는 '24장-22장-23장'의 순으로 되어

---

11   谷中信一, <從郭店《老子》看今本《老子》的完成>(2000).

있는데, 이 경우 내용의 연결로 보아 백서본의 순서가 더욱 순조롭다고 할 수 있다. 또 왕필본의 '40장-41장-42장'이 백서본에는 '41장-40장-42장'의 순으로 되어 있는데, 이 역시 내용의 연결로 보면 백서본이 더 순조롭다고 할 수 있다. 또 왕필본 80장과 81장이 백서본에는 제66장 뒤에 배치되어 있는데, 이 역시 내용상 백서본이 더 순조롭다고 하겠다.

통행본과 초간본을 비교했을 때, 통행본에는 있으나 초간본에는 없는 내용들이 많은데 이는 관점에 따라서는 초간본이 통행본 형태의 원본에서 초록한 것이라는 설도 가능하며, 반대로 통행본은 초간본이란 원본에서 여러 차례 내용이 추가된 결과라고 할 수도 있다. 다음은 통행본에는 있으나 초간본에는 없는 내용들이다.

첫째, 도에 대한 설명 부분: 1장, 4장, 6장, 14장, 21장, 39장, 42장. 이 부분은 분량에 있어서나 사상적으로나 도가사상을 대표 또는 상징하는 것으로 반드시 있어야 할 내용이라고 할 수 있다.

둘째, 변증법적 사유 또는 상대성 이론을 밝힌 부분: 11장, 22장, 28장, 36장, 43장, 58장, 78장. 이 부분 역시 유가와 뚜렷이 구별되는 도가사상의 특징을 말한 부분이라고 할 수 있다.

셋째, 비이성적 직관주의 사유: 10장, 47장. 이 부분 역시 유가는 물론 묵가·법가 등의 이성적 합리주의와 구별되는 도가사상의 또 다른 특징이라고 할 수 있다.

넷째, 민본(民本), 애민치국(愛民治國) 사상: 3장, 8장, 10장, 49장, 53장, 58장, 60장, 65장, 75장, 77장, 80장. 이 사상은 당시 제자백가의 기본적인 사상이었음에도 초간본에 빠져 있다는 것은 초간본이 완정본이 아니란 가설에 신빙성을 더하는 부분이다.

다섯째, '哀兵必勝'(애병필승)의 전쟁관: 31장, 46장, 67장, 68장, 69장, 72장, 74장, 76장. 병기 사용을 최대한 자제한다는 이 사상 역시 민본 사상과 마찬가지로 유가 사상 등 제자백가 사상과 큰 구별이 없다.

　이상 판본에 대한 고찰을 통해 가장 이른 판본은 전국 중기 때의 것으로 보이는 초간본이며, <노자열전>의 기록과 같으면서 통행본의 체제를 갖춘 가장 이른 것으로는 전국 말기의 것으로 보이는 백서본 갑본이라고 할 수 있다.

제1장

도가도(道可道)
도는 우주 만물의 존재와 운행 원리

道可道, 非常道, 名可名, 非常名. 無名天地之始, 有名萬物之母. 故常無欲以觀其妙, 常有欲以觀其徼. 此兩者同出, 而異名, 同謂之玄. 玄之又玄, 衆妙之門.

· 徼(요): 본래 변방·경계·가장자리 등의 뜻이며, 여기에서는 눈에 보이는 현상을 가리킨다. 어떤 책에는 曒(교)자로 되어 있는데 의미는 같다.

❖ 진리는 무슨 진리라고 말할 수 있으면 언제 어디에서나 적용될 수 있는 보편적인 진리가 아니다. 이름은 무슨 이름이라고 붙일 수 있으면 언제 어디에서나 붙일 수 있는 보편적인 이름이 아니다. 이름이 없는 상태는 천지가 시작될 때이며, 어떤 이름이 존재하는 상태는 만물 탄생의 모태가 된다. 그렇기 때문에 항상 욕망이 없는 상태에서 사물의 오묘한 실체를 파악할 수 있으며, 항상 어떠한 욕망이 있는 상태에선 사물의 밝게 드러난 현상만을 보게 된다. 사물의 오묘한 실체와 사물의 밝게 드러난 현상이라는 이 두 가지는 같은 사물에서 나와 이름을 달

리하는 것으로, 똑같이 신비한 것이라고 한다. 신비하고도 또 신비하여 모든 오묘한 우주 만물의 관문이 된다.

[이해하기]

'도'는 길, 도리, 원리, 이치, 이념, 이상, 방법 등으로 다양하게 풀이할 수 있다. 여기에서는 우주 만물의 무궁무진하고도 복잡다단한 생멸, 변화, 순환의 현상에 적용되는 이치라고 볼 수 있다. 그 이치라는 것은 너무도 미묘하여 어떠어떠하다고 언어를 통해 정의하면 한계성을 가지게 되어 죽은 이치가 되어 버린다.

도는 사물이란 현상을 통해 여러 형태를 띠면서 우리 눈에 드러나는데, 만약 도를 이해하기 위해 그 사물에 이름을 붙인다면 그 이름은 특정 사물에만 제한된 죽은 이름이 되어 버려 도와 만물을 연결시켜 주는 기능을 상실하게 된다.

아무런 이름이 붙여져 있지 않았던 시기, 도만이 존재하던 시기가 이 세상의 출발이었으며, 그 후 사물에 이름이 붙여지기 시작하면서부터 도는 여러 사물을 통해 우리의 눈에 드러나게 된다. 바꿔 말하면 이름이 생긴다는 것은 바로 여러 형태의 사물, 즉 만물이 생겨나기 시작하는 것이며, 이것이 바로 만물의 모체가 된다는 뜻이다.

우리는 만물, 매사의 현상에만 집착해서는 안 되며, 사물이나 매사의 본질적인 부분을 파악해야 한다. 그러기 위해서는 마음에 어떤 방향성을 두거나 사전의 편견, 목적의식 등을 가지지 않아야 된다. 예를 들면 '자식'이란 존재의 본질, 즉 도이자 오묘한 실체를 파악하려면 내 자식이라는 욕망을 버리고 허심한 눈으로 바라볼 때라야만 정확한 본질을 파악할 수 있지, 내 자식이라는 욕망이 내재하게 되면 드러난 부분만 볼 수밖에 없다. 어쩌면 너무나도 뚜렷하게 드러난 명확한 부분조차도 욕망에 가려져 제대로 볼 수 없을지도 모르겠다.

도는 만물의 변화의 궤적[길]이며, 인문(人文)은 인간의 궤적[동선]이며, 둘 다 구체적으로 눈에 보이지 않는 추상적인 것인데, 역사학은 사실에 입각하여 이러한 궤적의 원리를 설명하는 것이며, 문학은 언어를 통해 형상적으로 설명하고자 한 것이며, 철학은 가장 추상적인 방법으로, 이에 대해 보다 직접적으로 설명하고자 하는 학문이다. 도를 변화의 궤적이라고 할 때 이를 가장 압축적으로 표현할 수 있는 것이 바로 '정반합'(正反合)의 파장이다. 우주 만물은 모두 에너지[氣]를 가지고 있으며, 나아가 에너지[氣]를 가진 우주 안의 모든 존재는 이러한 파장에서 자유로울 수 없다.

[사족]

제1장은 《노자》의 서론이자 결론에 해당하는 부분이기도 하다. 노자 사상, 즉 도가사상이 우주 만물의 생멸, 변화, 순환의 보편적인 진리인 도를 탐구하는 사상이라면 도에 대한 언급이 결론이 되는 셈이다. 그러나 노자 자신은 그 진리를 깨달았지만 그것은 말로 설명할 수는 없는 것이라고 하였다. 말로써 표현할 수 있는 진리라면 이미 그 표현 바깥을 포괄하지 못하는 한계성을 지니기 때문이다. 사물의 이름도 마찬가지다. 예를 들어 사랑과 결혼이란 두 가지 개념과 이름을 두고 설명한다면, 사랑과 결혼이란 개념을 어떤 언어로 정의하고 규정할 수 있을까? 사전에서 '사랑'은 '다른 사람을 애틋하게 그리워하고 열렬히 좋아하는 마음 또는 그런 관계나 사람' 등의 몇 가지로 의미를 규정하고 있으며, '결혼'은 '남녀가 정식으로 부부 관계를 맺음'이라고 의미를 규정하고 있는데, 과연 사전상의 이 두 개념이 세상의 모든 사랑과 결혼이란 개념과 이름을 포괄할 수 있을까? 이기심을 누르고 남을 위하는 마

음이나 남에게 봉사하는 마음도 사랑이라고 할 수 있고, 동성 간의 결혼도 있을 수 있다고 본다면 이러한 개념이나 이름 자체가 한계성을 지닐 수밖에 없다는 것을 인정해야 할 것이다.

마찬가지로 이보다 훨씬 더 심오하면서도 우주 만물에 모두 적용될 수 있는 '도'를 노자인들 어찌 언어로 정의 내릴 수 있으며, 이름 붙일 수 있겠는가. 대신에 노자는 책이 끝나는 순간까지 말로써 표현하지 못하는 이 '도'에 대해 최선을 다해 갖가지 비유와 설명으로 풀이해 주려고 하고 있다. 그래서 우리는 이 책을 끝까지 정독하면서 노자의 설명에 귀를 기울여야 하며, 설명이 끝날 때쯤에는 우리 역시 과연 '도'가 무엇인지 말로는 표현하지 못해도 마음으로 깨달을 수 있기를 바랄 뿐이다.

"자, 이제부터 세상의 진리인 도에 대해 말할 테니 잘 들어 보세요. 그러나 내가 도에 대해 말로써 설명한다고는 하지만 그것이 바로 도의 실체는 아니라는 사실을 명심하세요. 도라는 것은 결코 언어로 전해질 수 없는 것이니, 말에 얽매이지 말고 스스로가 도의 실체를 깨닫도록 노력하세요!"

제2장

천하개지미지위미(天下皆知美之爲美)

절대적인 선은 없다

天下皆知美之爲美, 斯惡已, 天下皆知善之爲善, 斯不善已. 故有無相生, 難易相成, 長短相較, 高下相傾, 音聲相和, 前後相隨. 是以聖人處無爲之事, 行不言之敎. 萬物作焉而不辭, 生而不有, 爲而不恃, 功成而弗居. 夫唯弗居, 是以不去.

• **音聲(음성):** '音'은 악기 소리, '聲'은 사람의 목소리.

❖ 세상 모든 사람들이 아름다운 것을 아름다운 것으로 알고 있지만 이것은 미운 것일 수 있다. 세상 모든 사람들이 착한 것을 착한 것으로 알고 있지만 이것은 착하지 않은 것일 수 있다. 본래 있음과 없음도 상호 관계에서 생겨난 개념이며, 어려움과 쉬움도 상호 관계에서 형성된 개념이며, 길고 짧음도 상호 관계에서 비교된 개념이며, 높고 낮음도 상호 관계에서의 높낮이란 개념이며, 악기 소리와 노랫소리도 상호 관계에서의 조화라는 개념이며, 앞과 뒤 역시 상호 관계에서 파생된 개념이다. 이 때문에 우주 만물의 이치에 통달한 성인은 욕심 없는 마

음으로 매사를 처리하고, 말없이 행동을 통해 가르침을 보여준다. 이에 성인은 만물이 제대로 자라나게 하지만 그것에 대해 이런저런 설명을 달지 않으며, 만물을 만들어 내지만 그것을 제 것으로 간직하지 않으며, 어떤 일을 행하지만 그것을 뽐내지 않으며, 공적이 이루어지더라도 거기에 안주하지 않는데, 이 때문에 공적이 사라지지 않게 된다.

[이해하기]

도가사상은 유가사상과는 달리 모든 것을 상대적인 것으로 간주한다. 윤리학적 측면에서 볼 때 유가사상이 절대 윤리를 주장하는 것이라면 도가사상에서 주장하는 것은 상대 윤리인 셈이다. 예컨대 유가에서의 간음은 절대적으로 악이지만 도가에서는 선일 수도 있다는 것이다. 듣건대 옛날 에스키모인들은 귀한 손님이 집을 방문하면 아내와 잠자리를 같이 하도록 접대했다고 한다. 만약 이것이 사실이라면 그런 경우 그들에겐 간음이 선인 것이다. 이러한 상대성 이론이 텍스트 전체에 스며있으면서 논리 전개의 기본 틀을 형성하고 있다. 그런 문맥에서 '전후'의 개념까지 설명한 부분은 쉽게 이해가 간다.

문제는 '성인' 이하 끝부분까지이다. '무위'라는 개념은 '목적의식', '욕망', '사심' 등이 없다는 것, 쉽게는 힘을 뺀 마음이라고 이해할 수 있다. 그래서 성인은 사사로운 마음을 비우고 매사를 처리한다고 한다. 당연하다. 그런 맥락에서 그 뒷부분을 보면 이해 안 될 것도 없다. 그러나 아무리 억지로 이해한다고 해도 의미가 매우 껄끄럽다는 것을 느낄 수밖에 없는데, 그런 이유로 다음과 같은 독특한 풀이를 감행해 보려고 하니 이해에 참고가 되었으면 한다.

즉, 도가사상은 우주 만물 중 그들이 주장하는 '도', '진리'와 가장 근접한 성격의 것으로 '물'을 들고 있다. 그래서 '성인'의 자리에 '물'을 대체시켜서 이해해 보면 어떨까. 그렇게 했을 때 의미가 조금이나마 순조롭게 이해된다면 결국 성인은 물의 원리를 체득한 사람이란 뜻으로 보면 될 것이다.

"물이란 아무 목적의식 없이 흐르기도 하고 고이기도 하며 자신의 앞에 닥친 일을 처리한다. 당연히 자신이 보여주는 진리, 예를 들면 낮은 곳으로 임하라는 등의 진리는 말로 가르치는 게 아니라 단지 그렇게 실제로 흐르면서 만물에게 보여줄 따름이다. 물은 만물의 생명의 원천이다. 물은 그처럼 만물을 자라나게 하지만 결코 그에 대해 자신의 공이라고 자랑하는 법이 없다. 만물을 탄생시키는 역할을 하지만 결코 그것을 자기 것이라고 하여 물 안에 가둬 두는 법이 없다. 만물에 대해 수많은 유익한 일을 행하지만 결코 그 일에 의지하거나 뽐내는 일이 없다. 물로 인해 이뤄진 수많은 공적들이 있지만 물은 그곳에 마냥 머물지 않고 아래로 아래로 끊임없이 흘러간다. 그렇기 때문에 물이 이룬 공적이 사라지지 않고 건재할 수 있는 것이다."

[사족]

현대의 정치와 결부시켜 이 장의 후반부를 이해하면 다음과 같을 것이다. 성인이란 우주와 세상의 모든 생멸, 변화, 순환 등 존재의 원리에 밝은 사람, 한마디로 도가 통한 사람이니, 이런 사람이 정치를 하면 국민을 살릴 수 있는 정치를 할 수 있지 않을까 싶다. 사심이나 성공한 위정자로 남기 위한 목적의식 등을 배제하고 오로지 국민을 위한 일념 하나로 정책을 펼치고, 국민을 가르치려고 하지 않고 몸소 실천을 통해서 국민이 감동하고 따르게 해야 한다. 또한 훌륭한 정책을 펼쳐 성공시켰다고 하더라도 그것을 자기의 공적이라고 자랑하거나 규정하지 않고, 이룬 공적에 안주하지 않은 채 자신은 그냥 지나가는 한 시대의 작은 위정자란 생각을 갖는다면 그의 공적은 길이길이 역사에 남을지도 모르겠다.

이와는 다른 각도, 즉 상대성이란 측면에서 이 장의 의미를 이해한다면 자신이 불행하다는 생각은 상대성을 인식함에서 오는 것이란 생각이 든다. 상대성을 극복할 때 행복은 어쩌면 내 주변 아주 가까이에 있을지도 모른다.

제3장

불상현(不尙賢)
무위는 욕심 없는 행위

不尙賢, 使民不爭. 不貴難得之貨, 使民不爲盜. 不見可欲, 使民心不
亂. 是以聖人之治, 虛其心, 實其腹, 弱其志, 强其骨. 常使民無知無欲, 使
夫智者不敢爲也. 爲無爲, 則無不治.

• **可欲(가욕)**: 욕심을 일으키는 물건.

❖ 현명한 사람을 숭상하지 않으면 백성들로 하여금 다투지 않게 할
수 있다. 얻기 어려운 물품을 귀하게 여기지 않으면 백성들로 하여금 도
둑질을 하지 않게 할 수 있다. 욕심낼 만한 것을 보여주지 않으면 백성
들로 하여금 마음을 혼란하지 않게 할 수 있다. 이 때문에 성인들의 정
치는 백성들의 마음을 비게 하고 배를 채워 주며, 그들의 의지를 약하게
하고 육체의 뼈를 강하게 해 준다. 항상 백성들로 하여금 지혜와 욕심이
없게 하여 무릇 지혜로운 자들로 하여금 감히 인위적인 행위를 하지 못
하게 한다. 인위적인 행위가 없으면 다스려지지 않는 게 없다.

[이해하기]

노자 사상의 특징은 일반적으로 받아들여지는 보편적 가치를 뒤집어보는 것이라고 할 수 있겠다. 그중에서도 '爲'(위)자의 개념을 어떤 목적의식을 가진 채 행하는 것으로 간주하여, '인위', '조작', '욕심' 등 부정적인 의미로 본다는 것이다. 그런 관점에서 '현명', '지혜', '의지', '정신', '마음' 등은 '위'의 바탕이 된다고 보아 부정하며, 반면에 '어리석음', '육신' 등은 '위'와 상반되기 때문에 오히려 긍정하고 있다.

'무위'에 대한 이해가 노자 사상을 이해하는 주요한 관건이 된다고 할 때, 그것은 단순히 '하지 않음'이 아니라 '욕심을 채우기 위한 목적의식에서 나온 인위적인 행위'라고 좀 장황하게 이해할 수 있을 것이다. 이해하기 쉽게 예를 들어 그 반대의 '유위'(有爲)를 설명해 보면 골프를 칠 때 앞의 해저드를 의식하고 저 해저드는 반드시 넘기겠다고 생각하는 것이나 야구 선수가 이번에는 반드시 홈런을 치겠다는 생각이 모두 유위에 해당할 것이다. 마라톤을 예로 들면 기록을 경신하겠다는 욕심을 버리고 힘 닿는 대로 그냥 달릴 뿐인 것이 바로 무위가 아닐까. 꼭 운동에만 해당되는 것은 아니다. 강사가 멋진 강의를 통해 청중의 환호를 받고 싶다는 욕심이 전제되면 오히려 강의가 잘되지 않는 경우도 무위의 강의가 아니기 때문이다. 운동이든 강의든 아니면 기타 매사에 있어 잘하려면 오히려 마음에 잘하겠다는 힘, 즉 욕심을 빼야 한다는 이치이다.

지금 세계는 글로벌이란 구호를 내건 자본의 힘이 미치지 않는 곳이 없게 되었다. 그로 인해 세계 어느 나라, 어느 지역이건 경쟁에서 자유로울 수가 없고, 경쟁을 통해 재화를 창출하는 길을 걸어가고 있다. 본래의 이념을 상실한 학교 교육도 기간 내내 치열한 경쟁을 피할 수 없으며, 얻기 힘든 재물을 벌기 위해 모든 사람이 혈안이 된 채 경쟁에 나서고 있는데, 경쟁의 끝은 어디인가. 이전에 비해 재화의 절대량은 분명 엄청나게 늘어났건만 행복지수는 날로 떨어지고 있는 원인은 무엇인가. 그 해답을 노자에서 찾아보는 것은 어떨까. 욕심과 욕망을 채우지 못하는 것이 곧 불행, 그렇다면 욕망을 줄이면 행복으로 가는 길이 쉽지 않을까? 욕망을 분모로 하고 소유를 분자로 할 때 분자를 늘이기보다는 분모를 줄이는 지혜를 가지자!

[사족]

이 장의 끝부분은 관점에 따라 '우민정치'를 주장한 것으로도 볼 수 있다. 하지만 지혜가 단지 서로 간의 경쟁과 개인의 욕망 쟁취, 나아가 그로 인해 불행을 초래하는 지혜라면 그것은 부정되어야 마땅하다. 노자가 부정하고 있는 지혜는 바로 그런 지혜일 것이다. 그러나 긍정적으로 서로 간의 공경, 상대에 대한 양보와 겸손, 인류의 진정한 행복을 도모하는 지혜라면 노자라도 굳이 부정할 리도 없을 것이며, 그것이 어쩌면 '무위'의 지혜가 아닐까. 결국 노자의 주장은 "자신의 이익을 내세우지 말고, 자연의 섭리를 잘 파악하여 자연스럽게 흘러갈 수 있도록 행동하라"는 것이 될 것이다. 이를 다른 각도에서 보면 '반이기주의'라고 할 수도 있는데, 이것을 더욱 적극적으로 확장시킨 사상이 바로 공자의 '仁愛'(인애) 사상이 아닐까 싶다.

제4장

도충(道沖)

도의 역량을 그 누가 알 수 있을까

道沖, 而用之, 或不盈, 淵兮, 似萬物之宗. 挫其銳, 解其紛, 和其光, 同其塵. 湛兮, 似或存. 吾不知誰之子, 象帝之先.

- **沖(충)**: '盅'(충: 빈 그릇)자와 같은 의미로, '그릇이 비어 있다'라는 뜻.
- **象帝(상제)**: '象'은 ~와 같다. '帝'는 천제(天帝).

❖ 도는 텅 비어 있으며, 작용해도 늘 채워지지 않는 상태로 있다. 깊이를 모를 심연 같아서 만물의 시초인 것 같다. 만물의 날카로운 것을 무디게 하고 엉킨 것을 풀어주며, 눈부신 빛을 부드럽게 하고 하찮은 먼지와도 함께 한다. 투명하게 맑디맑지만 늘 존재하는 것 같다. 나는 그것이 누구의 후예인지 모르는데, 어쩌면 하느님 이전부터 이미 존재했을 것 같다.

[이해하기]

우주와 만물의 생멸과 변화를 주관하는 '진리', 즉 도는 제1장에서 언급한 것처럼 명확히 정의할 수 없는 것이다. 이 장은 광대무변하고도 무한한 능력을 갖춘 도의 포착하기 어려운 존재에 대해 설명한 부분이다. 《노자》 전체에 걸쳐 이해하기 어려운 서술이 많은 것은 이처럼 포착하기 어려운 도에 대해 설명하는 것이기 때문에 당연하다고 하겠다. 우주 만물의 생멸과 변화의 이치는 실제 우리 눈에는 보이지 않는다. 그래서 아무것도 없는 것 같다. 그러나 보이지 않으면서도 그 기능과 작용의 무궁무진함이 우주 만물의 현상을 통해 드러나니 존재 자체를 부정할 수는 없다.

이 부분은 해석에 정반대의 의미가 동시에 가능한 난해한 어휘가 많다. 예를 들면 '或'(혹)은 '때로는' 또는 '늘'이란 의미를 갖고 있으며, '盈'(영)은 '가득 채우다' 또는 '다하다'란 의미를 갖고 있으며, '存'(존)은 '존재하다' 또는 '존재하지 않다'라는 의미로 해석될 수도 있다. 이에 대해 옛날부터 많은 사람들이 해석에 곤혹을 겪어 왔다. 김충열 선생은 두 가지 의미를 병존시켜 해석하고 있는데, 따를 만하다.

[사족]

이 장 역시 '도'를 물로 보고 해석해도 가능할 것 같다. 깊고 깊은 물에서 만물이 탄생하였을 것이며, 날카로운 사물도 물의 작용에 의해 둥글둥글 무뎌지게 되며, 얽힌 실타래도 물에 두면 일렁이는 물의 작용에 의해 풀리게 되며, 눈부신 빛도 물을 통과하면 부드럽게 되며, 먼지도 물속에 받아들여지면 녹아서 한몸이 된다. 그러한 물의 존재는 도대체 어떤 존재의 후손인지는 정확히 모르겠지만 하느님이 있기 전에 이미 존재했던 것으로 보인다.

중국에서는 노자 이전 오래전부터 '天下'[세상]를 주관하는 절대적 존재를 인식하고 있었다. 실체가 없는 하늘을 대신한 '天子'[하늘의 아들]가 '天命'[하늘의 뜻]을 받들어 세상을 다스린다고 생각했었다.

제5장

천지불인(天地不仁)

하늘은 만물을 똑같이 대한다

天地不仁, 以萬物爲芻狗. 聖人不仁, 以百姓爲芻狗. 天地之間, 其猶橐籥乎! 虛而不屈, 動而愈出. 多言數窮, 不如守中.

- **芻狗(추구):** 옛날 제사 때 사용하던 짚으로 만든 개. 사용하고 난 뒤에는 버렸다.
- **橐籥(탁약):** '橐'은 가죽으로 만든 자루, '籥'은 죽관. 옛날에 불을 피울 때 사용하던 풀무.

❖ 자연의 운행 원리 '도'는 그 안의 존재인 만물에 대해 절대 사사로이 인자하게 대하는 법이 없이 제사 때 신주로 쓰기 위해 짚으로 만든 개처럼, 쓰고 나면 아무렇게나 내버리듯 무심하게 대한다. 도에 밝은 성인 또한 백성들을 개별적으로 사사로이 인자하게 대하는 법이 없이 똑같이 짚으로 만든 개처럼 무심하게 대한다. 하늘과 땅 사이는 마치 대장간 화로에 불을 지피기 위한 풀무와 같아서 텅 비어 있지만 그 작용은 결코 다 없어지는 법이 없으며, 움직일수록 많은 기운을 분출해 낸다. 말이 많게 되면 그것으로 인해 논리가 자주 막히기도 한다. 이 때문에 차라리 말 없는 공허한 침묵의 상태를 지키는 게 낫다.

[이해하기]

공자 사상의 핵심은 만물과 상대에 대한 어진 마음, 즉 '인'이다. 그것은 상대를 측은하게 생각하여 사랑하는 마음이다. 그런데 노자는 그 '인'의 마음을 정면으로 부정하고 있다. 우주 만물을 주재하는 자연의 도가 만약 '인'의 마음을 가졌다면 어떻게 되겠는가. 과연 우주가 제대로 돌아갈 수 있겠으며, 만물이 제대로 생존할 수 있겠는가. 한 가지 예를 들어 보자. 생명체는 각기 뭔가를 먹어야 살아가는 법, 사람은 곡식, 육류, 해산물, 채소, 과일 등을 먹으며, 뱀은 개구리를 먹으며, 맹수는 작은 동물을 먹으며 살아간다. 그런데 만약 자연의 주재자인 하늘이 인자한 마음으로 세상을 다스린다면 먹히는 일체에 대해 어떻게 참을 수 있겠는가. 그렇다고 해서 먹히지 않게 보호한다면 또 먹지 못하고 굶어 죽는 생명은 또 어떻게 참을 수 있겠는가. 이렇게 되면 세상이 어찌 제대로 돌아가겠는가. 이처럼 우주 만물의 주재자인 '도'는 우주 만물에 대해 인자한 마음 없이, 아예 마음을 비우고 똑같이 하나의 지푸라기 인형처럼 대하는 것이다. 그렇기에 광대한 우주는 존재하며 순행할 수 있는 것이다. 여름철의 태풍이 많은 인명을 앗아가지만 그로 인해 부족한 물을 보충시키는 역할을 하는 것처럼, 우리는 모두 무자비한 폭군인 '자연의 도'의 안중에는 예외 없이 짚으로 만든 개에 불과한 것이다. 그래서 두렵고, 그래서 안도할 수 있는 것이다.

이 장의 관점을 토대로 한 지도자상은 어떤 모습일까? 지도자는 기본적으로 사리사욕이 없어야 하며, 사심 없는 빈 마음 상태를 가져야 한다. 지도자라면 우주 만물의 생멸과 변화의 원리를 제대로 파악할 줄 알아야 한다. 나아가 펼치는 정책 역시 어떤 개별적인 부분을 위한 것이 아니라 큰 틀을 영위하기 위한 목적에서 나와야 한다. 큰 틀이란 대통령이라면 한 나라가 될 수 있을 것이며, 세계 속의 일부인 나라라는 인식하에 나라 전체를 영위한다는 목표를 두고 정책을 펼쳐야 한다. 개별적 상황에 대한 측은지심의 발휘는 자칫 연쇄적인 생태계의 고리를 건드리게 되어 마침내 걷잡을 수 없는 파국을 초래하게 될지도 모른다.

[사족]

일반적으로 유가는 철저히 현실에 바탕한 사상이며, 이는 문학예술 방면에 있어서 '현실주의' 사조의 기초가 된다. 그러나 도가는 광대무변한 우주 자연에 대한 언급을 통해, 눈앞 현실의 현상보다 보이지 않는 이치인 도를 주장하는 사상으로, 이는 사고에 제한을 두지 않는 '낭만주의' 사조의 기초가 된다. 이 장에 보이는 하늘과 땅 사이의 이 세상의 공간을 하나의 '풀무'처럼 여기는 대단한 상상력은 바로 훗날 이백의 '白髮三千丈'(백발삼천장: 흰 머리카락이 삼천 장)과 같은 호쾌한 느낌을 받게 한다.

공자 사상 또는 유가 사상의 핵심은 바로 사물에 대한 '측은지심'(惻隱之心)의 발로인 '인'(仁)이다. 공자가 제기한 이 사상은 인간을 포함한 우주 만물의 거대한 변화 원리를 이야기하고자 한 것이 아니라, 인간이 중심이 되는 사회의 안정과 유지 원리로서 말한 것이다. 우주 만물의 변화 원리인 '도'는 비록 '불인'(不仁)할지라도 인간은 반드시 '인'해야만 사회가 평화를 유지할 수 있다. 그렇기 때문에 우리는 이 구절을 도가와 유가의 대립으로 이해할 게 아니라, 양자를 겸하여 이해할 필요가 있다. 다시 말하면 '인'해야 할 때가 있고, '불인'해야 할 때가 따로 있는 것이다.

각 장의 구성상의 특징을 보면 먼저 우주 만물의 생멸과 변화를 주관하는 천지의 도를 언급하고, 이어서 그 도를 깨달은 성인을 등장시켜 인간 세상을 어떻게 다스리는지에 대해 언급한다. 이는 《노자》 전체의 기본적인 구조이다.

제6장

곡신불사(谷神不死)

계곡의 신은 죽지 않는다

谷神不死, 是謂玄牝. 玄牝之門, 是謂天地根. 綿綿若存, 用之不勤.

- **谷神(곡신):** 여기에서는 '도'를 가리킨다. 따라서 '谷神不死(곡신불사)'는 도의 영원성을 말한 것이다.
- **牝(빈):** 암컷. 여성. 여기에서는 '도'를 비유한 말이다.
- **勤(근):** 옛날부터 '지치다'와 '다하다'의 서로 다른 두 가지 의미로 풀이되고 있다. 지칠 줄 모르게 끊임없이 지속되는 도의 신비로운 작용을 말한 것으로 볼 때 둘 다 가능하며 의미상 큰 차이가 없다.

❖ 계곡의 신은 죽지 않으니, 이를 신비한 여성이라 부른다. 신비한 여성의 생식기는 세상 만물의 근원이다. 끊임없이 이어지면서 존재하는 듯한데, 그 작용은 지칠 줄 모른다.

[이해하기]

이 장에서 말하는 계곡의 신은 우주 만물을 생멸, 변화, 순환시키는 주재자로서의 '도'이다. 그 도의 작용으로 세상의 모든 존재는 생멸, 변화, 순환해 가며, 나아가 우주와 자연이 존재하게 된다. 만물 탄생의 주재자로 말할 경우, 비유하건대 사람으로 치면 생명을 잉태하여 출산하는 여성이라고 할 수 있다. 그 작용이 마치 무에서 유를 창조하듯 하니 신비하지 않겠는가. 도는 절대로 모습을 드러내지 않으니, 우리는 도의 실체를 눈으로 볼 수가 없으며, 단지 그 작용으로 탄생한 만물을 볼 수 있을 뿐이다. 그러나 보이지 않는다고 그 존재를 부정해 버릴 수는 없다. 도의 존재는 그 작용으로 인해 탄생한 우주 만물을 통해 우리에게 웅변하고 있으니 분명 존재하기는 하는 모양이다. 그렇지 않다면 어떻게 우주 만물이 그렇게도 오랜 세월 동안 이렇게도 일사불란하게 생멸, 변화, 순환해 오고 있겠는가. 불교식으로 말하면 법(法)이 될 것이고, 기독교식으로 설명하면 하나님의 섭리가 될 것이다.

[사족]

노자의 사상인 도가는 유가와는 다른데, 유가가 난세를 극복하고 유토피아를 건설하기 위한 정치 방책으로서의 사상이라면 도가는 대체로 정치에서 소외된 은자들의 도피처로서의 수양 철학이라고 할 수 있다. 유가가 위정자를 위한 사상이다 보니 자연스럽게 정치에서 배제된 여성은 남성보다 못한 존재로 전락하게 되어, 마침내 남존여비의 사상적 배경이 되었던 것이다. 그러나 우주론적 철학인 도가는 생명 탄생에 있어서 결정적인 역할을 담당하는 '여성' 또는 '암컷'에 대해 '남성' 또는 '수컷'에 비해 상대적으로 더 큰 비중을 두고 있다.

이유는 또 있다. 세상 만물에 대해 도가는 유가와 상반된 가치관을 나타낸다. 예를 들면 유가에서 높은 것, 강한 것, 훌륭한 솜씨 등을 숭상함에 반해 도가는 낮은 것, 약한 것, 투박한 솜씨 등을 숭상한다. 그런 관점에서 유가에서는 아예 여성의 존재에 대한 언급 자체가 없을 정도로 무시되고 있음에 비해 도가에서는 남성보다 여성의 존재를 더욱 중시하고 있다. 그런 관점에서 동양에서의 여성주의의 뿌리를 이 책에서 찾을 수도 있을 것이다. 하지만 이 장에서 말하는 여성은 단지 우주 만물 존재의 주재자로서의 '도'에 대한 비유에 불과한 것이기 때문에 이를 여성주의의 뿌리로 보기에는 조금은 미흡하다는 느낌이 든다.

제7장

천장지구(天長地久)
내가 앞서려면 남을 앞세워라

天長地久. 天地所以能長且久者, 以其不自生, 故能長生. 是以聖人後
其身, 而身先, 外其身, 而身存. 非以其無私邪? 故能成其私.

❖ 하늘은 길고 땅은 오래다. 하늘과 땅이 길고도 오랠 수 있는 까닭
은 그것이 스스로 살려고 하지 않기 때문에 오래 살 수 있는 것이다. 이
때문에 성인은 자신을 뒤로 미루지만 자신이 앞서게 되고, 자신을 도외
시하지만 자신이 존재하게 되는 것이다. 그것에 사사로움이 없기 때문
이 아니겠는가? 그래서 능히 자신의 사사로움을 이룰 수 있는 것이다.

[이해하기]

'천장지구'라는 말의 유래가 참으로 오래되었음을 알 수 있다. 훗날
당나라 시인 백거이(白居易)는 <장한가(長恨歌)>에서 현종과 양귀비의
비극적 사랑을 그리면서 마지막 단락에 가서 "하늘에 있다면 비익조가
되기를 바라고, 땅에 있다면 연리지가 되었으면 한다네. 하늘과 땅이
장구하다고 하나 끝날 날이 있겠지만, 이들의 한 맺힌 사랑은 끊임없이

이어지며 끝날 줄을 모르리라."(在天願作比翼鳥, 在地願爲連理枝. 天長地久有時盡, 此恨綿綿無絶期.)라고 노래하였다.

그러나 여기에서 말하는 천지는 앞에서 나온 천지와 마찬가지로 우주 만물의 생멸, 변화, 순환을 주재하는 도의 주체인 자연으로 본다. 그 자연의 이치는 우주가 생성된 이래 지금까지 변함없이 이어져 오고 있는데, 그렇게 장구하게 영속할 수 있는 비법이 무엇인가. 바로 자연이 자기 스스로 살기 위해 애쓰지 않고 오로지 그 안의 모든 존재인 만물을 살리고자 하기 때문이지 않을까. 이러한 자연의 섭리에 정통한 성인 역시 항상 남의 앞에 뚜렷하고 대단한 존재로 드러나는 이유는 바로 그 역시 자신을 위하는 사심을 버리고 항상 다른 사람을 위해 양보하면서 자신을 뒤로 미루었기 때문이다. 다시 말하면 자연의 섭리든 성인이든 간에 그들은 자신의 사적인 목적을 위하지 않기 때문에 오히려 자신의 존재가 더욱 두드러지게 되는 것이다. 인간 역시 항상 사사로운 마음으로 자기를 내세우기 이전에 남을 위하며 자기를 뒤로 미루게 될 때 비로소 자신의 존재가 뚜렷하게 드러날 수 있다.

이 내용은 사회 속에서 일반적으로 접할 수 있는 상황에 대해서 말한 것으로 볼 수 있다. 주변에 자기를 애써 내세우려고 하는 사람은 대개 속에 든 지혜가 보잘것없는 경우가 많은데, 그런 사람은 곧잘 남에게 미움을 받거나 무시되어서 결국 남의 뒷전으로 밀려나는 경우가 많다. 반면에 주변 사람들 중에는 겸손한 자세로 자신의 존재는 아예 언급하지 않거나 뒷전으로 돌리며 항상 남을 추켜세우는 사람을 볼 수 있다. 이들의 경우 대개는 속에 든 지혜가 다른 사람들에 비해 실제로는 훨씬 많으며, 그렇기 때문에 사람들에 의해 추대되어 남의 앞에 서게 되는 경우가 많다. 자루 속에 감춰둔 송곳, '낭중지추'(囊中之錐)라고나 할까. 날카로운 빛을 애써 감추지만 도리어 그 빛은 만물을 비추게 마련이다. 그래서 천지나 성인은 '도광양회'(韜光養晦), '화광동진'(和光同塵) 하지만 그들의 존재와 작용은 반대로 거대하게 드러나는 것인가 보다.

앞 장에서도 언급한 것처럼 이 장 역시 이 책 전체의 서술적 특징을 대표적으로 잘 보여주고 있다. 즉 앞 단락의 주체는 '천지'이며, 뒷 단락의 주체는 '성인'이다. 이처럼 이 책은 먼저 자연의 도를 주체로 하여 우주 만물의 섭리에 대해 이야기하고, 다음으로 그 자연의 섭리를 터득한 인간인 성인을 주체로 등장시켜 인간 세상을 다스리는 방법에 대해 말하고 있다. 나아가 그것을 통해 성인이 아닌 보통의 사람들이 자연의 섭리를 배우도록 하고 있다.

[사족]

노자 사상을 흔히 '무위자연'이라고 한다. 노자는 자신이 살던 춘추시대의 혼란과 모순이 가득한 인간 세상을 보고 어떻게 하면 이상적인 사회를 만들 수 있을까 고민하던 사람이었다. 천부적인 명철함으로 오랜 고민 끝에 인간 또는 인위와는 다르게 자연은 안정, 조화와 균형의 상태가 영속적이라는 것을 발견하고, 인간이 자연처럼 영속적인 안정상태, 이른바 이상적인 세상을 이루려면 당연히 자연을 본받아야 할 수밖에 없다는 결론을 내렸던 것이다. 그것이 바로 노자가 역설하였던 '도'이다.

제8장

상선약수(上善若水)

물처럼 살라 하네

上善若水. 水善, 利萬物而不爭, 處衆人之所惡, 故幾於道. 居善地, 心善淵, 與善仁, 言善信, 正善治, 事善能, 動善時. 夫唯不爭, 故無尤.

• **所惡(소오):** 싫어하는 곳.

❖ 가장 좋은 것은 물과 같다. 물의 좋은 점은 만물을 이롭게 하면서도 다투지 않으며, 모든 사람이 싫어하는 곳에 있는데, 그래서 자연의 섭리에 가깝다. 거처에 있어서 좋은 것은 땅처럼 낮은 곳이며, 마음에 있어서 좋은 것은 심연 같은 고요함이며, 남에게 베풂에 있어서 좋은 것은 사랑하는 마음이며, 말에 있어서 좋은 것은 신뢰이며, 정치에 있어서 좋은 것은 어지럽지 않게 잘 다스리는 것이며, 일에 있어서 좋은 것은 능력이며, 움직임에 있어서 좋은 것은 시기이다. 무릇 오직 다투지 않기 때문에 잘못도 없다.

[이해하기]

이 장은 노자의 사상을 설명하기 위해 자주 인용되는 장 중의 하나이다. 이 장에서 가장 많이 출현하는 글자이자 중심어인 '善'(선)의 의미는 훌륭하다·좋다·착하다 등으로 풀이할 수 있다. 그래서 첫 구절은 '가장 훌륭한 진리는 물과 같은 성질을 지니고 있다'라는 의미로 파악하는 것에 이견이 거의 없다. 그러나 이어서 나오는 '善'(선)자의 의미에 대해서는 적잖은 학자들이 '잘'이라는 부사로 보면서 구두점 또한 위와는 다르게 두는 경우도 있다. 예를 들면 두 번째 구절에 대해 '물은 만물을 잘 이롭게 하면서 다투지 아니한다.'(水, 善利萬物而不爭)라고 풀이하는 것이다. 그러나 나는 이러한 풀이가 두 가지 오류를 범하고 있기 때문에 잘못이라고 생각한다. 즉 첫째는 동일한 장에서 중심어로 쓰인 '善'(선)이란 글자가 서로 다른 뜻으로 쓰이는 경우는 거의 없기 때문이며, 두 번째로는 '이롭게 하는 것'에 어떻게 '잘 이롭게 하는 것'과 '못이롭게 하는 것'의 구분이 있겠는가 라는 점 때문이다. 그래서 이 장에 쓰인 중심어 '善'(선)자는 모두 훌륭하다라는 의미로 보았다.

[사족]

공자나 노자나 모두 도가 무엇이라고 명확하게 말하지 못했다. 성인들조차도 말하지 못할 만큼 도라는 것은 말로 설명하기 어려운 것이라는 뜻이겠다. 심지어 공자는 "아침에 도를 들으면 저녁에 죽어도 좋다."(朝聞道, 夕死可矣.)라고 할 정도였으며, 노자 역시 제1장에서처럼 도는 무엇이라고 말할 수 있는 성질의 것이 아니라고 했다. 따라서 우리 같은 필부필부 범인들이야 도가 무엇인지 어떻게 알 수 있겠는가. 그러나 우리는 사서와 노자를 읽으면서 도에 대해 어느 정도는 접근할 힌트를 발견할 수는 있다. 그것은 두 성인이 도를 단도직입적으로 말하지는 않았지만 도에 근접한 것에 대해서는 말한 부분이 있기 때문이다.

《대학(大學)》의 경문 중에 이런 구절이 있다. "만물은 모두 근본적인 부분과 지엽적인 부분이 있으며, 매사는 다 시작과 끝이 있게 마련이다. 우선해야 할 것과 나중에 해야 할 것을 안다면 그것이 바로 도에 가깝다."(物有本末, 事有終始, 知所先后, 則近道矣.)라는 부분에서 '近道'(근도)란 말에 주목할 필요가 있다. 도가 무엇이라는 것은 공자조차도 말하기 어려운 것이니 우리는 '도'에 가까운 것이 무엇인지라도 알면 다행이 아니겠는가. 공자가 말하는 도에 가깝다는 것은 바로 살아가면서 대하게 되는 매사나 만물에 대해 항상 우선순위를 매겨 근본적인 것으로서 우선시해야 하는 것과 지엽적인 것으로서 뒤로 미루어야 할 것을 아는 것이라고 하였다. 수긍이 가는 말이다. 우리의 삶은 정신이 깨어있는 동안은 어쩌면 선택의 연속이라고 할 수 있을 것이다. 그러나 매번의 선택은 항상 갈등을 일으키고 갈등 끝의 선택이 잘못되어 일을 그르치게 되는 경우가 많다. 그 선택의 기준이 바로 사물의 본말과 일의 시종이 아니겠는가. 우리는 그것을 잘 판단하기 위해 공부하고 수행하는 것이며, 그것이 이른바 '도를 닦고 깨우치는 행위'가 아니겠는가.

노자의 이 장에도 도를 우회적으로 설명하고 있는 힌트가 있으니 바로 '幾於道'(기어도)란 구절이다. 그럼 노자가 말하는 '도에 근접한 것'은 무엇인가. 노자는 말한다. "물과 같은 성질을 지닌 것으로, 자기가 아닌 만물을 이롭게 하면서 남들과 다투지 아니하며, 또한 대부분 사람들이 싫어하는 낮은 위치에 있는 것"이 바로 도에 가까운 것이라고 했다. 어떻게 보면 자기의 존재를 희생하여 남을 이롭게 하는 극단적인 이타주의로 볼 수 있다. 그러나 사실 이것이 바로 도가 아닐까 싶기도 하다. 이렇게 살 수 있는 사람이 누구겠는가. 바로 도에 통달한 사람, 즉 석가모니, 노자, 공자, 그리고 예수가 바로 그런 사람일 것이다.

이상 두 성인이 말하는 '거의 도라고 할 수 있는 것'을 비교해 보면 공자가 노자에 비해 좀더 현실성을 띠고 있다고 하겠다. 상대적으로 노자는 공자에 비해 훨씬 가혹한 정의를 내려 인간의 한계를 초월한 듯한 느낌을 받는다.

제9장

지이영지(持而盈之)
물러날 줄 아는 지혜

持而盈之, 不如其已. 揣而梲之, 不可長保. 金玉滿堂, 莫之能守. 富貴
而驕, 自遺其咎. 功成身退, 天之道也.

· **揣(췌):** 쇠를 불에 달구어 단련하는 것.
· **梲(절, 예):** 1) 절: 동자기둥, 막대기. 2) 예: '銳(예)자와 통함. 예리하다.

❖ 소유한 후 그것을 가득 채우려는 것은 차라리 내버리는 것만 못
하다. 두드려서 날카롭게 만들면 오래 보존할 수가 없다. 황금과 보옥
이 집안에 가득하면 그것을 지킬 수가 없다. 부귀하여 교만해지면 스스
로 화를 초래하게 된다. 공적이 이루어지면 자신은 물러나는 것이 자연
의 섭리이다.

[이해하기]

재산이나 명예 등 살다 보면 욕심을 내게 되는 부분이 많다. 그러나
인간의 욕심은 한계를 모르니 항상 물이 그릇에 넘치듯 과욕으로 치달

게 되고, 그로 인해 결국 화를 입게 된다. 그렇게 될 바에야 차라리 아예 아무것도 없는 편이 더 나을 경우도 있다. 현대는 자본주의 사회이니 돈과 관련하여 예를 들어 보자. 대부분의 사람은 돈에 대한 욕심에 한계가 없으며, 자기가 버는 돈이 충분하다고 생각되지 않을 것이며, 그래서 더 많이 벌고자 한다. 1억 재산이 있는 사람은 2억으로, 2억이 있는 사람은 10억으로, 10억은 또 100억으로 늘리고 싶을 것이니, 이렇듯 욕심에는 한계가 없다. 다시 말하면 결국 욕심을 내는 그 사람은 사람됨이 본래 좋은 사람이었는데 재물 때문에 마침내 재물의 노예가 되어 하늘이 주신 천명대로 살지 못하게 되는 결과를 초래할 수도 있다. 제3자의 눈으로 볼 때 그것은 한 컵 가득 물을 받고도 계속 수도꼭지에 컵을 대고 물을 넘쳐나게 하고 있는 모습으로 비칠 수도 있다. 그것이 아니더라도 가득 채운 물을 옮기거나 입으로 가져가기에 너무도 불편하게 보일 수도 있다. 배가 가라앉고 있는데도 탈출할 생각은 하지 않고 보물을 하나라도 더 싣고자 하는 우매함으로 비칠 수도 있으며, 이솝 우화 속의 고기를 입에 문 개가 물에 비친 제 모습을 보고 그 고기를 뺏으려고 하는 우매한 탐욕으로 비칠 수도 있다.

둥글고 무딘 것과 날카롭고 각진 것 중 어느 것이 더 우성이며 더 강한 것인가. 당연히 둥글고 무딘 것이다. 만물은 시간의 흐름과 함께 닳게 되어 무뎌지고 예각이 사라져가게 된다. 산에 있는 갈라져 나온 바위 조각은 처음에는 흉기처럼 날카롭지만 세월의 흐름과 함께 공기와 물의 풍화 작용 속에서 차츰 날카로움을 잃고 둥글고 무딘 조약돌로 변한다. 사람에게 비유할 수도 있다. '모난 돌이 정 맞는다'라는 속담처럼 날카롭게 각을 세우고 처세하는 사람은 남들에게 미움을 받기 마련이며 결국은 제 본성대로 살 수 없게 된다.

자기 소유가 많아지면 그만큼 지키기 위한 노력이 필요하고, 그것 때문에 삶이 그만큼 번거로워지게 마련이다. 특히 눈에 보이는 유형의 재산이란 많으면 좋겠지만 그것을 지키기 위한 노력 또한 그 재산의 양에 비례하여 늘어날 것이다. 그러나 결국 그것은 애초에 자기 것이 아니었기에 쉽게 흩어지게 마련이다. 그 점을 이해한다면 오히려 재물의 이동에 따라 일희일비하지 않게 되어 마음이 편할지도 모른다. 비단 속물이 아니라고 하더라도 남들보다 돈이 많거나 지위가 높아지면 교만한 마음이 생기는 것이 어쩌면 인지상정의 이치일 것이다. 그러나 그것은 마치 달콤한 사탕이 치아에 해를 끼치는 것과 같아서 결국 자신에게 재앙을 가져오기 쉽다. 재앙을 막으려면 교만한 마음을 없애야 한다. 교만한 마음이란 결국 재산과 지위에서 오는 것이니 성인들은 그래서 가난하게 낮은 위치에서 살려고 했던 모양이다.

자연의 섭리는 어떤가. 봄이 왔는가 싶더니 그만 또 여름이 오고, 그런가 싶더니 다시 가을, 겨울이 차례대로 닥친다. 달은 초승달을 거쳐 반달, 그리고 가득 찬 보름달이 되었는가 싶더니 며칠 사이에 이지러지며 마침내는 보이지 않게 된다. 본문에서의 '공적'은 바로 여기에서 말한 봄의 꽃이고, 가을의 수확이고, 둥근 보름달로 비유될 수 있다. 자연은 이렇듯 공적을 이루었으나 그 공적에 안주해서 연연해하지 않고 뒤로 물러나며 또 다른 이치를 받아들인다. 사람도 마찬가지다. 어떤 업적을 이루었으면 그것을 자랑하며 우려먹을 생각을 하지 말아야 한다. 나로 인해 이루어진 업적이면 자신의 역할은 그것으로 충분하며 자신은 뒤로 물러나도 그 업적은 사라지지 않는다. 계속 머물면서 자랑하며 연연해하는 사이 공적도 무너지고 자신도 무너진다.

이 장의 마지막 구절의 의미는 제2장에서도 비슷한 구조로 "만물을 만들어 내지만 그것을 제 것으로 간직하지는 않으며, 일을 행하지만 그것을 뽐내지는 않으며, 공적이 이루어지더라도 거기에 안주하지 않는데, 이 때문에 공적이 사라지지 않게 된다."(萬物作焉而不辭, 生而不有, 爲而不恃, 功成而弗居. 夫唯弗居, 是以不去.)라고 언급한 적이 있다.

[사족]

개인적으로 이 장의 마지막 부분 "공적을 이룬 후 뒤로 물러날 줄 알아야 한다."라는 구절이 마음에 든다. 공적을 이루기도 어렵거니와 그것을 자신과 분리시킬 수 있는 용기는 더욱 어렵다. 사람들은 조그만 공을 세워도 자랑하거나 그것과 자신의 불가분성을 만천하에 알리고 싶을 것이며, 자신의 모자라는 부분을 그 뒤로 숨기기에 급급하기 쉽다. 그러다가 결국은 애써 이룬 공적, 나아가 자신마저 훼손시키는 경우를 볼 수 있다.

이 구절을 보니 얼핏 유가의 경서인《예기》의 첫 부분에 나오는 "축적한 재물을 흩을 수 있어야 하며, 현재의 편안한 상태에 안주하면서도 능히 자리를 옮길 수 있어야 한다."(積而能散, 安安而能遷.)라는 구절이 생각난다. 완전히 같은 의미는 아니지만 이 역시 노자의 사상과 크게 다르지 않는 것처럼 보인다. 재물을 쌓는다는 것, 그것에만 머물면 그것이 바로 '소유하면서 가득 채우려고만 하는' 태도가 아니겠는가. 편안한 상태에 만족하고 안주하는 태도도 필요하지만 편안한 상태에서 물러나 불편한 상태를 찾아갈 줄도 알아야 하는 것이 바로 '공적을 이루었으나 뒷전으로 물러날 줄 아는' 지혜가 아니겠는가.

제10장

재영백포일(載營魄抱一)
업적을 자랑하지 말라

載營魄抱一, 能無離乎. 專氣致柔, 能嬰兒乎. 滌除玄覽, 能無疵乎. 愛民治國, 能無知乎. 天門開闔, 能無雌乎. 明白四達, 能無爲乎. 生之畜之, 生而不有, 爲而不恃, 長而不宰, 是謂玄德.

- **載(재):** 싣다. 간수하다.
- **營魄(영백):** 혼백.
- **抱一(포일):** 도를 견지하다.
- **玄覽(현람):** 신비한 마음의 거울. '覽'자는 거울이란 의미로 쓰였다.
- **天門開闔(천문개합):** 우주 자연의 변화.
- **無雌(무자):** 백서본 을본에는 '爲雌'(위자)로 되어 있다. 여기에서도 이를 따라 "우주 만물의 변화를 주관하면서도 능히 여성적일 수 있는지?"라는 뜻으로 보았다.

❖ 혼백을 잘 지키고 도리를 견지하면서 능히 그 상태에서 벗어나는 일이 없는지? 기운을 한결같이 하여 몸을 부드럽게 만들어서 능히 갓난아이같이 될 수 있는지? 신비한 마음의 거울을 잘 닦아서 능히 티가 없을 수 있는지? 백성을 사랑하고 나라를 잘 다스리면서 능히 지모가 없을 수 있는지? 만물 생성의 오묘한 하늘문이 열렸다 닫혔다 하면

서 능히 여성적일 수 있는지? 사리에 명백하여 모든 방면에 통달하였으면서 능히 인위가 없을 수 있는지? 탄생시키고 기르는데, 탄생시키고도 그것을 소유하지 않고, 행하고도 그것에 기대지 않으며, 생장시키면서도 그것을 지배하지 않으니, 이것을 '신비한 덕성'이라고 한다.

[이해하기]

제22장에 다음과 같은 구절이 있다. "적으면 얻게 되고 많으면 혼란하다. 그러므로 성인은 한 가지 원리를 견지하고 천하의 법도로 삼는다."(少則得, 多則惑, 是以聖人抱一, 爲天下式.) 원칙이 많으면 뭐가 옳은지 분간이 잘 가지 않게 마련이다. 진리는 하나이듯 성인 역시 우주 만물의 이치를 생멸, 변화, 순환시키는 한 가지 이치만을 견지하는 것이며, 그리고 항상 그 상태를 유지하는 것이다.

원기 또는 정기를 자신의 몸에 잘 결집시켜 육체적 정신적 건강을 유지해야 한다. 그 상태는 청장년의 상태를 말하는 게 아니라 어린애처럼 부드럽고 순수한 몸과 정신의 상태를 말한다. 노자는 말한다. "사람이 살아있을 때는 유약하며, 죽었을 때는 딱딱하게 굳어 있다. 모든 생물이나 초목 역시 살아있을 때는 부드럽고 약하지만 죽었을 때는 바짝 말라 딱딱하다. 그렇기 때문에 딱딱하게 굳은 것은 죽음의 속성이요, 부드럽고 약한 것은 삶의 속성이다."(人之生也柔弱, 其死也堅强, 萬物草木之生也柔脆, 其死也枯槁, 故堅强者死之徒, 柔弱者生之徒.)

마지막 부분의 의미는 부모와 자식의 관계를 비유로 설명하면 이해가 쉬울 것이다. 부모는 자연의 섭리가 만물을 낳듯이 자식을 낳아 기르는 역할을 한다. 자식을 자기가 낳았다고 해서 결코 자기 소유물로 생각하지 말아야 한다. 자식의 성장을 위해 먹이고 입히고 공부시키는 여러 일을 하지만 결코 그것을 자식에게 자랑하듯 내세워서는 안 된다.

자식이 잘 성장하도록 도와주기는 하되 결코 자식을 조종하는 지배자 노릇을 해서는 안 된다. 모든 관계에서 이러한 원리가 적용될 수 있다. 국민을 위해 정치하는 위정자에서부터 회사나 모임의 리더 등이 모두 이러한 마음가짐을 가져야 한다.

[사족]

유가에서도 도가에서도 모두 도와 덕에 대해 언급하고 있다. 그러나 한문 원문에서 도(道)와 덕(德)을 언급한 부분에 대한 우리나라 번역본을 보면 한결같이 다른 어휘를 쓰지 않고 원어의 독음 그대로인 도와 덕이라고 말하고 있음을 볼 수 있다. 그래서 그 명확한 뜻을 물으면 대부분은 쉽게 대답을 하지 못한다. 필자 역시 정확한 의미는 아직 모른다. 하지만 지금까지 배우고 이해한 바를 말하면 다음과 같다. '도'라는 것은 인간을 포함한 우주 자연의 운행 원리를 말하는 것이며, 그 범위는 경우에 따라 차를 마시는 원리를 말하는 '다도'(茶道) 등의 좁은 범위에서부터 이 책 첫 장에 나오는 무엇이라 표현하지 못하는 우주 자연의 총체적 원리까지 아우른다. 단지 적용하는 대상에 따라 다를 뿐이다.

문제는 '덕'이 무엇이냐인데, 내가 생각하기로는 앞에서 말한 감지할 수 없는 '도'라는 것이 구체적으로 각 개체에 구현되어 감지할 수 있는 특성으로 나타나는 것을 말한다고 본다. 예를 들면 하늘의 섭리인 도가 인간에게는 어떻게 구현되는가. 유가에서처럼 사람이란 착하게 살아야 한다는 것이라고 정의한다면 인간에게 적용된 도는 '착함'이란 속성으로 우리가 감지할 수 있게 구현된다. 이 경우 '착함'이 바로 덕인 것이다. 그래서 공자의 사상을 계승한 맹자는 인간은 하늘의 도가 왜곡되지 않게 구현될 경우, 본래 '착한' 존재인데, 살아가면서 외물의 영향으로 악하게 변하니 공부를 통해서 꾸준히 본래의 '착함'을 회복시켜야 한다고 주장한다. 《대학》 경문 첫 구절 또한 대학 교육의 목표를 "인간의 밝은 덕성을 밝히는 것에 있다"(大學之道, 在明明德.)라고 했다.

이를 통해 도와 덕을 굳이 우리말로 옮기자면 '도'는 섭리(경우에 따라 이치, 도리, 원리, 이념, 목표 등)로, 타고난 원래의 좋은 품성인 '덕'은 덕성(경우에 따라 본성, 속성, 성질, 특성 등)으로 번역할 수 있을 것이다.

제11장

삼십폭공일곡(三十輻共一轂)

그릇은 비어 있어야 유용하다

三十輻共一轂, 當其無, 有車之用. 埏埴以爲器, 當其無, 有器之用. 鑿
戶牖以爲室, 當其無, 有室之用. 故有之以爲利, 無之以爲用.

- **三十輻共一轂(삼십폭공일곡)**: '輻'은 '바큇살', '轂'은 중간이 빈 둥근 나무로 된 바퀴통.
- **埏埴(선식)**: 진흙을 이기는 것.

❖ 서른 개의 바큇살이 하나의 바퀴통에 모여 축을 형성하는데, 그
축 안이 비어 있음에 수레로서의 유용함이 있다. 찰흙을 이겨서 그릇을
만드는데, 그 그릇이 비어 있음에 그릇으로서의 유용함이 있다. 방문과
창문을 뚫어서 방을 만드는데, 그 문들이 비어 있음에 방으로서의 유용
함이 있다. 그러므로 형체를 가진 것은 우리에게 이로움을 주는데, 형
체가 없음으로 인해 유용한 기능을 발휘할 수 있게 된다.

[이해하기]

사람들에게는 뭔가를 해 보고자 하는 욕망이 있는 한편, 대개는 효

율성을 강조한다. 효율성이란 한정된 능력과 시간 때문에 파생된 개념일 수 있다. 만약 인간의 능력이 무궁무진하고 주어진 시간 또한 무한하다면 어떤 일을 함에 있어서 효율과 비효율을 따지지 않을 것이다. 효율과 비효율은 또 다른 측면, 즉 가득 참[유]과 텅 빔[무]으로 말할 수도 있다. 효율성면에서는 빔이 참보다 가치가 떨어지게 마련이니, 당연히 빔을 버리고 참을 택할 것이다. 그러나 어떤 존재이든 빔 없이 참만으로 제 기능을 발휘하기 어렵다. 본문에서 말하고 있는 바퀴의 축이 그렇고, 컵이나 그릇 같은 도자기가 그렇고, 또 방을 만들 때 비어 있는 공간인 문 또한 그렇다. 논리를 비약하여 만약 우리 삶의 공간인 허공이 비어 있지 않다면 과연 어떻게 될까. 인간을 비롯한 자연의 모든 존재들은 허공이란 비어 있는 공간으로 인해 존재할 수 있는 것이다. 이러한 이치를 우리의 삶에도 적용시킬 수 있다. 평생 효율성만 따지면서 가득 채우기만 하는 삶을 살아가는 것은 불가능할뿐더러 그것보다는 삶의 기능을 제대로 발휘하기 위해서 쓸모없을 것 같은 놀며 허비하는 빔의 시간도 반드시 필요하다. 우리 삶 모든 방면에 있어서 이런 원리는 존재한다. 쓸모있음은 쓸모없음의 안받침을 받아 더욱 쓸모 있게 되는 것이다.

[사족]

예전 사고방식에 의하면 일하거나 공부하는 것 등은 쓸모 있는 행위이고 아무 일도 하지 않고 빈둥빈둥 놀기만 하는 것은 쓸모없는 행위였다. 그러나 지금에 와서는 빈둥빈둥 노는 그 쓸모없음이 레저로 불리며 쓸모 있는 행위를 더욱 잘하기 위해서 없어서는 안 될 쓸모 있는 것으로 격상되었다. 이와 마찬가지로 절대적 관점에서 쓸모없는 것들, 예를 들면 회화에서의 여백, 건축에서의 공간, 웅변가의 눌변 등 역시 쓸모 있는 전체를 살리기 위한 필수불가결한 것이 되고 있다. 지금까지도 생명력이 이어지는 수묵화의 특색인 여백의 미가 그렇고, 공간의 최대 효율성만 따진 빈틈없는 사각형 위주의 건축물들이 점차 공간을 중시하면서 다양한 공간 창출로 개성을 발휘하는 현대 건축물로 진화하고 있는 것 또한 그 예가 될 것이다. 정말 달변인 사람, 설득의 달인은 청산유수 같이 말을 잘하는 것이 아니라, 중간중간 어눌한 말투 또는 말 없는 시간을 함께 사용할 줄 아는 사람이다. 이런 관점을 현대의 문화, 예술, 나아가 생활의 모든 부분에 적용시킨다면 어쩌면 남보다 앞서 나가는 사람이 될 수 있을지도 모르겠다. 일반적인 관점에서 쓸모없다고 여겨지는 모든 것들이 어쩌면 가장 쓸모 있는 것일지도 모른다. 그래서 우리가 살아가면서 판단하고 결정하는 기준을 '쓸모 있고 없고'에 두어서는 안 될 것이며, 오히려 쓸모없다고 여겨지는 부분에 대해 더 유의해야 할 것이다.

제12장

오색령인목맹(五色令人目盲)

오색은 눈을 멀게 한다

五色令人目盲, 五音令人耳聾, 五味令人口爽. 馳騁畋獵, 令人心發狂,
難得之貨, 令人行妨. 是以聖人爲腹不爲目, 故去彼取此.

- **五色(오색):** 빨강, 노랑, 파랑, 하양, 검정.
- **五音(오음):** 궁상각치우(宮商角徵羽).
- **五味(오미):** 신맛, 쏜맛, 단맛, 매운맛, 짠맛.

❖ 오색, 즉 온갖 현란한 아름다운 색채는 눈을 즐겁게 하기보다 눈
의 감각인 시각을 무디게 한다. 오음, 즉 온갖 소리가 서로 어울린 듣
기 좋은 음악은 귀를 즐겁게 하기보다 귀의 감각인 청각을 무디게 한
다. 오미, 즉 온갖 다양한 맛의 산해진미가 입을 즐겁게 하기보다 입의
감각인 입맛을 무디게 한다. 말을 타고 내달리며 사냥하는 행위는 본래
안정된 사람의 마음을 미쳐 날뛰게 한다. 가지기 어려운 귀한 재물은
결국 그것을 가지고 싶어 하는 사람의 욕심 때문에 올바르게 행동하는
것을 방해한다. 이런 이유로 세상의 이치에 통달한 성인은 원초적 본능
인 살기 위해 배를 채우는 일을 할 뿐 말초적 감각의 희열을 추구하는

시각을 위하지는 않는다. 그러므로 본성에 충실하며 말초적 감각은 배제한다.

[이해하기]

본능에 충실한다는 것은 제3장에서도 "마음을 비게 하고 배를 채워 주며, 그들의 의지를 약하게 하고 육체의 뼈를 강하게 해 준다."(虛其心, 實其腹, 弱其志, 强其骨.)라고 했었다. 욕망의 근원인 말초적 감각기관의 작용에 대해 부정적으로 보고 있다. 욕망은 항상 극한으로 치닫는 성질이 있다. 또한 시각, 청각, 후각, 미각 등의 감각은 쉽게 무뎌지거나 마비되는 성질이 있다. 무뎌지는 것과 마비되는 것은 다름 아닌 감각의 충족으로 인한 결과라고 할 수 있다. 이런 것은 누구나가 일상에서의 경험을 통해 쉽게 체험했을 것이다. 예를 들면 흑백TV 시대에서 컬러TV 시대로 전환한 것은 엄청난 색채의 진보였다. 처음에는 그 현란한 색채에 황홀해하였으나 이내 시각이 무뎌져 더 화려한 색채를 찾고자 하였으며, 그 결과 색채의 선명도 제고와 자연색의 재현이란 목표를 이루기 위해 PDP, LCD, HD, UHD 시대로 발전하고 있다. 청각·후각·미각 역시 이와 다르지 않다. 사람들은 끊임없이 자신의 감각을 충족시키려고 하지만 감각이란 것은 충족과 동시에 다시금 새로운 감각에 대한 욕망을 일으키게 되는 것이니, 충족은 영원히 불가능하다.

승마와 사냥이 왜 사람의 마음을 미치게 하는지 과학적인 이유는 모르겠다. 그러나 앞글의 맥락으로 보면 이 역시 욕망이란 범주 속에 드는 것으로, 속도감과 사냥에 대한 쾌감에 만족을 모르기 때문에 결국 미치지 않고서는 끝나지 않는다는 뜻으로 이해할 수 있을 것이다. 지금의 폭주족을 보면 그 말이 틀린 말이 아니라는 것을 알게 된다. 도박에 미치는 것, 게임에 미치는 것 또한 그런 원리가 아닐까. 이런 맥락에서 사람들이 구하기 힘든 물품, 예를 들면 귀한 골동품이나 예술품, 보석 등에 대해서도 그것을 가지고 싶어 하는 욕망이 있을 것이다. 그렇다면 그러한 욕망 역시 만족할 줄 모르게 되고, 그것을 구하기 위해 수단과 방법을 가리지 않게 되니, 그런 상황에서 어떻게 올바른 행동을 할 수 있을까. 이러한 인간의 욕망 때문에 섭리에 통달한 성인들은 일찌감치 이를 깨닫고 욕망의 근원인 감각 작용을 철저히 배제하였다. 대신에 오로지 삶에 필요한 단순한 본능을 만족시키는 배를 채울 뿐이었던 것이다. 불가에서도 일찍이 이러한 감각의 덧없음을 깨닫고 오온(五蘊)이 모두 공(空)하다고 했었다.

[사족]

잃어버린 감각을 회복하려면 욕망의 실현을 위해 끝없이 감각을 충족시켜 나갈 것이 아니라, 반대로 오히려 감각기관에 걸리는 부하를 최소화하는 것은 어떨까. 즉 하얀 백지가 여러 색채에 가장 민감하게 반응하듯 우리의 시각을 예민하게 만들기 위해서는 오히려 단순한 색채를 보는 것에 익숙해야 할지도 모르겠다. 이와 마찬가지로 미묘한 음의 구분을 위해 현란한 소리를 들을 것이 아니라 동요 같은 단순한 소리와 리듬에 익숙해져야 할 것이다. 미각 또한 마찬가지로 미묘한 혀의 감각을 회복하기 위해서는 온갖 맛이 어우러진 산해진미의 요리보다 단순한 맛의 음식을 좋아해야 한다. 담백한 맛 때문에 그 요리의 재료 본연의 미묘한 맛을 더 잘 느낄 수 있기 때문이다. 극도로 복잡다단해져가는 이 시대 우리들의 삶, 단순한 것에 대한 긍정과 추구는 어떨지 …

제13장

총욕약경(寵辱若驚)
행운도 불행도 놀랍기는 마찬가지

寵辱若驚, 貴大患若身. 何謂寵辱若驚? 寵爲下, 得之若驚, 失之若驚, 是謂寵辱若驚. 何謂貴大患若身? 吾所以有大患者, 爲吾有身. 及吾無身, 吾有何患? 故貴以身爲天下, 若可寄天下, 愛以身爲天下, 若可託天下.

- **貴以身(귀이신):** 자신을 귀하게 여기다. 자신의 존엄과 존재가치를 귀하게 여기다.
- **愛以身(애이신):** 자신을 사랑하다. 자신의 존엄과 존재가치를 사랑하다.

❖ 총애를 받거나 치욕을 당하면 놀라듯 하고, 큰 우환을 제 몸처럼 귀중하게 생각하라. 총애를 받거나 치욕을 당하면 놀라듯 하라는 말은 무슨 말인가? 총애는 저급한 것으로 생각하며, 그것을 얻으면 놀라듯 하고, 그것을 잃어도 놀라듯 하니, 이것을 일컬어 총애를 받거나 치욕을 당하면 놀라듯 한다고 한다. 큰 우환을 제 몸처럼 귀중하게 생각하라는 말은 무슨 말인가? 내게 큰 우환이 생긴다는 것은 내게 몸이 있기 때문이다. 내게 몸이 없으면 내게 무슨 우환이 있겠는가? 그러므로 자신의 몸을 세상처럼 귀하게 여기는 사람에게 세상을 맡길 수 있으며,

자신의 몸을 세상처럼 아끼는 사람에게 세상을 맡길 수 있는 것이다.

[이해하기]

임금으로 대표되는 상급자에게 능력을 인정 받고 칭찬 받으며 그에 상응하는 높은 지위에 오르는 것을 '총애'라고 할 수 있다. 반대로 남에게 업신여김을 당하며 자신이 수치스러운 상황에 빠지게 되는 것을 '치욕'이라고 할 수 있다. 이를 행운과 불행이라고 보아도 좋다. 사람이라면 대부분 이 둘 중 총애를 받으면 기뻐하고 치욕을 당하면 놀라듯 하면서 기분 나빠할 것이다. 그러나 자기 능력 밖의 총애를 받으면 그것을 의외로 받게 되는 치욕과 마찬가지로 의외라고 여기고 놀라야 한다. 그 총애가 결국 자신을 망치는 계기가 될 수 있다고 생각하면 놀라지 않을 수 없다. 예를 들어 회사에서 상사에게 총애를 받아 인사이동 때 과분하다시피 한 높은 자리에 올랐다고 하자. 그 경우 당연하다는 듯 받아들일 것이 아니라 깜짝 놀라며 왜 그렇게 되었는지를 곰곰이 생각하면서 혹시나 모를 그것으로 인해 초래될 나쁜 결과를 미연에 예측하며 방지하는 것도 좋을 것이다.

'큰 우환'이란 근심과 걱정, 나아가 몸의 질병까지 아우른다. 즉 심신상의 고통을 말한다. 대부분 사람은 우환이 혹시나 자기에게 닥치지나 않을까 하며 두려워하고 싫어하면서 자기에게 그런 것이 있으면 빨리 벗어나기를 바랄 것이다. 그러나 그런 우환은 자신의 몸이나 정신, 즉 자신이란 존재가 없다면 있을 수 없다. 다시 말해 그것은 결국 자신의 존재가 있다는, 즉 살아있다는 증거가 되니, 오히려 기뻐해야 하지 않겠는가. 또한 대부분 사람은 자신 또는 자신의 몸을 세상 그 무엇보다 더 아끼고 귀하게 생각한다. 자신을 아끼는 그런 마음으로 세상을 아끼는 사람이 있다면 그런 사람이야말로 역설적으로 자신보다 세상을 위해 일할 수 있는 사람이 되니 그런 사람이 세상을 다스리게 해야 한다.

[사족]

흔히 사람을 이루고 있는 것은 육체와 정신이란 두 부분으로 나눌 수 있다. 그런데 그것을 분리시킬 수 있는가. 그렇다면 둘 중 어느 것이 더 중요하고 우선이 되는가. 유가에서는 육체보다 정신을 더 중요시하는데, 예를 들면 《대학(大學)》 경문(經文) 중의 "자신의 몸을 수양하고자 하는 사람은 먼저 자신의 마음을 바로잡아야 한다."(欲修其身者, 先正其心.)라고 한 것이 대표적인 예다. 현대에도 이런 관점은 이어져 운동 등에 있어서 육체적인 기능보다 정신력을 더 중요하게 여기는 것 또한 이런 관점의 반영이라고 볼 수 있다. 그런데 노자는 줄곧 인위가 배제된 몸을 더 강조하고 있으며, 정신의 작용은 모두 욕심과 인위의 발현으로 보아 부정하고 있다. "마음을 비게 하고 배를 채워 주며, 그들의 의지를 약하게 하고 육체의 뼈를 강하게 해 준다."(虛其心, 實其腹, 弱其志, 强其骨.) 불가에서는 동진 때의 혜원(慧遠) 스님이 말한 '형진신불멸'(形盡神不滅)과 같이 육체는 없어져도 정신은 사라지지 않는다고 하여 윤회설의 근거가 되기도 했다.

그러나 다른 측면에서 볼 때 몸을 중요시한 노자의 관점에 동의할 수 있다. 즉, 정신이란 흔들리기 쉬운 가변적인 것이며, 또한 종잡을 수 없는 신기루 같은 황홀한 존재, 예측하기 어려운 존재라고 할 수 있다. 그래서 옛 성현들도 마음의 종잡을 수 없음을 경계해 왔다. 《서경(書經)·대우모(大禹謨)》에서는 "사람 마음이란 위태롭기만 하고, 진리의 핵심은 미미하기만 하니 오직 정성을 다해 한결같은 마음으로 사물의 중도를 잡아야 한다."(人心惟危, 道心惟微, 惟精惟一, 允執厥中.)라고 했다. 이에 반해 육체는 좀처럼 변화를 싫어하며 명확한 구체적 형상을 지닌 예측 가능한 존재라고 할 수 있다. 하늘과 땅으로 비유하면 육체는 땅과 같은 존재로서, 뿌린 대로 거둔다는 대지의 성질을 지니고 있다. 나쁜 환경에 노출되면 육체는 즉각 반응하며 아파한다. 그 상태가 지속되면 마침내 고질병이란 결과를 낳게 되는데, 이런 변화들이 정신에 비해 너무나도 확실하게 알 수 있을 정도로 천천히 진행되어 미래의 몸의 상태를 예측해 대비할 수 있다. 또한 정신이 육체를 지배한다는 관점 또한 생각하기에 따라 틀렸다고 할 수 있다. 예를 들어 어떤 사람이 체중 감량을 위해 다이어트를 하는데, 아무리 마음을 독하게 먹는다 해도 육체는 기존의 식습관에서 변화가 느리기 때문에 실패할 확률이 높다. 그러나 이럴 때 우리는 종잡을 수 없는 마음을 독하게 먹을 것이 아니라, 마음은 내버려두고 지속적인 생활 습관에 의해 육체의 습관이 바뀔 수 있도록만 하겠다고 생각하면 오히려 마음이 편해질 수 있다. 어느 정도 습관이 고쳐진다면 마음과는 별도로 육체가 스스로 음식의 양을 조절하게 되어 마침내 성공을 가져오게 된다. 이러한 사실을 통해 육체나 본능을 중요시한 노자의 말에 수긍이 간다.

제14장

시지불견(視之不見)

섭리는 알 수 없는 황홀한 것

視之不見, 名曰夷, 聽之不聞, 名曰希, 搏之不得, 名曰微. 此三者, 不可致詰, 故混而爲一. 其上不皦, 其下不昧, 繩繩不可名, 復歸於無物. 是謂無狀之狀, 無物之象, 是謂恍惚. 迎之不見其首, 隨之不見其後. 執古之道, 以御今之有. 能知古始, 是謂道紀.

- **夷(이)·希(희)·微(미):** 세 글자 모두 감지할 수 없는 도의 미묘함을 형용한 말이다.
- **致詰(치힐):** 따져서 밝히는 것.
- **皦(교):** 밝다.

❖ 자연의 섭리는 보려고 해도 보이지 않으니 그것을 '이'[색채 없는 것]라고 하며, 들으려고 해도 들리지 않으니 그것을 '희'[소리 없는 것]라고 하며, 잡으려고 해도 잡히지 않으니 그것을 '미'[모양 없는 것]라고 한다. 이 세 가지는 정확히 따질 수 없는 것으로, 그러므로 뭉뚱그려서 일체를 이룬 것이다. 그것의 위라고 해도 환하지 않으며, 그것의 아래라고 해도 어둡지 않으며, 면면히 이어져 오지만 이름을 붙일 수가 없으니, 결국에는 구체적 존재물이 없는 것으로 결론지어진다. 이것

을 일컬어 모습 없는 모습 또는 구체적 존재물이 없는 형상이라고 하며, 이것을 '황홀'이라고 한다. 이것을 앞에서 맞이한다 해도 그 머리가 보이지 않으며, 뒤에서 따른다 해도 그 꼬리가 보이지 않는다. 옛날의 이치를 견지하고 지금 있는 사물을 제어하며, 태고의 원시시대를 알 수 있으니, 이를 '섭리의 근간'이라고 한다.

[이해하기]

우주와 자연, 그 속의 모든 존재물의 생멸, 변화, 순환이라는 이 엄청난 질서를 주관하는 것을 우리는 무엇이라고 말하는가? 우선은 아주 옛날부터 지금까지 우주와 자연, 그 속의 만물들이 질서정연하게 존재해 오고 있는 것으로 보아 분명 그 무엇이 있긴 있는데, 도대체 그것에 대해 우리의 유한한 감각으로는 구체적으로 지각할 수가 없다. 이 장에서는 바로 이러한 우주 자연의 운행 이치의 큰 줄기에 대해서 설명하고 있다.

그것은 우리의 감각상으로 지각할 수 있는 범위나 차원을 넘어선 존재이다. 차원이 다르다 보니 상하좌우라는 공간적 제한도 받지 않으며, 전후와 현재라는 시간적 제한도 도무지 없다. 보통 사람들의 경험과 지식으로는 도저히 설명이 되지 않는다. 그래서 마치 씨나락 까먹는 귀신의 존재와도 같다고 할 수밖에 달리 방도가 없다. 바로 이런 것이 태초의 우주 시작에서부터 지금까지 우주 자연과 그 안의 모든 존재들을 운행해 오고 있는 막대한 섭리인 것이다.

[사족]

이 책 자체가 우주 자연의 운행 원리, 즉 섭리인 '도'에 대해 설명하는 내용이다. 각 장마다 다양한 비유를 들어 다양한 내용을 서술하고 있지만 결국 그 서술의 목적은 도를 이해시키기 위한 것일 따름이다. 그중에서 특히 몇몇 장은 도에 대해 보다 직접적으로 설명하고 있다. 예를 들어 제1장은 설명하거나 이름 붙이기 어려운 도의 무한계성을 말하고 있으며, 제25장에서 도의 작용의 범위와 속성을 설명한 것 등이 그것이다. 이 장 역시 포착할 수 없는, 규정할 수 없는 도의 속성과 도의 근간을 설명하고 있다. 이러한 내용을 종합해 볼 때 도는 결국 인간 세상을 포함한 우주 자연의 운행 원리라고 할 수 있는 것이다.

제15장

고지선위사자(古之善爲士者)

나는 어떤 사람인가

古之善爲士者, 微妙玄通, 深不可識. 夫唯不可識, 故强爲之容. 豫焉若冬涉川, 猶兮若畏四隣. 儼兮其若客, 渙兮若冰之將釋, 敦兮其若樸, 曠兮其若谷, 混兮其若濁. 孰能濁以靜之徐淸? 孰能安以久動之徐生? 保此道者, 不欲盈. 夫唯不盈, 故能蔽不新成.

- **豫焉(예언):** 미리 조심하는 모양.
- **猶兮(유혜):** 머뭇거리는 모양.
- **儼兮(엄혜):** 위엄있게 행동하는 모양. 정중한 모양.
- **不新成(불신성):** 판본에 따라 '而新成' 또는 '復成' 등으로 되어 있는데, 어쨌든 모두 뜻을 풀기가 어렵다.

❖ 옛날 자연의 섭리에 통달했던 훌륭한 사람은 그 사람됨이 자연의 섭리처럼 미묘하고 신비로우며, 그 인격의 깊이를 알 수 없었다. 쉽게 알 수 없기 때문에 억지로 그 모습을 설명하면 다음과 같다. 조심스럽기가 마치 겨울 살얼음 언 강을 건너듯 하고, 주저함이 마치 사방을 에워싼 적들을 두려워하듯 하고, 정중하기가 마치 손님 대하듯 하고,

주변과 융화됨이 마치 얼음이 녹듯 하며, 순박하기가 마치 통나무 같으며, 마음이 청허하기가 마치 계곡 같으며, 온갖 미덕이 뒤섞여 흐릿하기가 마치 혼탁한 물과 같다. 누가 흐린 물을 고요하게 하여 천천히 맑게 할 수 있겠는가? 누가 안주하면서도 상황을 변동시켜 새로운 변화를 일으킬 수 있겠는가? 이러한 이치를 소유한 사람은 자신을 가득 채우려고 하지 않는다. 가득 채우려고 하지 않기 때문에 능히 낡아질 수는 있지만 새로운 것이 되려고 하지 않는다.

[이해하기]

이 책의 기본적인 서술 구조는 우주 자연의 섭리인 '도'에 대한 설명과 이 섭리를 깨달은 '성인'의 모습, 마지막으로 그러한 성인이 다스리는 세상에 대해 설명하는 구도이다. 제14장에서 섭리의 불가지성, 즉 우리의 유한한 지각으로써는 포착하기 어려운 신비로움에 대해 이야기했었다. 이 장에서는 일반인들과는 다른, 섭리를 잘 이해하고 있는 사람의 불가지성에 대해 이야기하고 있다. 섭리가 오묘하다 보니 그러한 섭리를 이해한, 이른바 '도를 깨달은' 성인들의 모습이나 행위 역시 오묘할 수밖에 없다. 그런데 문제는 지금까지 우리는 너무나 명확한 구분과 논리, 명쾌한 지식 등이 긍정적인 것이라고 길들여져 왔다는 것이다. 그런 눈으로는 이른바 '도'를 설명하거나 파악조차도 하지 못하니 그런 눈으로 어떻게 이른바 '성인'의 모습을 제대로 파악할 수 있겠는가.

그런 시각에서 본다면 이 장은 도가적 인격관 및 그 인격을 살피는 방법에 대해 설명한 부분이라고 볼 수 있다. 본문이 이해하기 어렵다면 이해하기 쉽게 '성인' 또는 '도사'의 인격과 반대되는 인격이 어떤 모습인지를 보면 좋을 것이다. 그 사람의 인격됨이 명확하여 누구나에게 쉽게 어떤 사람이란 것이 드러나는 사람, 사람됨이 얕은 사람, 언제나 자신에 찬 모습으로 매사에 쉽게 결단을 내리는 사람, 항상 주변 모든 사람이 자기를 도와주는 우군이거나 자기가 겁낼 정도의 실력을 갖춘 사람이 아니라고 판단하여 언행이나 표정 등이 과감하여 경솔하다고 일컬어지는 사람, 주변 모든 사람을 만만하게 봐도 될 정도라고 생각하고 항상 예의 없이 구는 사람, 남들과 섞이지 못하기가 마치 물에 기름 뜨듯 융화되지 못하는 사람, 세련되기가 마치 정교하게 꾸민 가구와 같이 꾸밈이 많은 사람, 얼핏 보면 지식이 가득한 것 같지만 실은 작은 주전자 같은 용량밖에 안되는 그릇이 작은 사람, 맑고 투명한 것 같지만 실은 깊이와 범위, 내용이 얕은 단순한 인격의 사람, 흐린 것을 용납하지 못하며 흐린 것을 가라앉혀 맑게 할 지혜나 포용력이 없는 사람, 주어진 지위나 어떤 불만족스러운 상황에 안주할 줄 모르며, 어떤 만족스러운 상황에 이르면 변화를 싫어하고 두려워하면서 매사에 복지부동의 태도를 취하는 사람, 항상 욕심을 부리며 자신의 것을 가득 채우려고만 하는 사람.

과연 나 또는 내 주위의 사람들은 원문에서 말한 인격의 사람과 가까운가, 아니면 반대로 말한 내용과 더 가까운 사람인가?

제16장

치허극(致虛極)

낙엽은 다시 그 뿌리로 돌아간다

致虛極, 守靜篤, 萬物竝作, 吾以觀復. 夫物芸芸, 各復歸其根. 歸根曰靜, 是謂復命. 復命曰常, 知常曰明. 不知常, 妄作凶. 知常容, 容乃公. 公乃王, 王乃天. 天乃道, 道乃久, 沒身不殆.

• **芸芸(운운):** 만물이 무성하게 자라나는 모양.

❖ 마음의 텅 빈 상태를 지극하게 하고 마음의 평정 상태를 지독하게 하면 만물이 모두 생겨나 움직이고 있지만, 나는 그 모든 것이 반복되고 있음을 관찰하게 된다. 대저 만물이 무성하게 자라나지만 각기 자기의 뿌리로 되돌아가고 있다. 뿌리로 돌아가는 것을 '고요하게 된다'라고 하고 이것을 '천명으로 돌아가는 것'이라고 말한다. 천명으로 돌아가는 것은 '늘 그러한 이치'라고 하고, '늘 그러한 이치'를 아는 것을 '이치에 밝음'이라고 한다. '늘 그러한 이치'를 모르면 제멋대로 행동하여 나쁜 결과를 초래한다. '늘 그러한 이치'를 알면 포용력이 생기고, 포용력이 있으면 공평해질 수 있다. 공평해질 수 있으면 세상의 왕이

될 수 있고, 세상의 왕이 될 수 있으면 바로 하늘과 같이 될 수 있다. 하늘과 같이 될 수 있으면 우주 만물의 섭리를 체득할 수 있으며, 우주 만물의 섭리를 체득하면 오래도록 세상 속에 지속될 수 있으며, 죽을 때까지 위태롭지 않게 된다.

[이해하기]

이 장은 우주 자연의 섭리인 도를 터득한 노자 같은 성인의 처세법을 설명한 부분이다. 만물의 생멸·변화·순환의 법칙을 알려면 먼저 마음에 있는 욕망, 편견, 일체의 목적의식을 한 점 남김없이 철저히 비워야 한다. 그렇게 되면 욕망에 따라 요동치던 마음이 고요해지게 되고 그런 상태로 만물을 관찰하게 될 때 비로소 만물이 끊임없이 생멸·변화·순환하는 모습이 눈에 들어오게 된다. 만물이 어떻게 변하고 있는가? 각양각색, 도무지 종잡을 수 없을 것처럼 변화무상한 듯 보이는 만물도 결국 생멸과 변화, 순환의 법칙에서 벗어나지 못함을 알 수 있다. 결국은 우주 만물의 생멸·변화·순환이라는 커다란 '섭리'[도]로 귀착되게 마련이다. '도'는 이데아요, 눈에 보이는 만물의 모습은 현상이다. 현상은 시끌벅적, 현란하고 요란하기 짝이 없다. 그러나 그 복잡하고 시끄러운 만물의 현상은 결국 시간이 흐르면 이데아란 '도'로 귀결되니, 그것은 죽음과도 다른 감각적인 세계 너머의 고요한 정적의 상태일 뿐이다. 그러나 결코 그것은 끝이 아니다. 이것이 바로 이른바 '천명'으로 돌아가는 것이라고 하는 것이다. 천명으로 돌아가는 것은 우주 만물 그 어느 것도 예외일 수 없고, 태초부터 억겁의 미래까지 항상 그럴 수밖에 없는 만고의 이치다. 이러한 이치를 아는 것을 '도'에 밝다고 하며, 이러한 이치를 모르면 마치 부처님 손바닥에서 제멋대로 난동을 부리는 원숭이같이 된다. 천명의 존재를 모르니 모든 게 마음대로 될 것 같기 때문이다.

언제 어디에서나 그 무엇에게나 다 적용되는 자연의 섭리, 만물의 생멸·변화·순환의 이치를 알게 되면 모든 것을 포용할 수 있게 된다. 모든 존재의 이유와 변화의 이유가 다 이해되는 것이다. 마치 공자가 예순이 넘어 귀로 듣는 모든 말들이 이해가 된 것처럼. 세상 만물, 모든 존재의 이유를 다 포용하게 되면 비로소 공평해질 수 있다. 세상 만물, 모든 존재에 대해 공평심을 유지한다면 그는 세상을 다스리는 왕이 될 자격을 갖추었다고 볼 수 있다. 왕이란 그렇듯 공평[공정]할 수 있어야 한다는 말이다. 세상의 왕, 즉 천자[하늘의 아들]의 역할을 할 정도가 되면 그 사람은 바로 인간의 경지를 넘어선 하늘과 마찬가지라고 봐도 좋을 것이다. 하늘이란 땅과 상대되는 단어로서의 저 창공의 푸른 하늘이 아니라, 노자가 말하는 바로 우주 만물, 자연의 섭리인 '도'인 것이다. 이 섭리라는 것은 영구적으로 적용되는 법칙이기 때문에 몸이 다할 때까지 위태롭지 않게 된다.

[사족]

이 장의 내용을 요약하여 한세상 편안하게 사는 법, 다시 말하면 이른바 '도사처럼 사는 것'은 다음과 같은 모습일 것이다. 마음속에 욕망을 가득 채운 채 아득바득 정신없이 살아서는 세상이 어떻게 돌아가는지 알 수가 없다. 욕심을 비운 채 조용한 마음으로 세상 만물의 존재 양상을 관찰해 보면 모든 게 어떤 일정한 법칙에 따라 정확하게 돌아가고 있음을 발견하게 되는데, 일정한 법칙이란 결국 생멸·변화·순환이란 궤도에 다름 아니다. 그 사실을 발견하게 되면 자신 역시 그 법칙에서 벗어나지 못함을 깨닫게 될 것이고, 거기에는 너와 나의 구별이 없음도 알게 될 것이다. 그렇게 되면 세상의 모든 존재들의 이유를 알게

될 것이고, 그것을 너그럽게 받아들일 수 있을 것이다. 그런 가운데 질
투와 시기심, 증오와 다툼이 저절로 없어질 것이니, 그리하여 천명이란
큰 파도를 타며 세상을 즐기듯 살아갈 수 있는 것이다.

제17장

태상(太上)

위정자의 필요성을 못 느끼는 사회

太上, 下知有之, 其次親而譽之, 其次畏之, 其次侮之. 信不足焉, 有不信焉. 悠兮其貴言, 功成事遂, 百姓皆謂我自然.

• **太上(태상):** 가장 훌륭한 임금.

❖ 가장 뛰어난 사람이 임금 자리에 있으면 백성들이 그가 있다는 사실만을 알 뿐이다. 그다음 단계의 사람이 임금이 되면 백성들이 그를 친근하게 여기며 칭찬한다. 또 그다음 단계의 사람이 임금이 되면 백성들이 그를 두려워한다. 또 그다음 단계의 사람이 임금이 되면 백성들이 그를 욕한다. 백성에 대한 임금의 믿음이 부족하니 백성의 불신이 있게 마련이다. 임금은 머뭇머뭇하면서 말을 귀중하게 여긴다. 그래서 업적과 일들이 성공적으로 이루어져도 백성들은 모두 "우리가 저절로 그런 것이다."라고 말한다.

[이해하기]

이 장 역시 가장 오래된 판본인 초간본(楚簡本) 제37장에 제18장과 함께 한 장으로 나오는데, 글자에 약간 차이가 있다. 특히 '悠兮'(유혜)가 '猶乎'(유호)로 되어 있는데, 여기에서도 이를 따라 풀이하였다.

이 장은 통치(자)의 수준을 말한 부분으로, 최고의 통치 형태는 국민이 통치자의 존재에 대해 필요성을 느끼지 못하게 하는 것이라고 하였다. 사실 지금도 우리의 삶이 어려우면 "도대체 대통령은 뭐 하고 있나" 등과 같이 훌륭한 정책의 출현과 통치력을 바라게 된다. 그러나 내 삶 자체가 행복하다면 대통령이 누군지 알 필요성도 느끼지 못하게 된다.

《십팔사략(十八史略)·제요편(帝堯篇)》에 다음과 같은 이야기가 수록되어 있다. 요(堯) 임금이 세상을 다스린 지 50년이 되었을 때, 자신이 잘 다스리고 있는 건지 아닌지, 백성들이 자기가 임금의 자리에 있기를 원하는지 아닌지에 대해서 알 수가 없어서 주위 신하들에게 물어봐도 궁금증이 해결되지 않아 하루는 미복을 하고 직접 거리로 나갔다. 그런데 아이들이 "우리 백성들이 잘살고 있는 것은 당신의 지극한 덕분 아님이 없으며, 우리도 모르게 저절로 임금님의 법도를 따르게 된다네."(立我丞民, 莫匪爾極. 不知不識, 順帝而則.)라고 노래를 불렀다. 또 다른 곳에서는 한 노인이 음식을 먹으며 배를 두드리고 막대기로 땅을 치면서 박자를 맞추며 "해가 뜨면 밭에 나가 일하고, 해가 지면 집에 돌아와 쉬며, 우물 파서 그 물을 마시고, 밭 갈아 그 곡식을 먹으니, 임금님의 통치력이 나에게 무슨 필요가 있겠는가?"(日出而作, 日入而息. 鑿井而飲, 耕田而食, 帝力于我何有哉!)라고 노래하였다. 최고의 통치 행위는 바로 이런 것이 아닌가? 즉 통치력 또는 통치자의 필요성이나 존재를 느끼지 못하는 것이라고 할 수 있다.

그러나 이런 통치의 경지는 사실 거의 불가능한 이상이며, 그다음 단계 실현 가능한 통치는 어떤 형태일까? 바로 공자가 제창했던 양보와 배려, 사랑이 충만한 '인'(仁)의 정치일 것이다. 도덕의 정치라고 해도 사회가 복잡해지면 시행되기 어렵다. 그렇다면 어떻게 해야 하는가? "사랑하라", "도덕을 지켜라"라고 아무리 떠들어도 듣지 않는 사람은 상벌로 다스릴 수밖에 없는 것이다. 그래서 법이 등장하게 되는 것이다. 그러나 이마저도 시행되지 않는 단계, 그 단계란 통치력과 통치자의 신뢰가 백성들에게서 깨져 버린 단계로, 백성들은 통치자를 욕하고 업신여기게 된다. 그러면 나라는 끝나는 것이다. 결론적으로 최고의 통치 형태는 백성들이 통치력을 인식하거나 그 필요성을 느끼지 못하며 스스로가 잘 살아가고 있다고 느끼는 것이다.

제18장

대도폐(大道廢)
나라가 혼란하니 충신이 나타나고

大道廢, 有仁義. 智慧出, 有大僞. 六親不和, 有孝慈. 國家昏亂, 有忠臣.

· **六親(육친):** 자신과 혈연관계를 맺은 사람인 부모, 형제, 부부를 가리킨다.

❖ 큰 진리가 없어지니 인의라는 덕목이 생겨나고, 지혜가 나타나니 큰 꾀가 있게 되었다. 가족들이 불화하니 효성과 자애라는 덕목이 생겨나고, 국가가 혼란하니 충신이 나타난다.

[이해하기]

세상에 올바른 도리가 두루 행해지는데 인의라는 덕목을 굳이 강조할 필요가 있을까? 세상 모든 사람이 어린아이처럼 순박하기 그지없는데 굳이 꾀나 술수를 부릴 필요가 있을까? 가족들이 모두 화목한데 굳이 효성이니 자애니 하는 도덕을 강조할 필요가 있을까. 나라가 무사태평한데 어찌 충신을 떠올릴까?

[사족]

구호라는 것은 절실할수록 더 와 닿게 마련이다. 또한 모든 구호는 필요성에 의해 생겨나게 마련이다. 나아가 절실하다는 말, 필요하다는 말은 필요한데도 현재 없거나 부족하다는 말이기도 하다. 그렇게 볼 때 우리 주변에서 흔히 볼 수 있는 표어와 구호는 모두 현재의 상태를 정확히 반영하고 있는 것이라고 하겠다. 예를 들어 대통령마다 마치 옛날 군주가 연호를 쓰듯 자신의 통치 철학을 담은 구호, 예를 들어 '문민정부', '국민의 정부', '참여정부', '실용정부' 등을 표방하였는데, 그것은 그때마다 우리 사회가 그렇지 못했다는 반증에 다름 아니다. 한때 초중등 학교의 건물마다 경찰서·시청 등의 관공서마다 '참교육 실천', '정의사회 구현', '시민이 주인'이란 구호가 높이 걸려있었는데, 이 역시 따지고 보면 당시의 상황이 그렇지 않았기 때문에 시급히 고쳐야 하겠다는 생각에 구호로 내 건 것이 아니겠는가.

우리가 처한 현실을 진단하기 위해서는 학자와 전문가의 전문적인 연구까지 필요하지 않다. 단지 우리 주변에 넘쳐나고 있는 구호의 내용이 뭔지를 알면 될 것이다. 우리는 언제 이런 구호의 홍수 속에서 벗어날 수 있을까. 우리 시대에 사랑·효도·자애·충성이란 말 자체가 더 이상 강조되지 않는 그런 사회가 과연 올 수 있을까.

제19장

절성기지(絕聖棄智)
통나무 같은 순박함을

絶聖棄智, 民利百倍. 絶仁棄義, 民復孝慈. 絶巧棄利, 盜賊無有. 此三者以爲文, 不足. 故令有所屬, 見素抱樸, 少私寡欲.

• **絶聖(절성):** 여기에서 말하는 '聖'자는 노자가 말하는 '자연의 도를 깨달아 그것으로 인간 세상을 다스리는' 성인을 가리키는 것이 아니라, 제3장의 '不尙賢'(불상현)의 '賢'자와 같은 의미인 '현명함', '총명함' 등의 뜻으로 쓰였다.

❖ 총명하려는 생각을 끊어버리고 지혜를 내버리면 백성들의 이익이 백 배가 될 것이다. 인자하려는 생각을 끊어버리고 정의를 내버리면 백성들이 다시금 효성과 자애를 회복할 것이다. 인공적인 교묘한 기술을 끊고 이익을 얻겠다는 생각을 내버리면 도적들이 없어지게 될 것이다. 이 세 가지는 꾸민 것이기 때문에 세상을 다스리는 방법으로 사용하기에는 부족하다. 이 때문에 백성들이 귀의하게 될 곳이 있게끔 하는데, 누이지 않은 무명베를 보여주고, 다듬지 않은 통나무 토막을 껴안게 하며, 사심을 줄이고 욕심을 적게 한다.

[이해하기]

이 장은 약간의 차이가 있지만 초간본(楚簡本) 제1장으로 나온다. 이 때문에 노자의 본래 사상에 가장 근접한 부분이라고 볼 수 있다. 인위·허식·언어·꾸밈·지혜·꾀·술수·이익·문명 등을 부정하고, 근본적인 바탕, 즉 자연 상태로 돌아가자는 노자 사상의 핵심을 이야기한 것으로 볼 수 있다. 아울러 이 장 전반부는 바로 앞 제18장과 마찬가지 논리 구조를 가지고 있다. 즉 구호를 외친다는 것은 실제 현실은 구호와 반대의 상황이라는 것, 그런데 여기에서는 상황을 바로잡아서 구호가 저절로 없어지게 기다리는 방법보다 오히려 구호 자체를 없애어 현실 상황을 바로잡고자 하는 방법을 택한다는 차이가 있다.

사리에 밝다느니 지혜롭다느니 하는 개념을 없애버리면 오히려 백성들의 이익이 백 배나 많아질 것이다. 지혜와 총명함을 우대하다 보니 백성들이 그것을 위해 경쟁하며 사는 일상이 피곤해지는 것이다. 사랑하라느니 정의롭다느니 하는 개념을 없애버리면 백성들이 오히려 부모님을 효성스럽게 모시고 자식들을 사랑으로 보살피게 된다. 교묘한 술수를 통해 편하겠다는 생각과 이익을 얻겠다는 이기적 생각을 없애버리면 그것을 쫓는 도적들이 없어지게 된다. 이 세 가지, 즉 총명함과 지혜, 사랑과 정의, 교묘한 술수와 이익 등은 모두 꾸며낸 인공적인 개념으로서, 백성들이 삶의 근본 신조로 삼기에는 충분하지 못하다. 이 때문에 백성들이 마음가짐이나 행동거지의 표준으로 삼을 만한 것을 가지도록 해 주어야 한다. 그것은 다름 아닌 아무 가공도 거치지 않은 하얀 베나 흰 종이 같은 본성, 아무 가공도 거치지 않은 통나무 토막 같은 소박함을 지니게 하며, 이기심과 사리사욕을 줄이게 하는 것이다.

[사족]

유가사상은 위정(爲政)을 위한 도시인의 사상이요, 도가사상은 정치에서 소외된 아웃사이더들의 의지처로서 자연과 가까운 시골 사람의 사상이라고 볼 수도 있다. 그런 측면에서 노자는 촌뜨기이요, 노자의 사상은 자연을 배경으로 한다. 일 년 사시의 변화 원리를 통해 만물이 생멸·변화·순환해 가는 것을 깨닫게 된 시골 농부의 철학이라고 할 수 있다. 지금도 마찬가지로 바쁜 도시 생활에 쫓기다 보면 계절이 어떻게 바뀌는지도 잘 느끼지 못한다. 그러나 현대는 도시 중심 사회이다 보니, 도시적인 것이 우대를 받을 수밖에 없다. 도시적인 것이란 반시골적인 것이다. 설명의 앞부분에 언급했던 '인위·허식·언어·꾸밈·지혜·꾀·술수·이익·문명' 등이 모두 도시적인 것을 나타내는 말이다. 이런 도시적인 삶이란 사실 모두 꾸민 것이란 공통성을 지니고 있다. 도시인, 바탕인 얼굴조차 성형을 가하고 그 위에 온갖 화장품으로 다시 수식을 보태고, 마음에도 없는 말로 사람들을 대하고, 어떻게 하면 돈을 많이 벌까, 승진할까 등의 생각으로 머리를 굴리며, 문명의 이기란 이기는 모두 가지고 싶어하는 우리 시대의 상징인 도시인. 노자가 보았다면 아마도 기겁하였을 것이다. 그렇기 때문에 혹시 자신이 도시 생활에 맞지 않는 세련되지 못한 촌놈이라는 평가를 받더라도 위축되거나 실망하지 않아도 된다. 노자 같은 대사상가의 가르침대로 사는 사람, 어쩌면 도인에 가까운 사람일 수 있으니까. 이런 사람에 관해서는 다음의 제20장에서 더욱 구체적으로 설명하고 있다.

제20장

절학무우(絕學無憂)

남들은 다들 희희낙락 즐거워하는데

絕學無憂. 唯之與阿, 相去幾何? 善之與惡, 相去若何? 人之所畏, 不可不畏. 荒兮其未央哉. 衆人熙熙, 如享太牢, 如春登臺. 我獨泊兮其未兆, 如嬰兒之未孩. 儽儽兮若無所歸. 衆人皆有餘, 而我獨若遺. 我愚人之心也哉! 沌沌兮. 俗人昭昭, 我獨昏昏. 俗人察察, 我獨悶悶. 澹兮若海, 飂兮若無止. 衆人皆有以, 我獨頑似鄙. 我獨異於人, 而貴食母.

- **唯(유)**: "네!" 공경스럽게 대답하는 소리. 손윗사람에게 대답할 때의 예의.
- **阿(아)**: "야!" 꾸짖는 소리. '訶(가)자와 같다. 일설에는 "응"이란 말처럼 경솔하게 대답하는 소리.
- **'人之所畏, 不可不畏'(인지소외, 불가불외)**: 뜻이 분명하지 않은데, 일설에는 '임금이 백성들의 두려워하는 바가 되고, 임금은 또 백성을 두려워하지 않을 수 없다'라는 것을 말한 것이라고 했다.
- **荒兮(황혜)**: 아득히 넓고 먼 모양.
- **熙熙(희희)**: 즐거운 모양. 희희낙락.
- **太牢(태뢰)**: 옛날 제사 지낼 때 쓰던 희생으로, 소·양·돼지의 고기를 뜻하며, 여기에서는 그와 같은 맛있고 귀한 요리를 가리킨다.
- **泊兮(박혜)**: 평안하고 고요한 모양.
- **兆(조)**: 조짐. 징조. 기쁘거나 슬픈 감정의 조짐.
- **孩(해)**: 어린애의 웃음. 방긋 웃다. '咳(해)자와 같다.
- **儽(래)**: 피곤하다. 지치다. '累'(루)자와 같다. '儽儽'는 피곤하고 지친 모양.
- **沌沌兮(돈돈혜)**: 흐리멍덩한 모양.

- **昭昭(소소)**: 똑똑하다. 사리에 밝다.
- **昏昏(혼혼)**: 사리에 어둡다. 멍청하다.
- **悶悶(민민)**: 어두운 모양. 멍청한 모양. '懵懂'(몽동)과 같은 뜻.
- **澹兮(담혜)**: 광막한 모양. 드넓은 모양.
- **飂兮(료혜)**: 바람이 세차게 부는 모양. 이상 두 구는 세상이 그러하다는 뜻.
- **食母(식모)**: 사람을 먹여 살리는 모체. 즉 자연을 비유적으로 가리킨다.

❖ 배움을 끊으면 걱정이 없어진다. '예'라는 대답과 '야'라는 말은 얼마나 차이가 나겠는가. 선과 악 역시 얼마나 차이가 나겠는가. 사람들이 두려워하는 것을 나 역시 두려워하지 않을 수 없다. 아득히 이어져 온 이러한 이치가 아직 끝나지 않았다. 사람들은 마치 큰 산해진미의 요리상을 받은 듯, 봄날에 높은 누각에 오른 듯 희희낙락 즐거워하건만, 나만 홀로 조용히 별다른 감정의 변화도 없으며, 아직 웃을 줄도 모르는 젖먹이와 같고, 지친 듯한 모습으로 돌아갈 곳 없는 사람 같다. 사람들은 모두 풍족한 듯한데 나만 홀로 뭔가를 잃어버린 듯하다. 내 마음은 왜 이렇게 바보 같은지, 정신이 혼란스럽다. 세상 사람들은 똑똑하게 살아가지만 나만 홀로 멍청하게 살아간다. 세상 사람들은 사리에 밝은데 나만 홀로 사리에 어둡다. 세상은 광막하기가 마치 바다와 같고, 세찬 바람처럼 멈출 곳이 없는 것 같다. 세상 사람들은 모두 다 쓸모 있는 사람들인데, 나만 홀로 어리석고 촌스러운 것 같다. 나만 유독 다른 사람들과 달라서 만물의 모체인 자연의 섭리 지키는 것을 소중하게 여긴다.

[이해하기]

이 장은 옛날부터 초야에 묻힌 선비들이 특히 좋아했던 장이라고 한다. 노자의 사상을 체득한 사람의 실제 삶의 모습이며 그 마음가짐을 엿볼 수 있기 때문이다. 아는 게 병이라고 했다. 배우는 행위를 없애면 근심이 없어진다. 그렇다면 노자가 말한 진리인 '도'는 어떻게 배울 수 있는가? 배우지 않고 살아가면서 터득하는 것일 따름이다. 삶 속에서 터득한 진리, 그것이 진정한 지식일 것이다.

긍정의 대답인 '예!'와 부정의 대답인 '네?'와의 차이가 실제로 얼마나 있을까. 아름다움과 미움, 착함과 악함의 차이 역시 얼마나 될까. 그 모두가 상대적이지 않을까. 사람들이 다 두려워하는 것이라면 나 역시 두려워할 수밖에 없다. 나 역시 사람이기 때문에 홀로 동떨어져서 어찌 살겠는가. 이러한 이치는 태고 때부터 이어져 와 아득히 끝이 없다.

이하 구부터는 이른바 유능하여 세상에 유용한 사람들과 그렇지 못한 자신의 모습을 대비시켜 설명하고 있다. 옛날부터 노자 사상은 아웃사이더들의 의지처였다. 막힌 출세길에서 반대로 돌아서서 울부짖던 통곡이기도 했다. 열심히 주어진 삶에 충실했던 사람, 자신의 이익보다 항상 남을 먼저 배려하던 사람, 도리에 맞게 착하게 살려고 했던 사람, 그러나 세상은 종종 그런 사람들보다 자신의 이익 챙기기에 영민한 사람을 유능하다고 하여 기회를 주는 경우가 많았다. 그런 상황에서 좌절을 맛본 사람들이 어디 한두 사람이었겠는가. 만약에 노자의 출현이 없었더라면 그들은 대부분 제명대로 살지 못했을 것이다. 좌절은 스스로 삶을 포기하게 했을 수도 있고, 아니면 출세라는 목적과 결과만 선이라고 여겨지는 세상으로 흡수되기 위해 자신을 바꾸었을 것이다. 만약이라고 하지만 그런 경우는 생각만 해도 끔찍해진다.

'군중 속의 고독'이란 말이 있다. 예전엔 가끔씩, 요즘 들어 종종 주변 사람들 속에서나 사회 속에 내가 외톨이처럼 느껴질 때가 있다. 모두 다 열심히 제 갈 길 가고 있건만 나만 외로운 것 같고 뭔가 세상과 맞지 않는 느낌이 자주 든다. 이럴 때 위안으로 삼기 위해서라도 이 장의 내용을 멋진 글씨로 써서 내방 눈에 잘 띄는 곳에 붙여 두어야 하겠다.

제21장

공덕지용(孔德之容)

도는 우주 만물의 존재 원리

孔德之容, 惟道是從. 道之爲物, 惟恍惟惚. 惚兮恍兮, 其中有象. 恍兮惚兮, 其中有物. 窈兮冥兮, 其中有精. 其精甚眞, 其中有信. 自古及今, 其名不去, 以閱衆甫. 吾何以知衆甫之狀哉? 以此.

- **孔德(공덕):** 큰 덕. 또는 큰 덕을 가진 사람, 즉 도를 깨달은 사람.
- **衆甫(중보):** '衆'자는 만물, '甫'자는 시작이란 뜻으로, 만물의 시작이란 의미.

❖ 위대한 덕성의 모습은 오로지 섭리[도]만 따른다. 섭리라는 것은 어슴푸레 희미하여 정확히 포착할 수가 없다. 정확히 포착할 수는 없지만 섭리라는 개념 속에는 무엇인지 모르는 어떤 형상이 분명히 포함되어 있다. 정확히 포착할 수는 없지만 섭리라는 개념 속에는 어떤 물질이 분명히 포함되어 있다. 아득하면서도 어두운 것 같지만 섭리라는 개념 속에는 생성의 원동력인 정기가 분명히 포함되어 있다. 그 정기가 너무나 확실하기 때문에 섭리라는 개념 속에는 진실성이 분명히 있다. 옛날부터 지금까지 섭리라는 이름은 사라지지 않았으며, 만물의 시

작을 총괄한다. 내가 어찌 만물의 시작이 이런지를 알겠는가? 이것, 즉 '섭리' 때문이다.

[이해하기]

이 장 역시 표현하기 힘든 우주 만물의 섭리에 해당하는 '도'에 대해 설명하고 있다. 특징은 '도'가 인간에게 구현되어 구체적인 성격으로 드러난 이른바 '덕', 즉 덕성과 결부시켜 설명하고 있다는 점이다. 위대한 덕성, 최고의 덕성, 하늘의 섭리가 왜곡되지 않은 채 그대로 인간에게 구현된 최상의 덕성을 지닌 성인의 모습은 어떤가? 한마디로 말하면 모든 면에서 오직 하늘의 섭리를 따르고 지킨다. 그렇다면 여기에서 말하는 하늘의 섭리라는 것은 무엇인가? 구체적이면서 명확한 형체를 지닌 존재가 아니기 때문에 도무지 인식하거나 종잡을 수 없는 것이다. 때로는 있는 듯 없는 듯하고, 또 흐릿하고 희미하며 어슴푸레한 것으로, 정확히 파악할 수 없는 것이다. 하지만 그렇다고 해서 그 존재 자체가 부정되는 것은 아니다. 있는 듯 없는 듯한 가운데서도 실제 그 속에는 어떤 구체적 형상이 분명히 존재한다. 흐릿하여 종잡을 수 없지만 실제 그 속에는 만물이 존재하고 있다. 아득히 깊고 어두워서 도무지 아무것도 존재하지 않는 것 같지만 실제로는 그 속에 만물을 생멸·변화시키는 원기가 존재하고 있다. 만물의 원기라는 것은 확실히 한 점 거짓 없는 참된 존재로서, 그 가운데 스스로 증명할 수 있는 신뢰성을 지니고 있다. 옛날부터 지금까지 하늘의 섭리라는 이 이름은 세상 만물과 우리 주변에서 벗어난 적이 없었으며, 그것을 통해 만물의 생멸·변화·순환을 주관하고 있는 것이다. 하늘의 섭리에 통달한 내가 어떻게 만물의 생멸·변화·순환의 이치가 이러한지를 알겠는가. 모두 다 여기에서 말하는 하늘의 섭리라는 '도'를 알기 때문인 것이다.

결론적으로 말하자면 하늘의 섭리를 깨달은 사람은 하늘의 섭리대로 삶을 살아가며, 세상 만물의 존재의 이유와 생멸·변화·순환의 원리를 훤히 이해할 수 있다는 것이다.

제22장

곡즉전(曲則全)
나를 밝게 하면 주변을 잘 보지 못한다

曲則全. 枉則直. 窪則盈. 弊則新. 少則得. 多則惑. 是以聖人抱一, 爲天下式. 不自見, 故明. 不自是, 故彰. 不自伐, 故有功. 不自矜, 故長. 夫唯不爭, 故天下莫能與之爭. 古之所謂曲則全者, 豈虛言哉? 誠全而歸之.

- **窪(와)**: 움푹이 파인 곳. 웅덩이.
- **彰(창)**: 훤하게 드러남.

❖ 굽으면 온전할 수 있고, 휘어진 것은 펴질 수 있다. 움푹이 파이면 도리어 가득 찰 수 있고, 낡게 되면 새로워질 수 있다. 적게 가지면 도리어 많이 얻을 수 있고, 많이 가지면 도리어 정신이 혼미하게 된다. 그러므로 세상 이치에 밝은 사람은 한 가지 원칙만을 견지한 채 세상의 법칙으로 삼는다. 성인은 자신을 환히 드러내지 않기 때문에 오히려 세상 이치에 밝게 되고, 스스로 옳다고 하지 않기 때문에 오히려 가진 지혜가 남들에 비해 뚜렷하게 드러날 수 있게 된다. 스스로 업적을 자랑하지 않기 때문에 오히려 업적이 있게 되며, 스스로 자만하지 않기 때

문에 꾸준히 성장할 수 있게 된다. 무릇 오직 다투지 않기 때문에 세상에서 그와 다투는 사람이 없다. 옛말에 "굽은 것이 온전할 수 있다."라는 말이 어찌 헛된 말이겠는가. 실로 자신을 온전히 하면서 하늘의 섭리로 돌아가야 하겠다.

[이해하기]

굽은 것이 온전하다는 것은 나무를 예로 들어 설명하면 쭉쭉 뻗은 나무들은 재목감으로 일찍 베어짐에 반해 구부정하게 자라는 나무는 쓸모가 없어 오히려 생명을 오래 유지할 수 있는 이치를 말한 것으로 볼 수 있다. 뒷부분의 휘어진 것은 곧게 펴질 수 있다는 말 역시 휘어질 수 있다는 말은 펴질 수도 있다는 뜻이 될 것이다.

이어서 나오는 '抱一'은 제10장 서두에도 '載營魄抱一'(혼백을 잘 지키고 도리를 유지하면서)라고 나오는데, 그 도리라는 것이 하나의 원칙, 즉 자연의 섭리인 것이다. 이는 제39장에서 '예로부터 하나를 얻은 것으로는'(昔之得一者)이라고 하며 그 예를 여러 가지로 들고 있다. 아울러 '不自見 … 故長' 부분은 다시금 제24장에서 긍정과 부정이 바뀐 형태의 문장으로, 섭리를 깨치지 못한 속인들의 행동이란 부정적 의미로 등장한다. 그런데 문장에 쓰인 어휘가 중복된 의미의 어휘 같기도 하여, 의미 파악 또한 쉽지 않다. 그중 '不自見, 故明.'의 의미만 예를 들어 설명해 보기로 한다. 캄캄한 방 안에 내가 촛불과 같이 있으면 주변의 어두운 구석은 오히려 보이지 않게 되고, 내 앞의 촛불을 끄면 오히려 사방의 모습들이 좀 더 분명하게 보이는 경우를 생각해 볼 수 있을 것이다. 나 자신을 어둡게 하면 사방이 더욱 분명하게 드러날 것이고, 나 자신을 내세우지 않으면 주위의 사람들을 자기에게로 끌어올 수가 있다. 똑똑하다고 말하는 대신, 남들의 똑똑한 이야기를 듣게 되면 결국 자기가 더욱 똑똑해지는 것이다. 공자가 묻는 것을 부끄러워하지 않아서 더욱 성인이 되고, 바보가 묻는 것을 부끄러워하여 더욱 바보가 되는 이치와 같다. 힘들게 이룬 업적은 남들의 칭찬으로 인해 업적의 의미를 지니게 되는데, 남들의 칭찬에 앞서 자신이 스스로 자랑해버리면 그 업적의 가치는 떨어져 버린다. 스스로 자기를 대단하다고 만족해버리면 어떻게 발전이 있을 수 있겠는가. 어떤 대단한 경지에 이르더라도 항상 자신을 겸손하게 생각하면 더 큰 발전을 이룰 수 있을 것이다.

[사족]

이 장은 도가식 처세법을 말하고 있다. 지금까지 읽어온 내용으로만 보더라도 도가의 가치관은 일반적인 관점에서 긍정적으로 인식되며 대다수가 추구하는 것과는 상반된 가치 개념을 가지고 있는 듯하다. 예를 들면 남성보다는 여성을, 가득 찬 것보다 텅 빈 것을, 세련된 기교보다는 촌스러운 투박함을, 명확함보다는 애매모호함을, 정신보다는 몸을, 높은 곳보다는 낮은 곳 등을 더 가치 있게 여긴다는 것을 알 수 있다.

이러한 관점을 확대하면 그것이 바로 도가식 가치관이 될 것이며, 그 가치관에 따라 살아가는 것이 바로 도가식 삶의 방식이 아닐까. 그렇다면 어떻게 관점을 확대시킬 것인가. 우리가 일반적인 기준에서 가치 있다고 보는 것과는 상반된 것, 즉 가치가 없다고 여겨지는 것들에 대해 더 가치를 부여하면 될 것이다. 그러나 그것 역시 쉽지는 않을 것이다. 비유하자면 대부분 배들이 모두 강물의 흐름을 따라 하류로 내려가는 가운데 유독 자기 자신만 물을 거슬러 역류하는 소외감을 느끼게 될 수도 있기 때문이다. 그러나 위대한 성인 노자와 장자 등이 다 그렇게 살았고, 그들의 가치관과 철학이 《노자》, 《장자》 등의 책으로 전해

오기 때문에 그러한 가치관과 삶이 옳다는 굳은 믿음을 가지고, 사물에 대해 도가식 관점을 가질 수 있도록 꾸준히 연습해야 할 것이다. 이것은 어쩌면 시장경제 중심의 자본주의 사회인 현대에서조차 '블루오션'이란 이름으로 통할 수 있을 것이다.

제23장

희언자연(希言自然)

성공의 시크릿은 도를 따라 사는 것

希言自然. 故飄風不終朝, 驟雨不終日. 孰爲此者? 天地. 天地尙不能久, 而況於人乎? 故從事於道者, 道者同於道, 德者同於德, 失者同於失. 同於道者, 道亦樂得之. 同於德者, 德亦樂得之. 同於失者, 失亦樂得之. 信不足焉, 有不信焉.

- **飄風(표풍):** 폭풍. 광풍.
- **驟雨(취우):** 소나기. 폭우.

❖ 쉽게 들을 수 없는 섭리의 말은 바로 자연이다. 그래서 광풍도 아침 내내 불지는 않으며, 폭우도 하루 종일 내리지는 않는다. 이렇게 하는 것은 누구인가? 바로 천지이다. 천지도 오히려 이렇듯 오래 지속될 수 없는데 하물며 인간들이야 어떻겠는가? 그러므로 하늘의 섭리를 따르는 자는 섭리에 동화되고, 덕성을 따르는 자는 덕성에 동화되고, 섭리를 어긴 패덕(悖德, 敗德)을 따르는 자는 패덕에 동화된다. 하늘의 섭리에 동화된 자는 그 섭리를 즐겁게 얻게 되며, 훌륭한 덕성에 동화된

자는 그 덕성을 즐겁게 얻게 되며, 패덕에 동화된 자는 그 패덕을 즐겁게 얻게 될 것이다. 인위적인 것은 모두 믿음이 부족하니, 불신이 있을 수밖에 없다.

[이해하기]

앞의 제14장에서 도의 속성을 언급하면서 "들으려고 해도 들을 수 없는 것을 '희'라고 한다."(聽之不聞, 名曰希.)라고 했다. 그런 맥락에서 이 장 서두의 '希言'(희언) 역시 도의 말이라고 풀이할 수 있다.

'화무십일홍', '달도 차면 기운다'라는 말이 있다. 무한한 능력을 가진 자연조차 한계가 있게 마련인데, 인간이 그 한계를 뛰어넘어 영구적인 것에 도전하려고 하는 것은 어리석기 짝이 없는 것이다.

중간 부분의 의미에 대해 살펴보도록 하자. 우리 인간들이 추구하는 대상으로서 하늘의 섭리, 덕성, 패덕이란 세 개념이 나오고, 이어서 그 대상에 대해 어떻게 대하는 지와 관련해서 따르고, 동화되고, 즐겁게 얻게 된다는 등의 세 가지 행위가 나온다. 여기에서는 본문과는 다르게 서술 방식을 바꿔서 설명하기로 하겠다. 하늘의 섭리를 따르는 자는 하늘의 섭리에 동화되고, 하늘의 섭리에 동화된 자는 하늘의 섭리를 즐겁게 얻을 것이다. 마찬가지로 덕성을 따르는 자는 덕성에 동화되고, 덕성에 동화된 자는 덕성을 즐겁게 얻을 것이다. 또한 패덕을 따르는 자는 패덕에 동화되고, 패덕에 동화된 자는 패덕을 즐겁게 얻을 것이다. 그래서 우리는 올바른 이치나 진리를 따르는 삶을 살아야 하는 것이며, 그런 삶을 통해 우리가 올바른 이치나 진리와 하나가 될 수 있을 것이며, 그렇게 되면 우리는 즐거운 마음으로 올바른 이치나 진리를 자기 것으로 만들 수 있게 된다. 만약 우리가 바르지 못한 나쁜 것을 따르게 되면 우리는 금방 그 나쁜 것과 하나가 될 것이며, 그렇게 되면 결국 너무도 쉽게 나쁜 것을 자기 것으로 만들어 버리는 결과를 낳는다.

그렇다면 우리가 믿고 따를 만한 것은 무엇인가. 그것은 인간들이 만든 도덕과 법칙, 즉 인위적인 것이 아니라 자연의 섭리 '도'인 것이다. 자연의 섭리는 한 치의 오차도 없이 진행되며 언제 어디서나 누구에게나 적용된다. 그래서 믿고 따를 수 있으며 우리가 살아가는 동안 법칙으로 삼고 따를 수 있는 것이다. 자연의 섭리가 아닌 인위적인 것은 아무리 훌륭한 금과옥조라고 하더라도 당연히 신빙성이 부족하게 마련이니 사람들이 불신하게 되는 것이다. 마지막 두 구 '信不足, 有不信.'은 제17장에 이미 나온 구절이다.

[사족]

인생에 있어서 성공의 비결은 무엇인가? 오래전 감명깊게 읽은 책 중에 《시크릿》(수 세기 동안 단 1%만이 알았던 부와 성공의 비밀) ([원제 (The) secret], 론다 번 저, 김우열 역, 살림BIZ, 2007)이란 많지 않은 분량의 책이 있다. 그 요지는 성공의 비밀은 바로 간절히 생각하는 자신의 마음이라고 하였다. 내가 예뻐지고 싶다면 나는 예쁘다 라는 자기 암시를 꾸준히 하면서 그와 반대의 생각, 즉 혹시 밉게 되면 어쩌나 라는 부정적인 생각은 추호도 용납하지 말아야 한다고 했다. 이런 비밀 아닌 비밀을 알고 실행하는 사람은 성공적인 인생을 살고, 이런 비밀을 모르거나 알면서도 시행하지 않는 사람은 인생을 어렵게 산다고 했다. 생각건대 이 책의 요지가 결국 《노자》 제23장의 내용과 같은 게 아닐까.

사람들이 추구하는 내용, 그것이 바로 이 장에서 말하는 '도'이자, '덕'이자, '실덕'(失德)인 것이며, 그것에 대해 '따르고 → 동화되고 → 즐겁게 이루는' 과정을 밟게 되는데, 각자가 그 대상을 무엇으로 삼느냐에 따라 인생의 성공 여부가 결정된다고 하겠다. 내가 학문적인 성취를 이루고자 한다면 그것을 마음의 신조로 삼아서 따르고, 그것과 하나가 되듯 일체감을 이루면, 결국 즐겁게 그 결과를 맞을 수 있을 것이다. 결국 추구하는 대상을 무엇으로 삼느냐가 문제인 것이다.

제24장

기자불립(企者不立)
발돋움으로는 오래 서 있을 수 없다

企者不立, 跨者不行. 自見者不明. 自是者不彰. 自伐者無功. 自矜者
不長. 其在道也, 曰餘食贅行. 物或惡之. 故有道者不處.

· **企(기):** 발꿈치를 들고 서는 것. 발돋움하다.
· **贅行(췌행):** 쓸데없는 행동.

❖ 발돋움한 사람은 오래 서 있을 수 없으며, 큰 걸음으로 걷는 사
람은 오래 걸을 수 없다. 스스로를 밝게 드러내려고 하는 사람은 사물
의 이치에 대해 밝지 못한 법이며, 스스로를 옳다고 하는 사람은 사물
의 이치에 대해 명확히 알지 못하게 마련이다. 스스로 업적을 자랑하는
사람은 실제로는 업적이 없으며, 스스로 만족하는 사람은 성장하지 못
하는 법이다. 그런 것들은 하늘의 섭리에서 보자면 잔밥이자 사족에 해
당하는 행동으로, 사물도 이상하게 여기며 싫어한다. 이 때문에 섭리를
터득한 사람은 그런 처신을 하지 않는다.

[이해하기]

이 장은 자연의 섭리를 따르기 위해서 하지 말아야 할 행동들에 대해 설명한 부분이다. 즉 섭리를 터득한 성인이나 도인의 처신에 관한 내용이다. 자연의 섭리라는 것은 자연스러운 것이지 결코 억지의 행동이 아니기 때문에, 상하 관념상에서 위를 향한 욕망인 '발돋음'[企]이나 선후 관념상에서의 앞을 향한 욕망인 '다리 벌림'[跨]에 대해 경계하고 있다. 결국 두 가지 모두 욕망의 앞섬으로 인한 행동으로, 노자는 이에 대해 경계하고 있다.

중간 부분 '自見者 … 不長'은 제22장에 나오는 내용의 긍정형이다. 그 부분을 다시 인용해 보면 다음과 같다. "성인은 자신을 환히 드러내지 않기 때문에 오히려 세상 이치에 밝게 되고, 스스로 옳다고 하지 않기 때문에 오히려 가진 지혜가 남들에 비해 뚜렷하게 드러날 수 있게 된다. 스스로 업적을 자랑하지 않기 때문에 오히려 업적이 있게 되며, 스스로 자만하지 않기 때문에 꾸준히 성장할 수 있게 된다." 즉 앞에서는 성인이나 도인이 섭리에 맞게 어떻게 처신하는가에 대해 설명하였고, 여기에서는 그 반대의 경우는 섭리가 아니기 때문에 성인이나 도인이 그렇게 처신하지 않음을 말하였을 뿐이다.

스포트라이트를 받으려고 하지 말라. 그렇게 되면 당신은 주위를 보는 밝은 눈을 잃게 될 것이다. 오히려 제 자신을 어둡게 하고 만물을 살피는 지혜를 갖도록 하라.

[사족]

이 장의 서두 부분을 읽다 보니 이런 생각이 얼핏 든다. "발레와 멀리뛰기도 부정되는 노자식의 진리가 과연 옳은 것일 수 있을까?"라는. 인류의 문명은 인간들이 자신들의 편리한 삶을 위한 끊임없는 욕망, 정신적 육체적 한계의 극복에 대한 끝없는 의지 등에 의해 진보해 왔다고 할 수 있다. 만약 노자의 사상에 따라 발전에 대한 욕망이나 진보에 대한 의지가 배제되었다면 과연 인류 문명이 오늘날처럼 발전할 수 있었을까. 만약 노자에게 질문한다면 그 대답은 이런 것일지도 모르겠다. "문명의 발전을 통해 결국 인간이 추구하는 것은 무엇인가. 그것이 과연 인간의 삶을 궁극적으로 행복하게 하였던가."

노자와 공자의 사상은 각각 도가와 유가라고 하여 정반대의 사상으로서 중국, 나아가 동아시아 역사와 함께하여 왔다. 그런데 심오한 두 사상을 파고들다 보면 묘하게도 그 뿌리에는 "자신을 낮추고 남을 배려하라"라는 가장 기본적인 덕목을 공통으로 만날 수 있다. 두 성인이 오랜 세월 궁구해서 찾아낸 해답이 결국 한가지로 귀착되니 그것이야말로 진정한 '도'가 아닐까 싶다. 어디 이들뿐이랴. 석가모니와 예수의 사상 역시 그 뿌리는 같다고 할 수 있을 것이니, 결국 각각의 성인들은 같은 뿌리에서 서로 다른 가지와 잎, 꽃과 열매를 맺고 있는 것에 다름 아닐 것이다.

제25장

유물혼성(有物混成)
태초의 말씀이 곧 하나님이시라

有物混成, 先天地生. 寂兮寥兮, 獨立而不改, 周行而不殆, 可以爲天
下母. 吾不知其名, 字之曰道, 强爲之名曰大. 大曰逝, 逝曰遠, 遠曰反. 故
道大, 天大, 地大, 王亦大. 域中有四大, 而王居其一焉. 人法地, 地法天,
天法道, 道法自然.

• **寂兮寥兮(적혜료혜):** '寂'은 소리가 없는 것, '寥'는 모양이 없는 것.

❖ 혼돈 상태의 어떤 물질이 있는데, 하늘과 땅보다 먼저 생긴 것이
다. 고요하고도 아득한 상태에 혼자 외롭게 있지만 결코 모습을 바꾸지
않으며, 어디든 돌아다니지만 결코 위태롭지 않으니, 세상 만물의 모체
로 삼을 만하다. 나는 그것의 이름을 모르는데, '길'[道]이라는 글자를
붙였으며, 억지로 이름 붙여서 '거대한 것'이라고 했다. 거대하다 보니
그 작용이 어디든지 미치게 마련이며, 어디든지 작용이 미치게 마련인
것은 멀리 미치지 않는 곳이 없으며, 멀리까지 갔다가는 다시 원래 출
발했던 곳으로 돌아오게 마련이다. 이 때문에 '길'[도]은 거대하며, 하늘

이 거대하며, 땅이 거대하며, 성왕 역시 거대하다. 세상에는 이러한 네 가지 거대한 것이 있는데, 성왕이란 존재 역시 그중의 하나이다. 사람은 땅을 본보기로 삼고, 땅은 하늘을 본보기로 삼고, 하늘은 '길'[도]을 본보기로 삼으며, '길'[도]은 저절로 그러한 자연을 본보기로 삼는다.

[이해하기]

이 장은 고대 황화문명의 천지창조론에 관한 내용으로, 노자 사상의 핵심 중의 하나라고 할 수 있다. 기독교 사상에 문외한인 내가 피상적으로 파악하기로는 노자가 말하는 최고의 섭리인 '도'가 어쩌면 천지를 창조한 하나님과 동격일 것 같다고 생각된다. 특히 신약성서의 하나님과 함께하는 말씀은 더욱 '도'에 근접한 것처럼 보인다. 그러나 노자 사상의 입장에서 달리 생각해 보면 질서 상태의 우주, 즉 천지는 창조된 것이 아니라 혼돈의 상태에서 저절로 생겨난 것이라고 하니 기독교의 창조론과는 근본적으로 다르다고 할 수 있다.

《장자(莊子)·응제왕(應帝王)》에 다음과 같은 내용이 나온다.

남해 임금은 숙, 북해 임금은 홀, 중앙의 임금은 혼돈이었다. 숙과 홀이 자주 혼돈의 땅에서 만났는데 혼돈은 그들을 잘 대접했다. 숙과 홀은 혼돈의 은혜를 갚을 방법을 의논했다. '사람에게는 누구나 모두 일곱 개의 구멍이 있어 보고, 듣고, 먹고, 숨쉬는데, 혼돈에게만 이런 구멍이 없으니, 구멍을 뚫어줘 봅시다.'라고 하여, 날마다 구멍 한 개씩 뚫어주었는데 7일만에 혼돈은 죽어버렸다."(南海之帝爲儵, 北海之帝爲忽, 中央之帝爲渾沌. 儵與忽, 時相與遇於渾沌之地, 渾沌待之甚善. 儵與忽謀報渾沌之德, 曰人皆有七竅, 以視聽食息, 此獨無有, 嘗試鑿之. 日鑿一竅, 七日而渾沌死.)

이는 혼돈 상태의 우주[카오스chaos]에서 질서 상태의 우주[코스모스cosmos]로의 변화를 말한 것이다. 구약성서 중 〈창세기〉(1:1-5)에도 "태초에 하나님이 천지를 창조하시니라. 땅이 혼돈하고 공허하여 흑암이 깊음 위에 있고 하나님의 영은 수면 위에 운행하시니라. 하나님이 이르시되 '빛이 있으라' 하시니 빛이 있었고 그 빛이 하나님의 보시기에 좋았더라. 하나님이 빛과 어두움을 나누사, 빛을 낮이라 부르시고 어두움을 밤이라 부르시니라. 저녁이 되고 아침이 되니 이는 첫째 날이니라."라고 하였다. 이처럼 성경은 혼돈 상태의 우주[카오스chaos]에서 질서 상태의 우주[코스모스cosmos]로의 변화는 바로 로고스[logos 하나님 말씀]에 의한 것이라고 보았다.

[사족]

특히 이 장에서 주의해서 볼 부분은 도의 작용이 '멀리까지 갔다가 반드시 되돌아온다'라는 순환의 특징을 갖고 있다고 한 것이다. 이는 노자가 깨달은 '도'가 바로 자연 현상을 통해서였음을 말하는 부분이다. 즉 1년 사계절의 순환이 그렇고, 그에 따른 자연의 모든 현상들이 순환 아닌 것이 없음을 깨달았던 것이며, 그것이 바로 노자 사상의 출발이라고 할 수 있다. 도의 이러한 순환의 이치는 에너지를 가진 모든 사물의 파장과도 통한다고 할 수 있다. 시간에 국한시켜 볼 때 크게는 1년 주기를 가진 계절의 순환을 들 수 있으며, 작게는 하루의 밤낮을 들 수 있으며, 더욱 극소화시키면 1초에 90억 이상의 파장을 지닌 '세슘-133' 원자를 들 수 있을 것이다. 과연 우주 만물 중에 인간을 포함하여 이러한 도의 순환의 이치에서 벗어날 수 있는 게 있을까.《역경(易經)》에서도 이와 같은 도의 본질을 "한 번 음이었다가 한 번 양이 되는 것을 도라고 한다."(一陰一陽之謂道)(<繫辭上>)라고 했다.

제26장

중위경근(重爲輕根)
신중하고 고요하게 처신하라

重爲輕根, 靜爲躁君. 是以聖人終日行, 不離輜重. 雖有榮觀, 燕處超然. 奈何萬乘之主, 而以身輕天下? 輕則失本. 躁則失君.

• **輜重(치중):** 옛날 임금의 출행 때 필요한 물품을 싣고 따르던 병사들의 짐수레, 또는 전시에 보급 물자를 실은 짐수레. 생각건대 '輜重'의 '輜'자는 의미 전개상 두 번째 구의 첫 글자 '靜'(정)자의 잘못으로 보인다. 이에 대해 옛날 학자 진고응(陳鼓應)은 "輜는 본래 '靜'이었는데, 발음이 비슷하여 '靜'을 '輕'자로 잘못 썼다가, '輕'자와 '輜'자의 형태가 비슷하여 다시 '輜'자가 되었다."라고 했다.

❖ 무거운 것은 가벼운 것의 근본이 되고, 조용한 것은 시끄러운 것의 임금이 된다. 그러므로 세상 이치에 밝은 사람은 온종일 길을 가도 짐수레를 떠나지 않는다. 비록 영화로운 곳에 있어도 한가로운 상태로 초연하게 대한다. 어찌 만 대의 전차를 가진 임금의 몸으로서 세상을 가볍게 다스리겠는가? 가볍게 굴면 근본을 잃게 되고, 시끄럽게 굴면 임금의 지위를 잃는다.

[이해하기]

나무를 예로 들어 설명하면, 무거운 뿌리와 줄기는 가벼운 가지와 잎의 근본이 되며, 바람이 불어도 흔들리지 않고 소리도 내지 않는 뿌리와 줄기는 바람에 나부끼며 시끄럽게 소리를 내는 가지와 잎의 주인이 된다. 이 때문에 섭리에 밝은 성인은 하루 종일 길을 가거나 모든 행동거지에 있어서 무거운 짐을 실은 수레와도 같은 중후함에서 결코 벗어나는 법이 없다. 비록 영화로운 위치에 있다고 하지만 태연한 자세를 견지하며 초연하게 행동한다. 어찌 만 대의 전차를 가진 나라 임금의 신분으로 세상을 가볍게 대하겠는가. 가볍게 처신하면 제 위치의 근본을 잃게 되고, 요란하게 처신하면 주재하는 역할을 잃게 된다.

이 장 역시 앞 제25장의 내용에 이어서 세상을 다스리는 임금의 도리에 대해 설명하고 있다. 앞장에서 '人法地'(인법지)라고 한 것처럼 사람이 본받아야 하는 땅은 그 속성이 육중함에 있다. 나무에서 무거운 근간이 가벼운 지엽의 근본이 되는 것과 같다. 이렇듯 피상적으로 알려진 것처럼 노자의 사상이 정치의 도리와는 무관한 것이 결코 아니라 전체 81장 곳곳에서 위정자로서 갖춰야 할 덕목에 대해 서술하고 있음을 볼 수 있다. 이를 통해 노자의 사상 역시 당시 이상국가 건설을 모토로 제시된 여타 제자백가의 사상과 맥락을 같이 한다고 할 수 있다.

제27장

선행무철적(善行無轍迹)

최고의 경지는 자연스러움에 있다

善行無轍迹, 善言無瑕讁. 善計不用籌策. 善閉無關楗而不可開, 善結
無繩約而不可解. 是以聖人常善救人, 故無棄人. 常善救物, 故無棄物. 是
謂襲明. 故善人者, 不善人之師. 不善人者, 善人之資. 不貴其師, 不愛其
資, 雖智大迷. 是爲要妙.

- **襲明(습명):** 1) 매우 밝다. 매우 총명하다. 2) 총명함을 숨기다[간직하다]. 내면의 총명함. 3) 밝음을 계승하다. 4) 섭리를 따르다.
- **資(자):** 바탕. 밑천. 거울. 재료. ~감.

❖ 훌륭한 걸음은 자국을 남기지 않고, 훌륭한 말은 흠이 없고, 훌륭한 계산은 산가지를 사용하지 않는다. 훌륭한 잠금은 빗장이 걸려있지 않아도 열 수가 없고, 훌륭한 매듭은 노끈으로 묶지 않아도 풀 수가 없다. 이 때문에 섭리를 체득한 사람은 항상 사람을 잘 구제하여 버리는 사람이 없으며, 항상 사물을 잘 구제하여 버리는 물건이 없다. 이를 일러 섭리를 따르는 것이라고 한다. 그러므로 훌륭한 사람은 훌륭하지 못한 사람의 스승이며, 훌륭하지 못한 사람은 훌륭한 사람의 반면 거울이

된다. 자신의 스승을 귀하게 여기지 않거나 자신의 거울을 아끼지 않는다면, 비록 지혜롭다고 하더라도 큰 혼란에 빠지게 될 것이다. 이것이 바로 중요하고도 오묘한 이치이다.

[이해하기]

'천의무봉'(天衣無縫)이란 말이 있다. 하늘나라 선녀들이 입는 옷은 꿰맨 흔적이 없다 라는 뜻으로, 자연스러워 인위적으로 꾸민 흔적이 없는 모든 경우에 대해 쓰이는 말이다. 훌륭한 행위는 인위적인 것이 아니라 자연스러운 것이다. 이러한 이치는 운동경기에도 흔히 볼 수 있다. 이를테면 야구에 있어서 종종 아슬아슬하게 슬라이딩 캐치를 하는 멋진 수비 동작을 보게 되는데, 이는 사실 정말 잘하는 수비가 아닐 수 있다. 애초에 타구 방향을 잘못 판단하고 뒤늦게 쫓아갔을 수도 있기 때문이다. 정말 잘하는 수비는 관객들이 봤을 때 공을 잡는 동작이 너무도 쉽게 보여 멋진 수비로 보이지 않는 경우라고 할 수 있다. 이런 경우는 지나고 나서 곰곰이 생각해 보면 정말 잘하는 행위였다고 판명된다. 이런 이치에서 나아가 정말 잘 숨기는 것은 숨기지 않는 것이라고 할 수 있다. 집안에서 우리가 가족들 모르게 무엇을 숨긴다고 할 때 숨긴 흔적이 남는 경우, 즉 숨기는 것은 오히려 한 수 아래의 숨기는 행위가 될 것이며, 진정 잘 숨기는 것은 숨긴 흔적이 없는 경우, 즉 숨기지 않는 경우가 될 것이다. 훤히 보이는 곳에 두어도 오히려 찾지 못하는 경우가 있기 때문이다. 어디 그뿐인가. 문장 역시 마찬가지다. 대학자, 대문호들이 쓴 글은 그야말로 자연스러움 그 자체다. 그래서 쉽다. 쉬운 가운데 우리는 그들이 전달하고자 하는 주제를 명확하게 읽을 수 있다. 그렇지 못한 초보 문장가들의 글은 인위적인 꾸밈이 많아 얼핏 보면 화려한 문장이란 느낌을 받지만 실제로 읽어보면 어려울 뿐만 아니라 전달하고자 하는 주제를 파악하기가 쉽지 않다. 모든 것이 다 그렇다. 훌륭한 것은 자연스러우며 결코 인위적인 냄새가 나지 않는다.

하나님이 인간을 구원하듯이 우주 자연의 섭리인 '도' 역시 우주 자연 속에 속한 모든 존재물에 대해서 하나의 예외도 없이 그 섭리 속에 포함시킨다. 여름 내내 식물의 광합성 작용을 위해 가지에 푸르게 매달려있던 잎들은 가을 서리에 떨어져 쓸모없게 된 것처럼 보이지만 사실은 뿌리로 돌아가 다시 영양분을 공급하는 거름으로서의 유용함을 가지게 된다. 사물에서의 이러한 원리는 인간에게도 마찬가지로 적용된다. 남녀노소, 건강한 자와 병든 자, 유능한 자와 무능한 자, 재주 있는 자와 재주 없는 자, 착한 자와 악한 자가 모두 각자 나름대로의 유용함을 가지게 되면서 그 주재자인 '도'의 범위를 벗어나지 못하는 것이다. 다만 악한 자가 선한 자의 거울로서의 유능함을 가진다는 말에는 쉽게 수긍이 가지 않지만 …

제28장

지기웅(知其雄)

미워할 줄 알면서 사랑하기

知其雄, 守其雌, 爲天下谿. 爲天下谿, 常德不離, 復歸於嬰兒. 知其白, 守其黑, 爲天下式. 爲天下式, 常德不忒, 復歸於無極. 知其榮, 守其辱, 爲天下谷. 爲天下谷, 常德乃足, 復歸於樸. 樸散則爲器. 聖人用之, 則爲官長. 故大制不割.

• **聖人用之(성인용지):** 대명사 '之'자를 통나무로 볼 때 번역은 본문과 같고, 그릇으로 보면 "성인은 그들을 활용하여 각 부서의 장관으로 삼는다. 이 때문에 훌륭한 통치는 통나무와 같이 쪼개지 않는 법이다."라고 번역할 수 있다.

❖ 남성적인 성질을 알면서도 여성적인 성질을 지키면 세상의 골짜기가 될 것이다. 세상의 골짜기가 되면 언제 어디에서나 변함없는 훌륭한 덕성이 제 몸을 떠나지 않으며, 어린아이 같은 천진한 상태로 돌아가게 된다. 흰 것을 알고도 검은 것을 지키면 세상의 규범이 될 것이다. 세상의 규범이 되면 변함없는 훌륭한 덕성이 조금도 어긋남이 없을 것이며, 적용 범위가 무궁한 섭리의 상태로 돌아가게 된다. 영화로움을 알면서도 치욕스러움을 지키면 세상의 계곡이 될 것이다. 세상의 계

곡이 되면 변함없는 훌륭한 덕성이 풍족하게 될 것이며, 투박한 통나무 같은 상태로 돌아갈 것이다. 투박한 통나무 같은 것이 쪼개어지면 비로소 그릇이 되는데, 섭리에 밝은 성인은 통나무 같은 소박한 사람을 관직의 장관으로 삼는다. 이 때문에 큰 통치는 쪼개지 않는다.

[이해하기]

이 장은 크게 두 가지 내용으로 구성되어 있다. 처음부터 '復歸於樸'(복귀어박)까지는 도의 양면성 또는 상대성 및 그 겸중에 대하여 설명하였고, 이후 끝까지는 도의 근원적인 '순박함'의 속성에 대해 설명하고 있다. 앞부분의 겸중해야 할 상대성에서는 다시 세 가지로 나누어 다음과 같이 설명하고 있다.

첫째, 남성적인 속성, 예를 들어 강함에 대해서 이해하거나 그것을 가질 수 있는 능력이 있으면서도 여성적인 속성, 예를 들어 부드러움을 견지하게 되면 세상의 계곡과 같은 존재가 되어 섭리를 그대로 유지한 좋은 품성이 자신에게서 떠나지 않는다. 그래서 마침내 좋은 품성이 외물에 의해 아직 더럽혀지지 않은 원초적인 어린애의 상태로 돌아갈 수 있게 된다. 둘째, 하얀 것의 속성, 예를 들어 깨끗함에 대해 이해하거나 그것을 이룰 능력이 있으면서도 검은 것의 속성, 예를 들어 더러움을 견지하게 되면 세상의 모범이 되어 섭리를 그대로 유지한 좋은 품성이 조금도 어긋남 없어서 마침내 한계나 끝이 없는 무극의 상태로 돌아갈 수 있게 된다. 셋째, 영화로움의 속성을 이해하거나 그것을 얻을 능력이 있으면서도 치욕을 견지할 수 있으면 천하의 골짜기가 되어 섭리를 그대로 유지한 좋은 품성이 충분하게 되어 마침내 인위가 배제된 태초의 모습인 통나무 같은 순수한 상태로 돌아갈 수 있게 된다. 이상 세 가지 관점에서 말한 내용에서 각각 앞부분은 일반적인 관점에서 긍정적으로 보는 것이며, 뒷부분은 그 반대로 부정적으로 보는 것이다.

자연 그대로의 통나무가 각종 기물이 되기 위해서는 인위적인 쪼갬이 가해져야 하는데, 섭리에 밝은 성인은 통나무 같은 순박한 본성을 지킨 자들을 선발하여 각 부서의 지도자로 삼는다. 이 때문에 큰 그릇은 본래 쪼개지는 법이 없다. '樸散則爲器'(박산즉위기)에서의 '器'는 어떤 한 가지 목적에 의해 만들어진 그릇이란 뜻의 부정적인 의미로 쓰였다. 즉 나무를 절단하고 깎아서 밥그릇이나 술잔을 만들면 그것은 다른 용도로는 쓰이지 못하고 어떤 한 가지 용도에 국한되어 버린다는 뜻이니, 백성들의 지도자가 되려면 그러한 좁은 그릇이 되지 말아야 한다는 의미이다. 공자 역시 이에 대해 "이상적인 인격을 지닌 사람은 그릇이 되지 않는다."(君子不器)《論語·爲政》)라고 했다.

[사족]

도가에서 주장하는 것은 단순한 여성성이 아니라, 남성성을 견지한 여성성이다. 이를 통해 유추하면 가득 참을 염두에 둔 텅 빔이 될 것이며, 밝을 줄 아는 어둠이 될 것이다. 이러한 관점에서 본다면 똑똑하지 못한 사람의 우둔함은 도가의 이상이 아니며, 실제로는 똑똑하지만 우둔한 태도와 모습을 보이는 것이 바로 도가의 이상형이라고 할 수 있다. 그렇기에 진정한 도가사상은 이와 같이 사람들이 쉽게 말하는 표면적인 것에 머물지 않기 때문에 그것을 실현하기가 유가사상보다 더욱 어렵다고 하겠다. 가령 유가사상의 경우는 남성성이나 가득 참만을 추구하면 되는데, 도가사상은 이에 대한 충분한 체득은 물론이요, 나아가 그 반대의 경우도 자기 것으로 체득하여야만 하기 때문이다. 높은 자리에 오를 능력이 있으면서도 늘 낮은 자리에 있는 사람, 그 사람은 진정으로 노자의 사상을 구현하고 있는 사람일 것이다. 이런 관점으로 보면 사랑과 미움도 역시 양면성을 지닌 하나의 것이 된다. 상대에 대해 미워할 줄 알면서도, 즉 미운 점을 알면서도 사랑하는 것이 진정한 사랑일 것이다.

현대인으로서 이 장에서 말하고 있는 노자의 지혜를 자신의 삶 속에서 구현한다는 것은 어쩌면 실현 불가능할지도 모르겠다. 그렇다면 이 장의 내용을 다음과 같이 약간 변형시켜 이해하면 어떨까. 즉, 항상 여성적인 부드러움을 속으로 간직한 채 남성적인 강인함을 견지하면서 살아가고, 더러운 검은 색의 상태에 빠졌을 경우를 이해하고 있으면서 깨끗한 흰색의 속성을 견지하면서 살아가고, 항상 치욕의 상태에 빠졌을 경우를 이해하고 있으면서 영화로운 상태를 유지하면서 살아가는 것은 어떨까. 즉 현대사회를 살아가기 위해서는 어쩔 수 없이 일반적인 관점의 긍정적인 측면인 강함, 백색, 영화 등을 추구하는 삶을 살 수밖에 없지만, 그 반대의 부정적인 관점인 약함, 흑색, 치욕 등도 망각하지 말고 사는 것이 노자가 깨달은 지혜를 현대적으로 구현하는 것이 아닐까 싶다.

제29장

장욕취천하이위지(將欲取天下而爲之)
대통령은 대형 오케스트라 지휘자

將欲取天下而爲之, 吾見其不得已. 天下神器, 不可爲也. 爲者敗之, 執者失之. 故物或行或隨, 或歔或吹, 或强或羸. 或挫或隳. 是以聖人, 去甚, 去奢, 去泰.

- **歔(허):** 숨[김]을 내쉬다.
- **吹(취):** 입술을 모아 힘껏 숨을 내뿜다. 입김으로 열을 식히다.
- **羸(리):** 파리하다. 수척하다. 연약하다.
- **挫(좌):** 백서본에는 '培(배: 북돋우다)'자로 되어 있다.
- **隳(휴):** 무너지다. 무너뜨리다.

❖ 세상을 차지하여 그것을 제 뜻대로 통치하려고 하는 사람들이 있는데, 내가 볼 때 그것은 전혀 불가능한 헛된 짓일 따름이라고 생각한다. 이 세상은 그릇으로 비유하자면 우리 인간의 역량으로는 감지할 수 없는 그지없이 신령스러운 그릇이기 때문에 우리 인간의 의지대로 어떻게 할 수 있는 그런 존재가 아니다. 세상을 제 뜻대로 통치하려는 사람이 있다면 그는 반드시 실패하게 될 것이며, 세상을 자기 것으로 차지

하려는 사람은 결국에는 세상을 잃게 될 것이다. 그런 까닭에 세상의 존재물은 어떤 것은 앞서기도 하고 어떤 것은 뒤따르기도 하고, 어떤 것은 입김으로 따뜻하게 데워주기도 하고 어떤 것은 입김으로 차갑게 식히기도 하며, 어떤 것은 강하기도 하며 어떤 것은 약하기도 하며, 어떤 것은 보탬을 주기도 하고 어떤 것은 손해를 끼치기도 한다. 이 때문에 섭리에 통달한 성인은 극단적인 심한 행동을 하지 않고, 인위적인 수식을 가한 사치스러운 생활을 하지 않고, 교만한 태도를 보이지 않는다.

[이해하기]

천하라는 말은 고대 중국인들의 사유의 틀에서 볼 때 중국 전체를 가리킨다. 지금의 관점으로 말한다면 나라[nation]가 될 것이다. 천하를 '신기'(神器)라고 하면서 앞의 제28장의 '樸散爲器'(박산위기)의 '器'자를 썼는데, 여기에서는 하나의 비유로 쓰였다. 세상을 그릇에다 비유하면 인간의 능력으로는 그 용량을 파악할 수 없는 신령스러운 그릇이라고 할 수 있다 라는 뜻이다.

학교에서 학생들을 가르치는 선생님이나 정당 등 정치집단에서 구성원을 이끄는 지도자나 회사 등 이익단체의 리더들에게 적용할 수 있을 내용이다. 각각의 그룹 내에는 각양각색의 성격을 지닌 구성원이 존재하기 때문에 리더의 마음대로 일괄적으로 통제할 수는 없다. 그러한 다양한 구성원의 집단을 자기 주관을 기준으로 삼아 어느 한 쪽만을 옳다고 여겨 밀어붙인다면 결국엔 그 집단을 망치는 결과를 낳게 될 것이다. 그렇다면 리더는 어떻게 해야 하는가. 자기가 집단을 이끌고 나갈 수 있다는 교만한 생각과 그에 따른 극단적인 행동을 삼가야 하며, 구성원 하나하나의 저절로 그러한 '자연'의 섭리를 잘 파악하여 그 각각의 결을 따라 순풍을 타고 가는 것처럼 앞으로 나아갈 수 있게 도와

주는 일 외에 그 무엇을 할 수 있겠는가. 현대 세계의 각 국가의 통치자들이 마음에 새겨야 할 부분이다. 자신을 추대한 사람이 얼마인지는 둘째 문제로 치고, 일단 권력을 잡은 사람은 마치 이때를 기다렸다는 듯이 반대파의 주장을 묵살하고 자신의 뜻대로 나라를 끌고 가려고 하는데, 결국 지금까지 자기 뜻대로 이룬 사람이 얼마나 되는가. 이것이 바로 노자가 경계하던 부분이었다. 국민 한 사람 한 사람, 나아가 크고 작은 규모의 집단 하나하나의 '자연'의 섭리를 잘 파악하여 모두가 제 역할을 자연스럽게 이행할 수 있도록 잘 도와주는 사람이야말로 한 나라를 통치할 자격이 있지 않을까. 그러나 이해관계가 심하게 맞물려 있는 현대사회의 다양한 이익집단이나 그러한 집단의 집합체인 국가는 섭리에 따른 지도자의 다스림이 통하기 쉽지 않다. 이 경우 대안으로 지도자가 의지할 데가 있어야 하는데, 그것은 바로 제도와 법이라고 할 수 있다. 이 제도와 법을 공정하게 운영하는 게 차선의 방법이 될 수 있을 것이다.

　마지막 부분의 성인이 하지 않는 일에 대한 것은 유가에서 공자가 주장하는 것과도 상통한다. "공자께서는 너무 심한 짓은 하지 않으셨다."(仲尼不爲已甚者.)《孟子·離婁下》라든지, "예는 사치스럽기보다는 차라리 검소한 게 낫다."(禮與其奢也, 寧儉.)《論語·八佾》라든지, "사치스러우면 불손하게 되고, 검소하면 고집스럽게 되는데, 불손한 것보다는 차라리 고집스러운 게 낫다."(奢則不孫, 儉則固. 與其不孫也, 寧固.)《論語·述而》라든지, "군자는 태연자약하지만 교만하지 않고, 소인은 교만하지만 태연자약하지는 않다."(君子泰而不驕, 小人驕而不泰.)《論語·子路》라든지, "군자는 은혜를 베풀지만 마구 베풀지는 않고, 백성들을 수고롭게 부리되 원망을 받을 정도는 아니고, 욕심을 내지만 탐욕스러울 정도는 아니고, 태연자약하지만 교만하지는 않으며, 위엄이 있지만 사납지는 않다."(君子

惠而不費, 勞而不怨, 欲而不貪, 泰而不驕, 威而不猛.)《論語·堯曰》라고 한 것 등이 그 예다.

[사족]

　세상을 다스리는 임금이나 통치자를 대규모 오케스트라의 지휘자에 비유할 수도 있겠다. 악단은 크게는 현악기, 타악기, 건반악기, 관악기 등으로 구성될 것이다. 세분하면 구성원 각자가 맡은 악기와 역할이 모두 다르며, 그 구성원과 맡은 악기는 상대적으로 우열을 따질 수 없는 관계에 있다. 그럼에도 불구하고 만약 지휘자가 자기 기준대로 모두 어떤 한 악기 또는 한 연주자의 소리를 따르라고 한다면 어떻게 되겠는가. 무릇 훌륭한 지휘자란 전체의 조화를 중요하게 생각하며, 주어진 악보에 따라서 하나하나의 악기와 구성원이 모두 최적의 자기 소리를 낼 수 있도록 도와주는 역할을 할 뿐이다. 주어진 악보란 다름 아닌 각자의 능력이나 제도와 법이라고 할 수 있다. 이 장은 앞의 제27장에 나오는 성인이 사람과 사물을 잘 구제하여 버리는 것이 없게 한다는 내용과도 상통한다고 볼 수 있다. 그렇기 때문에 도의 입장에서 볼 때 세상의 모든 존재들은 나름대로 자신만의 존재의 이유가 있으며, 이는 타자와 비교되는 우열의 개념으로 존재하는 것이 아니라 모두 똑같이 도가 작용한 동일한 가치를 지닌다고 하겠다.

제30장

이도좌인주자(以道佐人主者)

칼로써 흥한 자 칼로 망한다

以道佐人主者, 不以兵强天下. 其事好還. 師之所處, 荊棘生焉. 大軍之後, 必有凶年. 善有果而已. 不敢以取强, 果而勿矜, 果而勿伐, 果而勿驕, 果而不得已, 果而勿强. 物壯則老, 是謂不道. 不道早已.

- **果(과):** 열매를 맺다. 실현하다. 결과[성과]를 보다. 전쟁에서 승리하다. 구제하다(=濟, 王弼).
- **善有果而已(선유과이이):** 백서본 갑본에는 '善者果而已矣'로, 초간본에는 '善者果而已'로 되어 있다. 여기에서 '善者'는 무력이나 군대를 잘 쓰는 사람이며, '而已(矣)'는 '~ 따름이다'라는 뜻.

※ 환난을 해결하다: 성공하다, 목적을 달성하다, 성과를 이루다, 전쟁에서 승리하다 등으로 풀이해도 뜻은 통한다.

❖ 섭리를 통해 임금을 보좌하는 사람은 무력을 통해 세상을 강제로 지배하지 않는다. 그와 같은 무력과 관련된 일은 그 결과가 곧잘 자신에게 되돌아오게 마련이다. 군대가 주둔한 곳에는 가시덤불이 자라며, 대군이 지나간 후에는 반드시 흉년이 들게 마련이다. 무력을 잘 쓰는 사람은 성과를 얻었으면 그만일 뿐 감히 강한 태도를 취하지 않는다. 성과를 이루었다고 해도 뽐내지 않고, 성과를 얻었다고 해서 자랑

하지 않고, 성과를 얻었다고 해서 교만하지 않으며, 성과를 얻었다고 하지만 부득이한 경우라고 여기고, 성과를 얻었다고 하지만 강한 힘으로 군림하지는 않는다. 만물은 강성하게 되면 노쇠해지게 마련이니, 이 [인위적으로 취하는 강함]를 '섭리에 맞지 않는 것'이라고 한다. 섭리에 맞지 않는 것은 일찍 끝나게 마련이다.

[이해하기]

칼로써 흥한 자는 칼로 망한다. 전쟁에 강했던 고구려가 유약했던 신라를 대신해 삼국을 통일했다면 중국을 호령할 수도 있었을 것이란 가설이 가능할 수 있다. 그랬을 경우 어쩌면 몽고족의 원나라나 여진족의 금나라, 나아가 만주족의 청나라처럼 우리 한민족의 나라 자체가 완전히 사라져 버렸을 수 있다는 가설도 가능하다.

이러한 원리는 불교에서 말하는 인연과보(因緣果報)의 이치와도 통하겠으며, 유가에서 말하는 "선행을 행하는 사람은 하늘이 복으로 보답하고, 불선을 행하는 사람은 하늘이 화로써 보답한다."(爲善者, 天報之以福, 爲不善者, 天報之以禍)(《明心寶鑑·繼善》)라든지, "선행을 쌓는 집안에는 반드시 기쁜 일이 넘쳐나고, 선하지 않는 행실을 쌓는 집안에는 반드시 재앙이 넘쳐난다."(積善之家, 必有餘慶. 積不善之家, 必有餘殃)(《周易·坤卦·文言》) 등과도 통한다고 하겠다. 내가 '복'(福)을 받기 위해, 나와 우리 집안에 '경사'가 넘쳐나게 하기 위해서 '착한 일'[善]을 해야 한다. '착한 일'[善]의 구체적 의미는 내 이익보다 남을 먼저 생각하며, 남의 어려움을 도와주는 행위라고 할 수 있을 것이다. 다시 말하면 내가 이익을 얻기 위해서는 내 이익보다 우선 남의 이익을 생각해 줘야 하며, 그것이 오히려 자신에게 이익이 된다는 이치이다. 내가 복을 받기 위해서 남을 누르고 남의 이익을 뺏어서 내 이익을 챙기기 위해 동분서주하며 머리를 쓸 것이 아니다. 그보다는 아침에 잠에서 깨었을 때부터 저녁 잠자리에 들 때까지 주변에 자기의 도움을 필요로 하는 사람이 없는지, 또는 내가 착한 일을 할 만한 곳이 어디에 없나를 잘 살펴서 열심히 선행을 쌓도록 노력해야 할 것이다. 남을 위하는 것이 바로 자기를 위한다는 너무나도 간단한 이치를 우리는 간혹 잊고 지내는 것은 아닐까.

하늘의 섭리라는 것은 한 치의 오차도 없이 우주 안의 모든 존재에 미친다. 그래서 선행에 대한 보답이 돌아오지 않을까에 대해서는 걱정할 필요가 없다. 설령 내 당대에 돌아오지 않더라도 적어도 후손에게 내 자신의 '선'과 '불선'의 대가가 틀림없이, 그야말로 너무나도 정확하게 '복'과 '화'로 보답되기 때문이다.

하늘의 섭리는 병가의 일에만 적용되지는 않는다. 우리 인생, 아니 우주 안에 있는 만물이 모두 그 섭리에서 벗어날 수 없다. 심지어 사람 개개인뿐만 아니라 회사나 각종 단체, 국가에까지도 적용된다고 할 수 있다. 예를 들어 어떤 사람이 노력 대신 오직 운으로만 성공했다면 그 사람의 성공은 언젠가는 운에 의해 망치게 된다든지, 또 대출에만 의존해 세운 회사는 마침내 대출 문제 때문에 망한다든지, 일본이나 독일처럼 남의 나라를 침략하거나 민족을 괴롭힌 나라는 언젠가는 그 대가를 받는다든지 하는 등이 될 것이다.

제31장

부가병자(夫佳兵者)

전쟁 도발자는 흉악한 살인마

夫佳兵者, 不祥之器, 物或惡之, 故有道者不處. 君子居則貴左, 用兵則貴右. 兵者不祥之器, 非君子之器. 不得已用之, 恬淡爲上, 勝而不美. 而美之者, 是樂殺人. 夫樂殺人者, 則不可以得志於天下矣. 吉事尙左, 凶事尙右, 偏將軍居左, 上將軍居右, 言以喪禮處之. 殺人之衆, 以悲哀泣之, 戰勝以喪禮處之.

- **恬淡(염담):** 욕심 없는 평안하고 고요한 상태.
- **偏將軍(편장군):** 장군을 돕는 부장군.

❖ 무릇 훌륭한 병기라는 것은 좋지 않은 기물로서, 만물이 모두 그것을 싫어하기 때문에 섭리를 깨달은 사람은 이것과 관련된 일을 하지 않는다. 이상적인 인격의 군자들이라면 평상시의 삶에 있어서는 왼쪽을 귀하게 여기며, 병기를 사용할 때는 오른쪽을 귀하게 여긴다. 병기라는 것은 좋지 않은 기물로서 군자가 사용하는 기물이 아니다. 어쩔수 없이 사용하게 될 때는 다른 욕망을 버린 담담한 마음가짐을 최고로

여기며, 전쟁에 이겼다 해도 자랑하지 않는 법이다. 전쟁에 이겨 그것을 자랑하는 자들은 살인을 즐기는 사람이다. 무릇 살인을 즐기는 사람이 어떻게 세상에 제 뜻을 펼칠 수 있겠는가. 좋은 일에는 왼쪽을 숭상하고 흉한 일에는 오른쪽을 숭상하니, 부장군은 왼쪽에 위치하고 상장군은 오른쪽에 위치하는 것은 바로 상례의 의미로써 전쟁에 임한다는 뜻을 나타낸 것이다. 죽인 사람이 많으면 슬픔을 다해 그들을 위해 울어주니, 전쟁에 승리했을 경우에도 상례의 의미로써 임하는 것이다.

[이해하기]

이 장 역시 앞 장에 이은 무력과 전쟁에 관한 내용이다. 최선은 전쟁을 하지 않는 것, 즉 무력이나 병기를 사용하지 않는 것이다. 하지만 부득이한 경우, 예를 들면 적의 침공을 받았을 경우에는 전쟁을 하지만 적의 침공을 물리치기만 한다는 평담한 마음으로 임해야 한다. 나아가 전쟁에서 승리했을 때 역시 승리의 축하를 만끽할 것이 아니라, 그 전쟁으로 인해 죽은 사람들을 애도하며 마치 장례를 치르는 듯한 마음을 지녀야 한다. 전쟁은 악이다. 그러나 어쩔 수 없는 부득이한 전쟁이 있다고 하면 그 전쟁의 악을 최소화할 수 있는 방법은 무엇인가. 노자의 생각은 승리했다고 하더라도 개선가를 부를 게 아니라 그 전쟁으로 죽어간 피아를 막론한 인명들을 위해 장례를 치르는 듯한 마음을 가져야 한다고 했다.

이 장은 추상적인 철리를 말한 것이 아니라 평이하면서도 구체적이며 상식적인 내용이다 보니 예부터 후대에 추가된 장이라는 주장이 많았다. 특히 왕필(王弼)이 한 글자의 주석도 달지 않은 유일한 장이다 보니 그런 주장은 더욱 신빙성을 띠게 되었다. 그러나 백서본과 초간본의 발견으로 인해 내용의 차이는 있을지언정 이 장 역시 원본에 속한다는 것이 밝혀졌다.

인류는 왜 지금까지 전쟁을 그치지 않는가. 모든 전쟁들이 다 부득이한 경우로 벌어진 것인가. 과거의 전쟁은 불문에 부치더라도 지금도 지구촌 곳곳에서 끊임없이 일어나는 무력으로 인한 살상과 전쟁들이 모두 부득이한 결과인지는 곰곰이 우리들 자신들에게 물어봐야 할 것이다.

[사족]

음양론에 근거한 좌우의 함의를 살펴보면 일반적인 관점과는 다르게 왼쪽이 오른쪽보다 더 숭상되었다. 북쪽에서 남면한다는 전제하에 왼쪽은 동쪽, 오른쪽은 서쪽에 해당한다. '남좌여우'(男左女右)란 말이 있듯이 동아시아 고대 풍속상 왼쪽은 남성, 오른쪽은 여성에 해당한다고 여겼다. 이뿐만 아니라 신화전설의 시대까지 그슬러 올라가면 반고(盤古)의 두 눈 중 왼쪽 눈은 해가 되었고, 오른쪽 눈은 달이 되었다고 하여, 왼쪽은 양(陽)과 견강(堅强)을 상징하였고, 오른쪽은 음(陰)과 유약(柔弱)을 상징했다. 나아가 왼쪽은 해가 뜨는 곳, 즉 생명을 상징하였고, 오른쪽은 해가 지는 쪽, 즉 죽음을 상징하게 되었다. 둘 중에서 당연히 왼쪽이 숭상되었다. 그래서 조선시대 삼정승 중 좌의정과 우의정의 서열도 정해지게 되었다. 하지만 전쟁은 일상이 아니라 특별히 죽음과 관계된 흉사로 간주되었기 때문에 일반적인 좌우 개념과는 반대로 적용되어, 왼쪽의 부장군이 오른쪽의 상장군의 지위보다 더 낮게 된 것이다.

노자의 지혜를 빌면 전쟁에서 승리하면 개선가를 부르거나 개선문을 세울 게 아니라 전쟁으로 희생된 영령들을 위해 위령탑을 세우고 진혼곡을 연주해야 하는 게 더 이치에 맞다고 하겠다.

제32장

도상무명(道常無名)

욕망은 브레이크 없는 자동차

道常無名, 樸雖小, 天下莫能臣也. 侯王若能守之, 萬物將自賓. 天地
相合, 以降甘露, 民莫之令而自均. 始制有名, 名亦旣有, 夫亦將知止, 知
止可以不殆. 譬道之在天下, 猶川谷之於江海.

- **賓**(빈): (손님이 주인을) 따르다. 복종하다.
- **均**(균): 고르다. 질서를 유지하다. 조화를 이루다. 여기에서의 의미는 한가지로 고르다 라는 획
  일화를 뜻하는 것이 아니라, 모두가 자신의 천명에 순조롭게 맞아 마치 물이 낮은 데를 따라 순
  조롭게 흘러가는 것 같은 자연스러움을 말한다.
- **川**(천): 백서본에는 '小'자로, 초간본에는 '少'자로 되어 있다.
- **於**(어): 백서본과 초간본 모두 '與'자로 되어 있다.

❖ 섭리는 언제 어디에서나 항상 적용되지만 그 이름이 없다. 통나
무가 비록 작지만 세상에서 그것을 신하로 삼을 수 있는 사람은 없다.
제후와 왕들이 만약 통나무 같은 순박함을 지킬 수 있다면 만물이 장차
저절로 따르게 될 것이다. 하늘과 땅이 서로 조화를 이루어 단 이슬을
내리게 되니 백성들은 임금의 명령이 없어도 저절로 제 자리를 찾는다.
처음으로 통나무를 쪼개어 기물을 만들게 되니 이름이 생기게 되었으

며, 이름이 생겨나니 무릇 또한 장차 머물 줄 알게 된다. 머물 줄 알면 위태롭지 않을 것이다. 비유하자면 섭리와 세상의 관계는 마치 작은 계곡물과 강·바다의 관계와 같다.

[이해하기]

이 장 역시 노자 사상의 핵심을 설명하고 있는 부분이다. 즉 제1장에 제시된 '道'(도)와 '常'(상), '名'(명) 등의 개념이 여기에서도 등장하고 있다. 중간 부분 '始制有名'의 '制'(제)자는 앞 제28장의 마지막 구 '大制不割'의 '制'자와 함께 같은 장의 '樸散則爲器'의 '散'(산)자와 같은 의미로 쓰였다. 이 장과 제28장 등을 함께 볼 때, '道'와 '名'의 관계가 '樸'(박)과 '器'(기), 나아가 '聖人'(또는 王)과 '官長'(관장)의 관계와 같다는 느낌이 든다.

'知止'(지지)는 비록 그 의미가 정확히 일치하지 않지만 사서(四書) 중 《대학(大學)》에 언급된 삼강령에도 출현한다. 즉 "대학의 세 가지 이념은 첫째, 태어날 때부터 타고난 왜곡되지 않은 밝은 품성을 깨끗하게 밝히는 데 있고, 둘째, 백성들을 새롭게 하는 데 있고, 셋째, 최고의 선에 머물러 있는 데 있다. 머물 줄 안 이후에 비로소 마음을 정할 수 있으며, 마음의 방향이 정해진 이후에 비로소 마음이 고요해질 수 있으며, 마음이 고요해진 이후에 비로소 마음이 편안해진다. 마음이 편안해진 이후에 비로소 사고할 수 있으며, 사고할 수 있는 후라야 비로소 무엇인가를 깨닫게 된다."(大學之道, 在明明德, 在新民, 在止於至善. 知止而后有定, 定而后能靜, 靜而后能安, 安而后能慮, 慮而后能得.) 아울러 이에 대한 전문(傳文)의 풀이를 보면, 자기가 처할 곳을 아는 꾀꼬리를 예로 들면서 문왕이 임금이 되어서는 인자함에 머물러 있었고, 신하가 되어서는 공경함에 머물러 있었고, 아들이 되어서는 효성스러움에 머물러 있었고, 부친이 되어서는 자애로움에 머물러 있었고, 남과 사귐에는 신의에 머물러 있었다고 했다.

[사족]

인간의 본능인 여러 가지 욕망, 그것은 한계를 모른다. 그로 인해 인간은 곧잘 나락으로 떨어지기도 한다. 그중 가장 심각한 것은 황금만능 시대를 살고 있는 현대인의 돈에 대한 욕망이라고 하겠다. 그것을 탐욕이라도 불러도 좋을 것이다. 얼마를 축적해야 만족할지에 대한 기준을 모른 채 대부분 지구촌 사람들이 경쟁하듯 앞으로만 달려가고 있다. 미국 극작가 테네시 윌리암스의 <욕망이라는 이름의 전차>의 주인공 블랑쉬를 파멸로 이끄는 욕망의 끝없는 질주가 지금의 우리들과 결코 무관하지 않다는 사실, "멈출 줄 알아야 위태롭지 않다"(知止, 不殆)라는 노자의 지혜는 그런 점에서 진리로 보인다. 어쩌면 이성과 본능 사이를 곡예사처럼 줄타기하며 살아가는 것이 우리들 인생일지도 모르겠다. 또한 그렇기에 가치가 있으며 살아볼 만한 삶일지도 모른다.

제33장

지인자지(知人者智)
너 자신을 알라

知人者智, 自知者明. 勝人者有力, 自勝者强. 知足者富, 强行者有志. 不失其所者久, 死而不亡者壽.

❖ 남을 잘 아는 사람은 지혜로운 사람이며, 자기 자신을 잘 아는 사람은 진정 밝은 사람이다. 남을 이기는 사람은 힘이 있는 사람이며, 자기 자신을 이기는 사람은 진정 강한 사람이다. 만족할 줄 아는 사람은 부자이며, 실행을 힘쓰는 사람은 진정 의지를 가진 사람이다. 자신이 있어야 할 곳을 아는 사람은 오래 살아갈 수 있으며, 몸이 죽어도 남긴 도리가 사라지지 않는 사람이 진정 장수하는 사람이다.

[이해하기]

'勤行者有志'의 '志'(지)는 이 책 전체에서 이 장 외에 두 번 더 출현하는 글자인데, 제3장에서는 "그들의 의지를 약하게 하고 육체의 뼈를 강하게 해 준다."(弱其志, 强其骨.)라고 하는 부정적 의미로 쓰였으며, 제31장에서는 "무릇 살인을 즐기는 사람이 어떻게 세상에 제 뜻을 펼칠 수 있겠는가."(夫樂殺人者, 則不可以得志於天下矣.)라는 긍정적 의미로 쓰였는데, 여기에서는 후자와 같이 긍정적 의미로 쓰였다.

마지막 구의 의미는 어렵다. 진정한 장수의 의미는 몸이 오래 사는 것이 아니라 그가 남긴 올바른 정신이 사라지지 않는 것을 뜻한다는 말일까. 올바른 정신이란 무엇인가. 도리에 맞게 살면서 후손들에게 몸으로 그것을 증명하는 것이 아닐까 싶다. 그렇게 되면 그는 몸이 비록 죽어 없어진다고 하더라도 그의 정신은 후손들의 마음에 오래 남아 있을 수 있게 되니, 그래서 진정으로 장수를 누리는 것이라고 할 수 있겠다.

[사족]
대개의 사람들은 단점에 있어서는 자신에 대해서는 관대하고 남에 대해서는 인색하기 마련이다. 이것은 하나의 편견이라고 할 수 있다. 편견에 빠지면 사람들은 "자기 자식의 나쁜 점을 알지 못하고, 자기 곡식 싹이 큰 줄을 알지 못하게"(人莫知其者之惡, 莫知其苗之碩.)《大學》마련이다. 또 동한(東漢) 최원(崔瑗)의 고시 <좌우명(座右銘)> 중에는 "남의 단점을 말하지 말고, 자기의 장점을 말하지 말라."(無道人之短, 無說己之長.)《文選》라고도 했다. 그뿐인가. "귀로는 남의 잘못된 점을 듣지 않고, 눈으로는 남의 단점을 보지 않고, 입으로는 남의 허물을 말하지 않으면 거의 군자에 가깝다."(耳不聞人之非, 目不視人之短, 口不言人之過, 庶幾君子.)《明心寶鑑·正己篇》라고도 했다. 공자 역시 "남이 자기를 몰라주는 것을 걱정하지 말고, 자기가 남을 모르는 것을 걱정하라."(不患人之不己知, 患不知人也.)《論語·學而》라고 했다. 이렇듯 일반적으로 사람들이 범하기 쉬운 편견에서 벗어나, 장점을 칭찬할 때는 다른 사람을 우선하고, 단점을 꾸짖을 때는 남보다 자신을 우선하면 세상 사람들과 어울려 살아가기가 훨씬 쉬울 것이다.

진정한 강함에 관해서 《중용(中庸)》에 다음과 같은 이야기가 실려있다. 공자의 제자 자로(子路)가 강함에 관해서 여쭈었는데, 선생님께서는 다음과 같이 말씀하셨다. "남방의 강함이냐, 북방의 강함이냐, 아니면 너의 강함이냐? 너그럽고 부드러움으로 가르치고 무도한 것에 보복하지 않는 것이 남방의 강함이다. 군자가 그렇게 살아간다. 무기와 갑옷을 깔고 앉아서 죽어도 싫증 내지 않는 것이 북방의 강함이다. 너 같은 강한 자가 그렇게 살아간다."(南方之强與, 北方之强與, 抑而强與? 寬柔以敎, 不報無道, 南方之强也, 君子居之. 衽金革, 死而不厭, 北方之强也, 而强者居之.) 이 말은 결국 부드러운 물이 단단한 바위를 뚫을 수 있다는 뜻이니, 노자가 말하는 강함의 의미를 알 수 있을 것이다.

'만족할 줄 아는 사람은 부자'라는 말, 너무나도 당연하다. 현대인에게 물질적 풍요, 즉 재산은 행복의 조건 중의 하나라고 할 수 있다. 그러나 행복의 조건으로서의 재산은 기준이 없다. 무한한 욕망이 있는 한 가지고 있는 모든 재산은 0에 수렴하기 때문에 자신은 늘 가난하다고 여겨질 뿐이다. 노자의 지혜처럼 욕망을 최소화시켜 자신의 재산에 만족할 줄 알면 곧바로 여유와 풍요, 행복이 찾아온다. 그래서 남들의 평판과는 무관하게 자신은 부자인 것이다.

제34장

대도범혜(大道氾兮)
자연, 물, 공기, 모성애의 공통점은?

大道氾兮, 其可左右. 萬物得之而生, 而不辭. 功成, 不名有. 衣養萬物, 而不爲主. 常無欲, 可名於小. 萬物歸焉而不爲主, 可名爲大. 以其終不自 爲大, 故能成其大.

· **氾(범)**: 넘치다. 넓다. 뜨다.
· **辭(사)**: 말하다. 사양하다.

❖ 위대한 섭리는 넘쳐흐르는데, 그것은 왼쪽으로도 갈 수 있고 오른쪽으로도 갈 수 있다. 만물이 큰 섭리를 얻어 생겨나지만 큰 섭리는 어느 것 하나 마다하지 않는다. 공적이 이루어진 후에도 이름을 내려고 하지 않는다. 만물을 옷 입히고 먹이지만 주인 노릇은 하지 않는다. 항상 욕심이 없으니 이름하여 작다고 할 수 있으며, 만물이 모두 그것에 귀착되지만 주인 노릇을 하지 않으니, 이름하여 크다고 할 수 있다. 그것은 끝내 스스로 크다고 여기지 않으니 그 때문에 자신의 위대함을 이룰 수 있는 것이다.

우주 만물의 생멸·변화·순환을 총괄하는 위대한 섭리는 마치 범람하는 강물 같은데, 그 물이 전후좌우 어느 쪽으로든 흘러갈 수 있듯이 그 섭리 역시 우주 만물 어디에도 다 미친다. 우주 만물이 어느 하나 그 섭리를 통해 존재하지 않는 것이 없으며 그 섭리는 하나도 거부함이 없이 모두 받아들인다. 우주 만물의 생멸·변화·순환의 공적을 이루고 있지만 결코 공적을 이루었다 라는 명성을 듣고자 하지는 않는다. 우주 만물 그 모든 것에 대해 옷을 해서 입히고 음식을 장만해 먹이는 역할을 하지만 결코 그들의 주인이라고는 생각하지 않는다. 이렇듯 섭리는 언제나 사사로운 자기의 욕심이 없어 잘 드러나지 않아서 '하찮은 것'이라고 볼 수도 있다. 하지만 우주 만물 그 모든 것이 섭리라는 것을 통하지 않는 것이 없으니, 그것을 어찌 '위대한 것'이라고 하지 않을 수 있겠는가. 결론적으로 섭리는 스스로 위대한 것이라고 여기지 않기 때문에 마침내 위대함을 이룰 수 있는 것이다.

제2장의 "만물이 제대로 자라나게 하지만 그것에 대해 이런저런 설명을 달지 않으며, 만물을 만들어 내지만 그것을 제 것으로 간직하지는 않으며, 어떤 일을 행하지만 그것을 뽐내지는 않으며, 공적이 이루어지더라도 거기에 안주하지 않는데, 이 때문에 공적이 사라지지 않게 된다."(萬物作焉而不辭, 生而不有, 爲而不恃, 功成而弗居. 夫唯弗居, 是以不去.)라는 부분과 관련이 있다. 여기에서도 '辭'(사)자는 '물리치다', '마다하다' 등의 의미로 봐도 된다.

[사족]

세상에서 자기를 내세우지 않고 헌신적으로 사랑을 베푸는 존재가 바로 '도'와 같은 존재일 것이다. 자연이 그렇고 물이 그렇고, 공기가 그렇고 어머니가 그렇다. 모두가 사사로운 욕심이 배제된 무한히 넓은 사랑을 베풀며, 아울러 사랑을 받는 입장에서는 그 존재의 위대함을 잘 깨닫지 못하며 결핍되어야만 치명적으로 느낀다는 공통점을 지니고 있다. 우주 안의 만물의 생멸·변화·순환 등의 일체를 주관하는 섭리로서의 '도' 역시 이와 같으며, 모든 사랑의 원천이라고 할 수 있다. 그래서 도는 자연이며, 도는 물이며, 도는 공기이며, 도는 어머니다.

제35장

집대상(執大象)
인기 있는 정책보다 올바른 정책을

執大象, 天下往, 往而不害, 安平太. 樂與餌, 過客止. 道之出口, 淡乎
其無味, 視之不足見, 聽之不足聞, 用之不足旣.

- **大象**(대상): 큰 형상. 위대한 섭리. 제41장에 "큰 형상은 형체가 없다."(大象無形)라고 했다. '도'를
  형상에 비유한 것이다.
- **旣**(기): 다하다.

❖ 큰 형상을 잡고 있듯 도를 견지하면 그에게 세상 모든 사람이 가
게 된다. 가더라도 해롭지 않으며, 편안하고 공평하며 태평스럽다. 음
악과 음식은 지나가는 길손을 잠시 멈추게 할 수는 있다. 반면에 섭리
는 말로 표현하면 싱거워서 맛이 없는데, 그것을 보려고 해도 보이지
않고, 들으려고 해도 들리지 않으며, 쓴다 해도 다 닳지 않는다.

[이해하기]

이 장의 의미를 나라를 다스리는 임금의 도리를 설명한 것으로 보
면 다음과 같다.

위대한 섭리를 견지하고 있으면 백성들이 모두 그 임금을 따른다. 임금을 무작정 따른다 해도 결코 백성들에게 해가 미치지 않으며, 그로써 항상 편안하고 태평스럽게 지낼 수 있다. 바른 도리에서 나오진 않았지만 듣기 좋은 음악이나 맛있는 음식같이 잘 포장된 정책이 설령 일시적으로 백성들의 기호를 맞출 수는 있다. 그러나 올바른 도리에서 나온 정책은 감정에 자극적이지 않으며 평담하기 그지없어서 마치 정책을 시행하지 않는 듯 여겨진다. 그렇지만 그 정책에 따른 효용은 무진장하여 끝없이 백성들에게 도움을 준다.

마지막 세 구는 앞 제14장에서 '도'의 실체에 대해 설명한 부분인 "보려고 해도 보이지 않으니"(視之不見)와 같다.

[사족]

청각과 미각 등 감각적 욕망은 한계가 없기 때문에 그것을 충족시키고자 하면 끝이 없다. 그것은 끝내 실패할 수밖에 없게 되어 있다. 현대의 국가 정책 또한 마찬가지이다. 인기를 위해 일시적으로 대중의 구미에 당기는 정책을 남발하다 보면 마침내 국가 경영은 실패로 귀결될 수밖에 없다. 비록 맛은 없더라도, 그래서 일시적으로 인기가 떨어지는 한이 있더라도 도리에 맞는 올바른 정책을 꾸준히 펼칠 수 있는 위정자가 진정 훌륭한 위정자이며, 그런 위정자를 훌륭한 위정자로 볼 수 있는 깨어있는 국민이 되어야 한다. 그런 위정자와 그런 국민의 국가는 발전할 수밖에 없다. 그 반대인 경우는 말할 것도 없고.

제36장

장욕흡지(將欲歙之)
내리막의 끝은 오르막의 시작

將欲歙之, 必固張之. 將欲弱之, 必固强之. 將欲廢之, 必固興之. 將欲奪之, 必固與之. 是謂微明. 柔弱勝剛强. 魚不可脫於淵, 國之利器, 不可以示人.

- **歙(흡):** 거둬들이다. 오므리다. 수축하다.
- **固(고):** 반드시. 잠시. 본디.
- **利器(이기):** 날카로운 무기. 마지막 세 구는 조금은 생뚱맞은 느낌이다. 구체적으로 무엇을 가리키는지 명확하지가 않다. 김충열 교수는 "위의 '미명'을 적을 알고 나를 알아 전술상 역이용하는 병가적 지모(智謀)라고 한다면, '이기'는 그 지모에 써먹는 가장 중요한 물건이 될 것이다. 왕필(王弼)은 이것을 '利國之器'[나라를 이롭게 하는 물건]로 보았고, 하상공은 '權道'[일시적 편법]라고 했는데, 권도로 보는 것이 옳다."라고 했다. 즉 "올바른 도리에서 나온 것은 아니지만 올바른 것을 이루기 위해 일시적으로 이용하는 수단" 쯤으로 해석할 수 있다. 좀 더 구체적으로 말하면 법가의 주요 통치 수단인 '상벌'로 볼 수 있는데, 이는 본래 성인이 쓰는 정도는 아니지만 어쩔 수 없이 쓰는 권도이기 때문에 백성들에게 이것을 마치 정도처럼 당당하게 내보여서는 안 된다는 뜻이다.

❖ 오므리려면 반드시 우선 그것을 펴야 하고, 약하게 하려면 반드시 우선 그것을 강하게 해야 하며, 없애려면 반드시 우선 그것을 일으

켜야 하며, 뺏으려면 반드시 우선 그것을 주어야 한다. 이것이 바로 '잘 드러나지 않은 총명함'이다. 부드럽고 나약한 것이 굳세고 강한 것을 이긴다. 물고기는 연못에서 벗어날 수가 없는 것처럼 나라의 날카로운 무기는 사람들에게 보여주어서는 안 된다.

[이해하기]

이 장은 변증법의 논리를 가지고 병가의 책략에 대해 설명하고 있다. 장차 적국의 국력을 축소 또는 약화시키려고 한다면 우선은 적국의 국력을 확대 또는 강화시켜 주어서 자만심에 빠져 나태하도록 만들어야 한다고 하였다. 전쟁뿐이 아니다. 일상에서 상대를 이기고자 하는 모든 행위에 적용될 수 있다. 적으로 하여금 자만심이 들게 만드는 것이 주요 병법이라고 하는데, 자만심이란 것은 그처럼 무서운 내부의 적이다.

달도 차면 기울고 열흘 붉은 꽃이 없다고 했다. 달이 기울기 위해서는 반드시 차는 순서를 지켜야 한다. 꽃이 지기 위해서는 피는 과정을 거쳐야 한다. 전쟁에서 적국을 달이나 꽃으로 생각하고 승리라는 목적, 즉 달이 기우는 것, 꽃이 지는 것을 달성하기 위해 우선 달이 차도록 해 주고 꽃이 피도록 해 주는데, 이것은 겉으로는 전혀 드러나지 않기 때문에 적국에서 눈치를 챌 수가 없다. 이 때문에 이런 전략을 '잘 드러나지 않는 총명함'[微明]이라고 한다. 어차피 만물은 이런 정반합의 과정을 거친다고 볼 때, 적국을 빨리 망하게 하기 위해서는 빨리 정(正)의 상태가 되도록 해 주는 것이 필요하다.

[사족]

우리 일상에서 구체적으로 이와 비슷한 예를 발견할 수는 없을까. 2

보 전진을 위한 1보 후퇴와 도약 전의 움츠림은 물론이요, 감기 또는 질병의 치료를 위해 미리 병원균을 넣어 면역력을 키우는 예방접종은 이런 이치를 과학적으로 적용한 예이다. 받기 위해서 먼저 주는 것이나, 많이 베푸는 사람이 오히려 부자가 된다는 평범한 진리 역시 이에 해당하는 예가 된다. 경주 최부자 등 오랫동안 부를 세습해 온 집안의 특징이 한결같이 베풂에 인색하지 않았다는 것 역시 그 증거가 된다. 낚시나 사냥에 있어서 처음에는 그들을 풀어주어 안심하게 한 뒤 결정적인 순간에 잡는 방법 역시 전쟁에 종종 이용되는 병법의 하나인데, 이런 모든 것들이 이러한 예에 속한다고 하겠다.

이와 반대의 원리도 알아야 할 것이다. 즉 달이 차기 위해서는 기우는 과정이 있어야 하고, 꽃이 피기 위해서는 지는 과정이 있어야 한다는 원리도 있다. 개인적인 또는 가정적인, 나아가 사회, 국가의 일이 잘 풀릴 때는 항상 그다음 단계에 대한 걱정과 대비를 해야 한다. 잘 풀리고 있다는 것은 달이 찬 상태, 꽃이 핀 상태의 '정'(正)의 상태라고 볼 수 있으니, 다음 단계는 달이 기우는 상태, 꽃이 지는 '반'(反)의 상태가 도래할 것이 분명하기 때문이다. 일이 잘 풀릴 때 마냥 그 기쁨에 젖어 흥청댈 게 아니라 다음에 닥칠 재난에 대비해야 한다. 그럼 어떻게 대비해야 할까. '반'의 상태를 피할 수 없다면 그 데미지를 최소화시키는 방법을 모색해야 한다. 독감의 예방접종처럼.

제37장

도상무위(道常無爲)
통나무 같은 소박함으로 무위를 실천하라

道常無爲, 而無不爲. 侯王若能守之, 萬物將自化. 化而欲作, 吾將鎭
之, 以無名之樸. 無名之樸, 夫亦將無欲. 不欲以靜, 天下將自定.

- **爲(위):** 노자 사상의 핵심인 '無爲自然(무위자연)'의 '爲'다. '無爲'는 실제 아무런 행위를 하지 않음
을 뜻하는 것이 아니라, 어떤 의지[개인적 욕망]를 지닌 행위가 아닌 자연의 섭리에 따른 물 흐르
듯 한 자연스러운 행위를 말한다. 즉 의식적, 인위적, 작위적, 이기적, 위선적, 계산적, 가식적, 과
장적, 과시적, 편파적, 허례허식적, 아집적, 독존적 등에서 나오는 모든 행위에 대한 부정이다.
- **侯王(후왕):** 제후 또는 왕. 한 나라의 임금. 위정자.
- **化(화):** 교화. 감화. 변화. 생장. 화육.

※ 앞두 구 즉, '無爲, 而無不爲'는 제3장 마지막 부분의 "인위적인 행위가 없으면 다스려지지 않는
게 없다."(爲無爲, 則無不治)라는 구절과 의미가 통한다. 또 "侯王若能守之, 萬物將自化."는 제
32장의 "侯王若能守之, 萬物將自賓."과 중복된 표현이다. 아울러 이 장은 전체적으로 제32장
과 중복된 느낌이 든다. 초간본에도 약간의 자구상의 차이는 있지만 들어있다.

❖ 섭리는 언제나 하는 일이 없는 듯하지만 실제로는 하지 않는 일
이 없다. 임금이 만약 이런 섭리를 잘 지킬 수 있다면 만물은 장차 저절
로 교화될 것이다. 백성들이 교화되면 어떤 욕망이 생기게 마련인데 나
라면 그 욕망을 이름 붙일 수 없는 통나무 같은 소박함을 가지고 진정

시키겠다. 이름 붙일 수 없는 통나무 같은 소박함은 모름지기 또한 욕망이 없을 것이니, 욕심을 내지 않기에 평정을 유지할 수 있으며 세상 모든 것이 저절로 안정될 것이다.

[이해하기]

임금의 뜻대로 백성들이 잘 교화되는데 왜 욕망이 생겨나는가? 자신의 뜻대로 백성들이 다스려지는 것을 보았기 때문에 일어나는 만족감, 성취감, 과시욕, 나아가 얼마든지 자유롭게 제 뜻을 펼칠 수 있다는 자만심과 인위적인 교화에 대한 유혹 등이 자신도 몰래 마음속에서 자라나기 때문이다. 자기 생각과는 달리 탐진치(貪: 탐욕, 瞋: 분노, 癡: 어리석음)의 실마리가 마음 한 곳에 피어오를 때가 있다. 이때는 어떻게 해야 할까. 가장 원초적인 소박한 섭리를 찾아 그 마음을 잠재운다.

[사족]

도가에서는 우주 만물의 존재 원리를 '도'라는 섭리로 귀결시켰다. 불가에서는 불법이라고 하듯, 이러한 섭리를 '법'(法)이라고 명명하였다. 그런데 불가에서 설정한 최상의 단계에 이르면 마침내 '법'이란 생각마저도 잊게 된다고 했다. 《금강경(金剛經)》에 다음과 같은 구절이 있다. 진정한 보살이 되기 위해서는 나[우리]라는 생각[의식], 당신[남]이라는 생각, 감정을 가진 모든 중생[동식물 포함]에 대한 생각, 영원한 존재에 대한 생각 등 네 가지 생각[의식]을 마음속에서 지워야 한다고 했다.(3-4: 須菩提! 若菩薩有我相人相衆生相壽者相, 卽非菩薩.) 어디 그뿐인가. 나아가 나라는 생각, 남이라는 생각, 중생이라는 생각, 영원한 존재라는 생각이 없어야 할 뿐만 아니라 섭리라는 생각도 없어야 하며, 심지어는 섭리가 아니라는 생각마저도 없어야 한다고 했다.(6-5: 無復我相人

相衆生相壽者相, 無法相亦無非法相.)

　정말 어렵다. 모든 욕망은 나라는 생각을 실마리로 삼아 등장하며, 나라는 생각은 다시금 다른 사람을 염두에 두는 것으로 말미암게 마련이다. 나와 상대, 아와 피아에 대한 구분을 통해 경쟁과 욕망이 생겨나는 것이다. 나의 이해는 여기까지가 한계다. 결국 욕망의 근원을 탐색해 가다 보면 인간과 짐승, 동식물, 나아가 우주 내의 모든 존재에까지 생각이 미치기야 하겠지만 그것은 나처럼 평범한 인간에게 있어서는 일종의 사고의 사치처럼 느껴진다. 그래서 석가모니와 노자가 대단한 것이다. 그런데 석가모니는 한 술 더 떠서 섭리다 아니다 라는 생각마저도 버려야 한다고 하여, 결국 진리는 '공'(空)으로 귀결된다고 했으니, 그 깨달음의 깊이를 가히 짐작도 하기 어렵다.

제38장

상덕부덕(上德不德)

최고의 덕성은 사랑

上德不德, 是以有德. 下德不失德, 是以無德. 上德無爲, 而無以爲. 下
德爲之, 而有以爲. 上仁爲之, 而無以爲. 上義爲之, 而有以爲. 上禮爲之,
而莫之應, 則攘臂而扔之. 故失道而後德, 失德而後仁, 失仁而後義, 失義
而後禮. 夫禮者, 忠信之薄, 而亂之首. 前識者, 道之華, 而愚之始. 是以大
丈夫處其厚, 不居其薄. 處其實, 不居其華. 故去彼取此.

- **以(이):** 의도. 고의. 인위. 작위. '上德無爲, 而無以爲'에서부터 '上義爲之, 而有以爲'에 이르기까
  지 《한비자(韓非子)·해로(解老)》에서는 '不'자로 되어 있다.
- **攘臂而扔之(양비이잉지):** 소매를 걷어붙이고 억지로 끌어당겨 하도록 시키다.
- **大丈夫(대장부):** 의지·기개·지조가 있으면서 그것을 행동으로 옮길 수 있는 사람. 사람다운 사람.

※ 이 장부터 끝까지는 이른바 '덕경(德經)이라고 불리며, 우주 자연의 섭리, 즉 '도'라는 추상적 명
제를 위주로 한 전반부의 '도경(道經)과는 달리 구체적인 품성이자 실천 덕목인 '덕'에 관한 내용
을 위주로 하고 있다. 백서본에서는 덕경을 도경 앞에 내세우고 있는데, 이는 도경이 너무 추상
적이라서 당시 춘추전국시대라는 난세기의 다급한 수요를 감당하기 어렵다고 보고, 보다 구체
적인 덕경이 더 절실했다고 여긴 결과일 것이다.

❖ 높은 덕성을 지닌 사람은 덕성이 있다고 의식하지 않는데, 이 때
문에 덕성을 지니게 된다. 낮은 덕성을 지닌 사람은 덕성을 잃지 않으

려 하는데, 이 때문에 덕성이 없게 된다. 높은 덕성의 사람은 억지로 하는 일이 없기 때문에 인위적으로 하는 일이 없다. 낮은 덕성의 사람은 억지로 일을 하기 때문에 인위적인 행위만 있다. 높은 인자함은 비록 억지로 행하는 것이긴 하지만 의도적인 행위는 없다. 높은 정의는 억지로 행하면서도 의도적인 행위가 있다. 높은 예의는 억지로 행하는 것으로, 예의에 응하지 않는 사람은 소매를 걷어붙이고 끌어당겨 예를 행하게 만든다.

그러므로 우주 자연의 섭리를 잃은 후에 덕성이 있게 되고, 덕성을 상실한 후에 인자함이 있게 되며, 인자함을 상실한 후에 정의가 있게 되고, 정의를 상실한 후에 예의가 있게 된다. 무릇 예의라는 것은 충심과 믿음의 엷은 것이며 혼란의 으뜸이다. 남보다 먼저 아는 사람은 섭리의 꽃이면서도 어리석음의 출발이다. 이 때문에 대장부는 후덕하게 처신하되 경박하게 처신하지 않으며, 내실을 기하되 외화를 추구하지 않는다. 그러므로 이와 같은 것들을 추구하고 저와 같은 것들은 물리친다.

[이해하기]

높은 수준의 덕성을 지닌 사람은 굳이 좋은 품성을 닦기 위해 노력하지 않는다. 그래서 오히려 좋은 품성을 지니게 된다. 낮은 수준의 덕성을 지닌 사람은 좋은 품성을 잃지 않으려고 노력한다. 그래서 오히려 좋은 품성을 지니지 못하게 된다. 높은 수준의 덕성은 인위적으로 하는 일이 없으며 모든 게 다 자연스럽게 행해진다. 그러면서도 어떤 욕심이나 의도를 가지고 하는 일은 절대 없다. 낮은 수준의 덕성은 어떤 일을 인위적으로 행한다. 그러면서 어떤 욕심이나 의도를 가지고 일을 행하게 마련이다. 높은 수준의 사랑은 비록 인위적으로 베풀긴 하지만 어떤 개인적인 욕심이나 의도를 통해 베푸는 것은 아니다. 높은 수준의 정의는 인위적으로 구현하려고 노력하는데, 거기에 욕심이나 의도가 개입된 행위일 따름이다. 높은 수준의 예의는 인위적으로 행해지는 것인데, 만약 예의에 어긋난 사람이 있다면 억지로 끌어당겨 예의를 갖추도록 강압한다.

이 때문에 우주 자연 전체에 항상 적용되는 섭리를 체득하지 못한 사람은 인간으로서 갖춰야 할 최고의 가치 개념인 덕성, 즉 좋은 품성을 찾게 마련이고, 인간으로서 갖춰야 할 최고의 가치 개념인 덕성을 갖추지 못한 사람은 여러 품성 중의 가장 으뜸이라고 하는 한 가지 품성, 즉 사랑을 주장하게 된다. 사람이 갖춰야 할 품성의 가장 으뜸인 사랑을 깨닫지 못한 사람은 사물에 대한 옳고 그름을 비판하는 정의만을 부르짖게 된다. 사물에 대한 옳고 그름을 비판하는 정의조차 모르는 사람은 기껏해야 공중도덕을 잘 지켜라고 하는 정도의 예의만을 강조하게 된다. 이런 맥락에서 볼 때 결국 예의라는 것은 무엇이겠는가. 사람 사이에 진심과 믿음이 사라지고 난 뒤 등장한 것으로, 그것은 곧 혼란의 시작을 의미한다고 볼 수 있다. 서로가 자신이 남들보다 앞서 뭔가를 안다고 떠드는 사람들, 그들이 알고 있는 것은 한낱 섭리의 껍데기에 불과한 것이며, 정작 어리석음의 시작인 줄 알고나 있을까. 이 때문에 진정 사람다운 사람이라면 매사 행동거지에 있어서 중후하게 처신하지 결코 경박하게 굴지는 않으며, 항상 내실을 충실하게 하고자 노력하지 결코 허황하게 외화(外華)를 숭상하지는 않는다. 그렇기 때문에 말단적인 것, 피상적인 것, 형식적인 것은 버리고 반대로 근본적인 것, 실질적인 것, 내실 등을 추구하는 것이다.

[사족]

가치도 차원이 있다.

道: 최고의 가치. 인간을 포함한 우주 자연 만물의 생멸·변화·순환의 원리. 섭리. 진리.

↓

德: 만물 존재의 섭리가 왜곡되지 않고 만물에 구체적으로 구현되어 나타난 것. 좋은 품성.

(上德): 비록 자연스러운 경지에서 우러나오지 않는 인위적인 것이지만 고의적인 의도는 없음. 유가에서 주장하는 이상적인 인격상에서 갖춰야 하는 덕성. 군자의 덕성.

↓

(下德): 인위적이면서도 고의적인 의도에서 나온 것. 일반적인 유가들이 지향하는 단계.

↓

上仁: 인간의 여러 품성의 총체인 덕성 중 가장 기본이 되는 남을 사랑하고 자신을 낮추는 기본 덕목. 남에 대한 배려. 사랑.

↓

上義: 인간의 여러 품성의 총체인 덕성 중 '仁' 다음 단계의 덕목. 옳고 그른 것에 대한 분별력. 정의. 의기. 바른 생각.

↓

上禮: 덕성을 잃은 일반 대중들이 사회를 유지하기 위해 갖춰야 할 기본적인 행동 규범. 예절. 예의. 현대적 의미의 도덕.

↓

(上法: 예의가 먹혀들지 않는 사회를 억지로라도 유지하기 위한 상벌 제도. 법가. 여기에서는 언급되지 않았다. 도와 덕의 최하위 개념, 최악의 상황이 법이라고 할 때, 현대 국가들은 대부분 법치 국가이기 때문에 최하위 개념을 국가 통치의 근간으로 삼고 있다고 봐야 한다. 그렇다면 법이 무시되고 법으로도 통하지 않은 사회

는 무엇으로 다스려야 할까. 법의 하위개념이 없다면 우리 사회는 다시 위로 올라가든지 철저히 망가지든지 둘 중의 하나를 택해야 할 것이다.)

인(仁)·의(義)·예(禮) 등은 하(下)의 개념을 부여하지 않았는데, 그것 자체가 이미 하등한 것으로 언급할 만한 것이 못되며, 굳이 언급한다면 그중에서 그나마 최고라고 할 수 있는 것은 여기서처럼 상(上)자를 붙여서 말할 수 있을 뿐이다 라는 의미로 보인다.

덕이라면 다 좋은 품성인데 왜 굳이 상하로 나누었을까. 예를 들어 남을 돕는 일, 또는 좋은 일을 하는 것을 덕을 베푼다고 흔히 말한다. 그렇다면 남을 돕는 일이나 좋은 일을 하는 것에도 상하의 등급이 있다는 말인가. 구체적인 예를 들어 설명해 보자. 불우한 이웃을 돕는 경우, 어떤 사람은 자기가 돕고 있다는 것, 즉 덕을 베푼다는 것을 의식하지 않은 채 마음에서 우러나와 자연스럽게 하는 사람이 있을 수 있으며, 또 어떤 사람은 베푼다는 것을 분명하게 의식하면서 하는 사람이 있을 것이다. 전자의 경우 아마도 어떤 보답을 바라거나 자신의 선행을 자랑하기 위한 행위는 아닐 것이며, 후자의 경우는 어떤 식으로든지 그 보답을 바라는 경우가 대부분일 것이다. 여기에서 전자는 곧 상덕의 사람이라고 하고 후자는 하덕의 사람이라고 할 수 있을 것이다.

이와 관련하여 조선일보 2008년 11월 22일자 '조용헌 살롱'이란 칼럼의 내용을 소개한다.

기독교에서 '십일조'가 중요한 덕목이듯이, 불교에서도 '보시'가 6바라밀 가운데 첫 번째에 들어간다. 보시라고 하는 첫 관문을 열어야만 나중에 깨달음에 들어갈 수 있음을 암시하고 있다. 빈부격차가 커지는 한국사회에서도 기부가 중요한 사회적 덕목으로 대두되고 있다. 기부란 무엇인가? 몇 년 전 요가 고수(高手)인 석명(石明) 선생과 나눈 대담의 요지를 소개하면 이렇다. 1단계는 마음속에서는 기부를 하고 싶지만, 선뜻 행동으로 옮기지 못하는 단계이다. 하지만 마음속으로는 기부를 하고 싶다, 해야 한다는 생각을 끊임없이 하고 있다. 막상 행동으로까지는 연결하지 못하고 있을 뿐이다. 2단계는 기부를 실천에 옮기는 단계이다. 생각만 하기보다는 행동으로 옮기는 것이 한 차원 높은 단계이다. 3단계는 '기부를 했다'는 생각이 남아 있는 단계이다. 더 높은 4단계에 들어가기 위해서는 '기부를 했다'는 생각이 없어야 한다. 성경의 '오른손이 한 일을 왼손이 모르게 하라'는 대목도 이런 맥락이라고 생각한다. 불교에서는 생각이 남아 있는 단계를 유상보시(有相布施)라고 부른다. 4단계는 무의식적으로 기부하는 단계이다. 자기가 좋은 일을 하고 있다, 자기가 다른 사람을 위해 돈을 썼다는 생각이 없는 단계이다. 습관적으로 적선을 하는 단계라고 할까. 자기가 기부를 하고 나서도 잊어버린다. 이는 굉장히 차원 높은 경지라고 한다. 이를 무상보시(無相布施)라고 한다. 필자는 지난 20년 동안 우리나라에서 500년 이상 지속된 명문가의 후손들을 만나보았다. 이 집안들이 수백 년 동안 집안을 유지한 비결을 알아보니, 한마디로 압축하면 '적선지가, 필유여경'(積善之家, 必有餘慶)이었다. 적선[기부]을 많이 한 집안은 반드시 잘된다. 적선에 대한 보답이 몇 달 또는 몇 년 내로 오는 경우도 있다. 어떤 경우에는 그 보답이 백 년 후에 오는 경우도 있다. 평균적으로 증조부대에 적선을 많이 해 놓으면, 증손자대에 가서 선조가 뿌려 놓은 적선의 이자까지 쳐서 받는 사례가 많다. 이는 이론이 아니라 경험의 영역이다. 500년 이상 집안을 유지해 온 명문가의 후손들은 적선의 미묘한 '스리쿠션'을 어렴풋이 알고 있다.

제39장

석지득일자(昔之得一者)
진리는 하나로 통한다

昔之得一者, 天得一以淸, 地得一以寧, 神得一以靈, 谷得一以盈, 萬物得一以生, 侯王得一以爲天下貞, 其致之. 天無以淸, 將恐裂. 地無以寧, 將恐發. 神無以靈, 將恐歇. 谷無以盈, 將恐竭. 萬物無以生, 將恐滅. 侯王無以貴高, 將恐蹶. 故貴以踐爲本, 高以下爲基. 是以侯王自謂孤寡不穀, 此非以踐爲本邪? 非乎? 故致數輿無輿, 不欲琭琭如玉, 珞珞如石.

- **一(일):** 유일한 것. 도. 섭리. 제10장에 "혼백을 잘 지키고 도리를 유지하면서"(載營魄抱一)라고 하였고, 또 제22장에 "그러므로 성인은 한 가지 원리를 견지하고 천하의 법도로 삼는다."(是以聖人抱一爲天下式)라고 하였다.
- **貞(정):** 1) 우두머리. 군장(君長). 어른. 2) 안정. 평정. 백서본에는 '正'(정)자로 되어 있다.
- **發(발):** '廢'(폐: 무너지다)자와 통함.
- **歇(헐):** 쉬다. 멈추다. 다하다. 기능을 잃다.
- **蹶(궐):** 넘어지다. 실각하다. 실패하다. 좌절하다.
- **不穀(불곡):** 착하지 않다.
- **輿(여):** '譽'(예)자의 가차자로 본다. 따라서 '無輿' 또한 '無譽'와 같다.
- **琭琭(녹록):** 옥의 아름다운 모양.
- **珞珞(낙락):** 돌의 거친 모양.

❖ 예로부터 유일한 섭리를 얻은 것으로는, 하늘은 유일한 섭리를 얻어서 맑을 수 있었고, 땅은 유일한 섭리를 얻어서 안정을 이룰 수 있었고, 귀신은 유일한 섭리를 얻어서 신령할 수 있었고, 계곡은 유일한 섭리를 얻어서 물을 가득 채울 수 있었고, 만물은 유일한 섭리를 얻어서 생겨날 수 있었고, 임금은 유일한 섭리를 얻어서 세상의 으뜸이 될 수 있었는데, 그 모든 것은 결국 유일한 섭리로 귀결된다.

반대로 유일한 섭리를 얻지 못해 하늘이 맑을 수 없으면 장차 갈라질까 두렵고, 땅이 안정을 이룰 수 없으면 장차 무너질까 두렵고, 귀신이 신령할 수 없으면 장차 귀신으로서의 역할이 사라질까 두렵고, 계곡이 가득 채울 수 없으면 장차 계곡물이 마를까 두렵고, 만물이 생겨날 수 없으면 장차 만물이 모두 사라져 버릴까 두렵고, 임금이 어른 역할을 할 수 없으면 장차 실패할까 두렵다. 이처럼 하찮아 보이는 하나의 섭리를 통해 모든 게 이루어지듯 귀한 것은 천한 것을 근본으로 삼고 높은 것은 낮은 것을 기초로 삼는다. 이 때문에 임금은 스스로 자신을 '외로운 사람', '덕이 부족한 사람', '착하지 못한 사람'이라고 하니, 이는 귀한 임금 역시 천한 것을 근본으로 삼은 것이 아니겠는가. 그러므로 지극한 영예는 오히려 영예롭지 않은 것 같으니, 아름답고 귀한 옥 같은 존재가 되고자 하지 말고 오히려 거칠고 천한 돌멩이 같은 존재가 되기를 원한다.

[이해하기]

세상에는 종교에 따라 또는 학자에 따라 각기 주장하는 진리가 너무나 많다. 그것들은 어떤 경우 상호 차원이 다르기 때문에 상충되지 않는 경우도 있으며 때로는 상충되는 경우도 있다. 문제는 같은 차원에서 서로 다르게 주장되는 진리인데, 이것이 특히 종교를 배경으로 하면 배타성이 극에 달하여 심하게는 전쟁마저 불사할 경우도 있다. 노자가 말하는 진리는 여러 가지로 볼 수 있지만, 최고 차원의 진리는 하나일 뿐이다. 즉 우주 자연 만물의 생멸, 변화, 순환 등을 주재하는 섭리로서의 '도'인 것이다. 그 유일한 섭리로 인해 하늘과 땅, 계곡, 귀신, 만물과 후왕이 제 기능을 발휘하게 되니, 우주 안에서 그 섭리를 벗어날 수 있는 존재란 아무것도 없다. 그런 의미에서 본다면 노자의 사상이 비록 추상적이긴 하지만 모든 종교와 학문을 초월하는 것이 아닐까 싶기도 하다.

[사족]

말미에 나오는 임금의 호칭과 관련하여 임금이 스스로를 일컫는 말의 의미에 대해 본문에 나오는 순서대로 살펴보면 다음과 같다. 먼저 고(孤)는 한(漢)나라 이후 사용되던 말로, 주위에 도움을 받을 사람이 없는 외로운 사람이란 뜻으로 쓰였다. 그리고 과(寡), 또는 과인(寡人)이란 말은 '덕이 부족한 사람'이라는 의미로 사용되었다. 마지막으로 불곡(不穀)은 선진(先秦) 때 사용되었던 천자나 제후들의 자칭으로, '어질지 못하다'란 의미를 지니고 있다. 이 세 가지 호칭은 모두 임금이 자신을 겸손하게 일컫던 말이다. 이와는 별도로 짐(朕)이란 호칭이 있는데, 이 역시 임금의 자칭이긴 하지만 겸손과는 무관하다. 이는 원래는 보통의 1인칭 대명사였는데, 진시황이 자신을 일컫는 말로 쓰면서부터 일반인들은 쓸 수 없게 되어 임금 전용의 자칭이 되었다.

제40장

반자(反者)
달도 차면 기우는 법

反者, 道之動, 弱者, 道之用. 天下萬物生於有, 有生於無.

❖ 되돌아감은 섭리의 운동성이며, 유약함은 섭리의 작용이다. 세상 만물은 모두 유형의 현상에서 생겨나고, 유형의 현상들은 무형의 섭리에서 생겨난다.

[이해하기]

이 장은 '도'의 작용에 대해 설명한 노자 사상의 핵심 부분 중의 하나라고 볼 수 있다. 제1장과도 관련이 있다. '反'자를 '상반되다', '상대적인 것'이란 의미로 볼 수도 있겠고, '返'[되돌아가다]란 의미로 볼 수도 있는데, 전자로 보면 노자 사상의 '상대성'을 말한 것으로 볼 수 있겠고, 후자로 보면 노자 사상의 변증법적 특성을 말한 것으로 볼 수 있다. 결국 '상대성을 띠게 되는 것' 또는 '극에 달하면 다시 원래 자리로 돌아가는 것'은 섭리가 가진 운동성이란 속성이다. 후자의 의미로 보면 제25장의 원래 자리도 되돌아오는 도의 속성을 말한 부분과도 통한다.

유약함은 '도'의 기본적인 작용이자 노자 사상의 근간이 됨을 잘 알고 있다. 마지막 두 구는 제1장의 "이름이 없는 상태가 천지가 시작될 때이며, 이름이 존재하는 상태가 만물 탄생의 모태가 된다."(無名天地之始, 有名萬物之母.)라는 부분과 관련이 있다. 세상에 존재하는 만물은 어떤 이름 붙여진 것에 의해 비롯되었다. 이름 붙여진 것은 바로 현상계의 눈으로 볼 수 있는 유형의 존재를 의미한다. 그런데 그 현상계의 이름 붙여진 존재들은 곧 '도'라는 무형의 섭리에 의해 생겨난 것이다. 다시 말하면 책이니, 핸드폰이니, 밥이니 하는 것은 모두 구체적인 형태를 지닌, 즉 유형의 현상, 예를 들면 종이나 기계, 음식 같은 것에서 생긴 것이며, 나아가 이런 종이, 기계, 음식 등은 궁극적으로는 결국 어떤 무형의 섭리에서 온 것이라고 하겠다.

[사족]

"만물은 극에 달하면 반드시 되돌아오게 마련이다."(物極必反)란 말이 있다. 주역(周易)의 이치는 만물이 끊임없이 변화한다는 것을 토대로 하고 있다. 이 때문에 64괘의 마지막 괘는 '화수미제'(火水未濟) 괘로 미완성의 미래를 의미하고 있는데, 이는 곧 '종즉유시'(終則有始) 즉, 끝이 곧 시작이란 의미를 나타낸다. 달도 차면 기운다고 했듯이 만물은 끊임없는 변화 가운데 결국 원래의 상태로 되돌아오게 된다. 이런 이치란 결코 어렵지 않다. 우리는 네 계절의 순환을 통해 매년 절실하게 체득하고 있다. 도가류에 속하는 《회남자(淮南子)》에도 "천지 자연의 섭리는 극에 이르면 되돌아오고, 가득 차게 되면 이지러지게 된다."(天地之道, 極則反, 盈則損.)라고 했다. 이는 '정반합'(正反合)의 변증법의 이치와도 통한다. 이런 이치를 안다면 무엇이든 극도에 이르렀을 때는 항상 반대로 돌아감을 생각하지 않을 수 없는 것이다. 긍정적 의미의 극이라면 부정적 방향의 도래를 염려하고 대비해야 하며, 부정적 의미의 극이라면 긍정적 방향의 도래를 희망하며 자포자기하지 말아야 한다. 가끔씩은 인생의 내리막길 끝에 이르렀다고 생각하면서 스스로 목숨을 버리는 사람들이 있는데, 그들이 이런 원리를 안다면 희망적인 오르막길이 바로 다음 순간부터 펼쳐지게 된다는 것도 알 수 있을 것이다. 그래서 아무리 극한의 상태에 이르렀다고 해도 결코 목숨을 버릴 필요가 없는 것이다. 이는 한 개인에게서나 가족, 사회, 나아가 한 나라나 세계 전체에 적용되는 이치라고 하겠다.

제41장

상사문도(上士聞道)

사람에 따라 다르게 이해되는 진리

上士聞道, 勤而行之, 中士聞道, 若存若亡, 下士聞道, 大笑之, 不笑, 不足以爲道. 故建言有之, 明道若昧, 進道若退, 夷道若纇. 上德若谷, 大白若辱, 廣德若不足, 建德若偸, 質眞若渝, 大方無隅, 大器晩成, 大音希聲, 大象無形, 道隱無名. 夫唯道, 善貸且成.

- **士(사):** 성인 남자. 인재. 사람. 지식인.
- **建言(건언):** 옛날의 격언이나 속담.
- **進道(진도):** 앞을 향해 나아가는 길.
- **夷(이):** 평평하다.
- **纇(뢰):** 마디. 실의 뭉친 부분. 울퉁불퉁함.
- **辱(욕):** 더러움.
- **建德(건덕):** 건강(健剛)[강건(剛健)]한 덕성.
- **偸(투):** 천박하다. 구차스럽다. 교활하다.
- **質眞(질진):** 꾸밈없고 진실한 것.
- **渝(유, 투):** 변하다.

❖ 높은 수준의 인격을 갖춘 사람은 진리를 들으면 힘써 실천하고, 중간 정도 수준의 인격을 갖춘 사람은 진리를 들으면 반신반의하고, 낮

은 수준의 인격을 갖춘 사람은 진리를 들으면 크게 웃어버리는데, 이들에게 비웃음을 받지 않으면 진리라고 하기에 부족하다. 그러므로 옛날 격언에 이런 말이 있다. 밝은 길은 오히려 어두운 듯하고, 앞을 향해 나아가는 길은 오히려 뒤로 물러나는 것 같고, 평탄한 길은 오히려 울퉁불퉁 험한 길 같다. 가장 훌륭한 덕성은 오히려 텅 빈 골짜기 같고, 가장 흰 것은 오히려 더러운 것 같고, 넓게 미치는 덕성은 오히려 모자라는 것 같고, 건강한 덕성은 오히려 일시적 안위를 목적으로 하는 듯하고, 꾸밈없고 진실한 것은 오히려 쉽게 변하는 것 같고, 크게 모난 것은 모서리가 없고, 큰 그릇은 늦게 완성되고, 큰 소리는 잘 들리지 않고, 큰 형상은 형태가 없으며, 진리는 숨은 채 이름이 없다. 무릇 오직 진리만이 잘 빌려주면서 모든 존재를 이루게 한다.

[이해하기]

훌륭한 사람은 올바른 도리에 대해서 들으면 최선을 다해 그것을 실행에 옮기고자 노력한다. 보통의 평범한 사람들은 올바른 도리를 들으면 어떤 경우에는 이치에 맞다고 여기다가도 또 어떤 경우에는 정말 그런가 라고 의심하면서, 수용하여 실행에 옮기기를 주저한다. 보통 수준도 안 되는 못난 사람들은 도리에 대해 들으면 그것을 크게 비웃으면서 말도 안 된다고 생각할 뿐인데, 못난 사람들에게 비웃음을 받지 않는 도리는 진정한 도리가 아니라고 할 수 있다. 못난 사람들이 왜 못난 사람들이겠는가. 올바른 도리는 비웃어버리고 바르지 못한 나쁜 것만 받아들이니 못난 사람이 된 것 아니겠는가. 참된 진리와 도리를 알기가 어렵지만 못난 사람들에게 들려주어 웃느냐 마느냐로 결정하면 쉬울 것이다.

이러한 이치 때문에 옛날부터 성인들의 좋은 말씀이 있었다. 즉, 환한 길은 오히려 캄캄한 듯 보일 수도 있고, 바른길을 향해 나아가는 경우도 오히려 바른길에서 물러나는 것처럼 보일 때도 있고, 평탄한 길도 오히려 울퉁불퉁 험한 길처럼 보일 때도 있다. 그리고 최고의 덕성은 흡사 텅 빈 계곡처럼 아무런 덕성도 지니지 못한 것처럼 보일 때도 있고, 극도로 하얀 색도 오히려 얼룩덜룩하게 더러운 것 같이 보일 때도 있다. 자연스러운 흰색은 인공적인 표백제를 가한 흰색보다 오히려 더 더러워 보일 수는 있지만 실제의 하얀 깨끗함에 더 가까운 것이다. 은혜가 주변으로 골고루 두루 미치는 광대한 덕성도 때로는 뭔가 모자라는 듯 보이기도 하고, 바르고 굳건한 덕성도 때로는 마치 임기응변적인 구차스러운 것으로 보이기도 하고, 질박하고 참된 원형질 그대로의 덕성도 때로는 가변적인 모습으로 비치기도 한다. 아주 크게 모난 것은 모서리가 없는 듯하고, 큰 그릇은 더디게 만들어지는 법이다. 아주 큰 소리는 오히려 보통 사람의 귀로는 잘 들을 수가 없으며, 아주 큰 모양은 오히려 보통 사람의 눈으로 감지할 수 있는 감각상의 형태가 없다. 진리는 항상 우리들의 지각 너머에 숨어 있으며, 무엇이라고 이름 붙일 수 없다. 다만 길이니, 물이니, 통나무니 등의 비유로 말할 수 있을 뿐이다. 무릇 오직 섭리는 자신을 만물에게 빌려주듯 하여 만물의 생멸, 변화, 순환 등을 이뤄 나가게 할 뿐이다.

[사족]

세상을 사는 것은 타인과의 만남이다. '사람은 사회적 동물'이란 말 역시 이런 의미에서 나온 말일 것이다. 이 때문에 우리가 일상에서 겪게 되는 여러 가지 심리적, 육체적, 경제적 등등의 행불행 역시 타인과의 관계를 어떻게 맺느냐에 달려 있다고도 할 수 있다. 자기와 타인과의 관계, 그 관계는 옷깃만 스칠 정도의 하찮은 관계에서부터 한평생을 좌우할 수 있는 배우자 관계 등에 이르기까지 다양하다. 이러한 인간관계가 원만할 경우 그 사람의 일생은 평탄할 것이고, 그 반대일 경우 험난할 확률이 높다. 그렇다면 사람과의 관계를 어떻게 맺을 것인가. 우선 자신이 좋은 사람이 되어야 한다. 이 기본을 무시하면 그 밖의 모든 것은 사상누각일 따름이다. 다음은 좋은 사람과 관계를 맺어야 한다. 좋은 사람인 줄 어떻게 알 수 있는가. 속담에 열 길 물속은 알아도 한 길 사람 속은 모른다고 했는데 …

만나는 사람의 호불호·선불선을 판단하는 방법, 그것이 바로 노자의 책 속, 특히 이 장에 있다고 하겠다. 얼핏 보면 나쁜 사람 같은 사람이 실제로는 착한 사람인 경우가 많고, 얼핏 보면 착한 사람 같은데 실제로는 사악한 사람인 경우가 있다. 얼핏 보면 무능력할 것 같은 사람이 의외로 유능한 실력을 발휘할 경우도 있고, 얼핏 보면 유능할 것 같은 사람이 오히려 무능할 경우도 비일비재하다. 원리가 이럴진대 우리가 어떻게 섣불리 겉만 보고 사람을 판단하겠는가. 어렵다.

겉으로 드러나 보이는 것과 반대로 판단하는 것도 하나의 방법일 수 있다. 젊은이들의 소개팅을 예로 들어 보면 이해가 좀 쉬울 것이다. 소개팅에 나온 상대 남자가 말을 제대로 하지 못하고 고개도 제대로 들지 못하고 눈을 제대로 바라보지 못하고, 찻잔도 제대로 들지 못할 경우도 있을 수 있고, 또 반대로 편안한 분위기 속에서 유머를 곁들인 대화를 통해 여유있게 자리를 리더하는 자신만만한 남자를 만날 수도 있을 것이다. 이 두 경우 대부분의 여자들은 전자보다 후자를 더 좋아할 것이다. 하지만 상대방인 남자의 입장에서 볼 때 두 남자의 자신에 대한 관점은 오히려 정반대일 수가 있다. 즉 전자는 상대 여자를 진정 좋아하여 잘 보이고자 하기 때문에 말도 함부로 하지 못하고 행동도 지극히 부자연스러울 수밖에 없다. 반면에 후자는 상대가 만만하게 여겨지기 때문에 언행에 거리낌이 없는 것이다. 지나친 논리의 비약일까?

제42장

도생일(道生一)
공경은 최고의 미덕

道生一, 一生二, 二生三, 三生萬物. 萬物負陰而抱陽, 沖氣以爲和. 人
之所惡, 唯孤, 寡, 不穀, 而王公以爲稱, 故物, 或損之而益, 或益之而損,
人之所敎, 我亦敎之, 强梁者, 不得其死, 吾將以爲敎父.

- **沖氣(충기)**: 음양의 두 기운이 서로 격동하는 것. 기운이 서로 충돌하는 것.
- **强梁(강량)**: 강량(强良)·강량(彊良)·강량(彊梁)으로도 쓴다. 강하고 힘이 있음.
- **敎父(교부)**: 교훈의 아버지. 가르침[교훈]의 시작[으뜸].

❖ 진리는 하나를 낳고, 하나는 둘을 낳고, 둘은 셋을 낳고, 셋은 만
물을 낳는다. 만물은 음을 등에 지고 양을 앞에 껴안으며, 두 기운이 서
로 격동하여 조화를 이룬다. 사람들이 싫어하는 것으로 '외로움', '덕이
적음', '착하지 않음' 등의 말이 있는데, 왕이나 삼공들이 호칭으로 삼
는다. 이 때문에 만물은 때로는 덜어내면 보태지고, 때로는 보태면 손
해가 된다. 사람들이 가르치는 내용을 나 또한 가르친다. 강한 자는 제
명에 죽지 못하는데, 나는 그것을 가르침의 으뜸으로 삼는다.

[이해하기]

이 장은 우주 만물의 탄생 원리에 대해 설명하고 있다. 비록 간단하게 숫자를 가지고 말하고 있지만 모든 게 상징적인 의미를 지니고 있다. 우주 만물의 존재와 운행 원리인 도, 즉 섭리라는 것은 태극을 낳고 그 태극에서 음과 양의 두 기운이 파생되어 나온다. 달리 말하면 태극 속에 이미 음과 양의 기운이 포함되어 있다고 하겠다. 음과 양의 두 기운의 조화를 통해 제3의 존재인 물질이 태어나니 음, 양, 제3의 존재인 물질 등 셋이 되는 셈이다. 일단 제3의 존재인 물질이 태어나니 그런 원리를 통해 만물이 계속 탄생하게 되는 것이다. 다시 말하면 만물은 결국 섭리에서 나온 태극의 분화물인 음과 양의 조화로 인한 것인데, 따라서 만물에는 항상 음양의 두 기운이 존재하게 마련이다. 대체로 음 기는 조용한 성질의 것으로 만물의 뒤쪽(음지, 북쪽, 등쪽)에 위치하며, 양 기는 시끄러운 성질의 것으로 만물의 앞쪽(양지, 남쪽, 배쪽)에 위치한다. 그 두 기운이 서로 뒤섞이면서 조화를 이루어 만물이 존재하게 되는 것이다.

사람들이 싫어하는 것 중에는 외로움[孤], 적음[寡], 착하지 않음[不穀] 등이 있는데, 사실은 왕이나 제후들이 그것을 자기의 호칭으로 삼고 있다. 이는 자신을 낮추며 남을 높이기 위한 겸손함 때문이다. 자신을 한없이 낮추지만 오히려 그들의 위치는 더없이 높다. 이런 이치 때문에 어떤 경우에는 자신에게서 덜어내는 것 같아도 오히려 보태지는 경우가 있고, 자신에게 보태려고 하지만 오히려 손해 나는 경우도 있는 것이다.

진리는 사람에 따라 달라지는 게 아니다. 남들이 진리로 여기는 것을 노자 역시 진리로 여기고 가르친다. 강하고 힘이 센 자들은 항상 천명을 누리지 못하는 법이다. 바로 이 점, 강건함보다는 유약함을 숭상하는 것이 바로 모든 가르침 중의 으뜸이 되며, 이는 노자 지혜의 핵심이다.

[사족]

일반적으로 노자의 사상은 예(禮)를 부정하는 것으로 간주한다. 예를 들면 "그러므로 섭리를 잃은 후에 덕성이 있게 되고, 덕성을 상실한 후에 인자함이 있게 되며, 인자함을 상실한 후에 정의가 있게 되고, 정의를 상실한 후에 예의가 있게 된다. 무릇 예의라는 것은 충심과 믿음이 엷은 것이며, 혼란의 으뜸이다."(故失道而後德, 失德而後仁, 失仁而後義, 失義而後禮. 夫禮者, 忠信之薄, 而亂之首.)(제38장) 그러나 과연 그럴까? 필자는 노자의 사상 역시 근본적인 것은 예에 대한 부정이 아니라 예의 정신을 강조하는 데 있다고 생각한다. 예의 근본정신은 무엇인가. 한마디로 말하면 《예기(禮記)》 서두를 장식하고 있는 "철저히 공경하라!"(毋不敬), 즉 "남을 공경하는 것"일 것이다. 이러한 관점에서 볼 때 노자의 이 책 전체에 스며있는 정신 역시 여기에서 크게 벗어나지 않는다. 즉 물이 항상 낮게 임하면서 만물을 살리게 하는 그 정신 때문에 섭리를 지닌 최고의 상징물로 간주되는 것이나, 가득함보다는 빔을, 강건함보다는 유약함을, 세련됨보다는 서투름을, 남성성보다는 여성성을, 봉우리보다는 계곡을 더 숭상하는 태도는 모두 예의 근본정신인 '경'(敬)의 다른 표현이라고 할 수 있다. 다만 제38장에서처럼 노자가 부정한 예는 다름 아니라 예의 외면적인 모습이라고 하겠다. 예가 근본정신인 자기를 낮추고 남을 높이는 정신을 망각해버리면 아무리 제대로 갖춘 예라고 해도 모두 형식적인 예의 껍데기에 불과하니, 그래서 부정하는 것이다.

한 걸음 더 나아가 개인에서부터 나라에 이르기까지 크고 작은 이기주의가 팽배하던 춘추전국의 혼란기에 탄생한 제자백가 사상이 어쩌면 모두 당시 혼란의 모순을 극복하고 평화로운 이상사회로 나아가기 위한 해법의 일환이었다고 할 수 있다. 공자로 대표되는 유가사상이나 노자로 대표되는 도가사상이 그 궁극점에서는 자신의 이익을 뒤로 하고 남을 우선 배려하는 '경' 사상에서 일치를 보이는 것은 결코 우연이 아니다. 성인들이 찾은 진리이기 때문이다. 만약 그렇지 않다면 묻고 싶다. 이 세상에 절대적인 진리가 과연 무엇일까? 그것은 결국 사회가 존속하는 한 '나보다 남을 배려하는' 사랑의 정신이 아닌가. 작고하신 김수환 추기경 역시 시대와 종교를 달리하지만 마지막 남긴 진리의 말씀이 "고맙습니다. 사랑하세요."였으니 이 역시 궁극적인 정신은 공자와 노자, 나아가 '낮은 데로 임하는'[處下] 석가모니의 가르침과 어찌 다르다고 하겠는가.

제43장

천하지지유(天下之至柔)

유약함이 강건함을 이긴다

天下之至柔, 馳騁天下之至堅, 無有入無間[=間], 吾是以知無爲之有益, 不言之敎, 無爲之益, 天下希及之.

- **馳騁(치빙):** 돌진하다. 달려들다. 힘을 자유자재로 발휘하다. 지배하다.
- **無爲(무위):** 아무런 행동을 하지 않음이 아니라 사사로운 목적이나 의도, 욕심 등에 기인한 행동이 없음을 뜻한다.

❖ 세상에서 지극히 부드러운 것이 오히려 세상의 지극히 단단한 것을 부린다. 형체가 없는 것은 틈이 없는 곳으로도 들어가는데, 나는 이 때문에 욕심 없는 행동이 이롭다는 것을 안다. 말이 없는 가르침과 욕심 없는 행동의 유익함은 세상에서 이것을 따를 것이 거의 없다.

[이해하기]

이 장 역시 노자 지혜의 핵심을 설명한 부분이라고 할 수 있다. 즉 최고의 진리는 바로 자연이라는 것이다. 세상에서 가장 부드러운 것, 예를 들면 물 또는 공기가 오히려 세상에서 가장 단단한 것, 예를 들면 바위나 쇠를 이긴다. 그 증거로 어디 바닷가의 몽돌뿐이던가. 쇠를 베는 물톱이 있을 정도다. 자기의 고정된 형체도 없는 물이나 공기가 오히려 어느 틈새든지 들어갈 수 있다. 방수를 위해 밀폐 포장을 하려고 애써본 사람은 물이나 공기가 틈새를 파고드는 그 대단한 능력을 알 것이다.

자연이 만물을 존재하게 하는 섭리는 절대로 어떤 목적의식에서 나온 의도된 행동이 아니다. 이 때문에 자연이 영구히 존재할 수 있는 것이다. 노자는 자연의 이러한 섭리, 말이 없으면서 자신의 욕망에 따른 행위도 없지만 그 속에 존재하는 만물을 생멸, 변화, 순환하게 하면서 우주 자연의 질서를 유지해 가는 그 섭리를 능가할 것은 아무것도 없다는 사실을 깨달았던 것이다. 이 장은 제25장의 "섭리는 자연을 법도로 삼는다."(道法自然)를 다르게 설명한 것이다.

[사족]

강함과 약함에 대한 가치 평가에 대해 일반 세인과 노자는 반대다. 그러나 우리들도 은연중 '강함>약함'이란 일반적인 도식에 대해 회의하기도 한다. 속으로는 의심하면서도 실제 행동으로는 대부분 강함을 추구하고 약함을 단점으로 인식한다. 그런데 현대에 와서도 적잖은 선각자들이 '강함<약함'의 원리를 몸으로 보여 주었다. 예를 들면 인도의 독립운동을 이끌었던 마하트마 간디가 비폭력 저항을 통해 대영 제국을 이긴 경우나, 미국 흑인 인권운동가인 마르틴 루터 킹 목사의 비폭력 인권운동, 힘없는 학생들이 국가의 강한 공권력을 이긴 우리나라의 4·19혁명 등이 그렇다. 자연의 섭리에서 배운 이러한 지혜를 통해 우리가 문제에 대한 해결 방식 또한 폭력의 강함을 취할 것이 아니라 비폭력의 약함을 취하는 게 궁극적인 승리를 위한 방법이 된다는 것을 깨달아야 하겠다.

제44장

명여신숙친(名與身孰親)

욕망을 좇는 부나비

名與身孰親, 身與貨孰多, 得與亡孰病, 是故甚愛必大費, 多藏必厚亡, 知足不辱, 知止不殆, 可以長久.

- **親(친):** 친애하다. 친밀하다. 절실하다. 귀하다.
- **多(다):** 많다. 낫다. 중하다.
- **病(병):** 해롭다.

❖ 명예와 몸 중에 어느 것이 더 귀할까? 몸과 재물 중에 어느 것이 더 소중할까? 얻음과 잃음 중 어느 것이 더 해로울까? 이 때문에 지나친 애착은 반드시 크게 소모하게 되며, 과도하게 간직하면 반드시 많이 잃게 된다. 만족할 줄 알면 욕되지 않을 것이고, 멈출 줄 알면 위험에 처하지 않게 되며 오래 본성을 유지할 수 있다.

[이해하기]

명예와 생명 중 어느 것이 더 자신에게 절실할까? 당연히 생명이 더 소중한 것이다. 그런데도 많은 사람들이 명예를 탐하다가 자신을 망치고 있다. 생명과 재물 중 어느 것이 더 자신에게 귀중할까? 당연히 생명이 더 귀중한 것이다. 그런데도 많은 사람들이 재물을 축적하기 위해 자신을 망치고 있다. 이러한 이치 때문에 명예에 대한 지나친 집착은 반드시 자신의 명예를 크게 실추시키는 일을 초래하게 마련이며, 과도한 재물의 축적은 반드시 자신의 재산을 크게 잃는 결과를 초래하게 마련이다. 명예든 재물이든 적당한 수준에서 만족할 줄 알면 욕을 당하는 일이 없을 것이다. 적당한 수준에서 명예와 재물에 대한 추구를 그만둘 줄 알면 자신의 생명이 위험에 처하지 않고 오래 천명을 누릴 수 있다. 여기에서 보듯 욕망에 대한 완전한 부정이 아니라 정도를 지키라는 말을 통해 노자의 지혜가 사변적인 철학이 아니라 현실의 삶에서 비롯된 실현 가능한 지혜임을 알 수 있다.

[사족]

이 장을 읽자니 참 답답해진다. 뻔히 알면서도 잘못을 저지르는 게 어디 한두 가지랴마는 제 신세를 망치는 중차대한 것임에도 불구하고 나를 포함한 우리들의 삶의 행태를 보면 이 이치에 너무도 무지하여 답답하다. 명예와 재물에 대한 추구는 정녕 인류의 원초적인 욕망이기 때문에 그러한가. 제 몸 죽는지도 모르고 거저 맛있는 꿀에만 현혹되어 달려드는 파리와 관련하여 이솝 우화 중에 <파리들>이란 이야기가 있다.

> 어느 곳간에서 꿀이 쏟아지자 파리들이 날아와 먹기 시작했다. 그런데 너무 맛있어서 중간에 그만둘 수가 없었다. 결국 발이 들러붙어 날아갈 수 없게 된 파리들은 죽어가면서 말했다. "찰나의 쾌락을 못 이겨 이렇게 죽는다니, 우리는 한심하기 짝이 없구나."

유가에서 보는 명예는 도가에서처럼 부정적인 의미가 아니라 부모에 대한 효도의 최종 목표라는 긍정적 의미를 지니고 있다. "신체와 머리카락, 피부는 부모에게서 물려받은 것이기 때문에 함부로 손상시키지 않는 것이 효도의 시작이며, 사회인으로 나아가 도리를 행하며 이름을 후세에 남기는 것이 효도의 끝이다."(身體髮膚, 受之父母, 不敢毁傷 孝之始也. 立身行道, 揚名於後世, 孝之終也.)《孝經》)

제45장

대성약결(大成若缺)

둥근 지구는 편평하게 보인다

大成若缺, 其用不弊, 大盈若沖, 其用不窮, 大直若屈, 大巧若拙, 大辯若訥, 躁勝寒, 靜勝熱, 淸靜爲天下正.

- **沖(충):** 비다. 비어 있다.
- **躁(조):** 시끄럽다. 떠들썩하다. 성급하다.

❖ 크게 완성된 것은 뭔가 모자라는 듯 보이지만 그 쓰임은 끝이 없다. 크게 가득한 것은 비어 있는 듯 보이지만 그 쓰임은 무궁하다. 크게 곧은 것은 굽은 듯 보이고, 크게 솜씨 좋은 것은 서투른 듯 보이고, 크게 말 잘하는 것은 더듬는 듯 보인다. 떠들썩하게 움직이면 추위를 이길 수 있고, 조용히 있으면 더위를 이길 수 있는데, 맑고 고요한 것이 세상의 정도이다.

[이해하기]

이 장은 도의 본질에 대해 언급하고 있다. 도란 자연의 섭리이며, 여기에서 묘사하고 있는 것은 섭리 또는 섭리를 체득한 사람, 즉 성인의 모습이라고 보면 된다. 이해하기 쉽게 섭리를 그대로 깨달아 왜곡되지 않은 덕을 그대로 지닌 사람, 즉 성인의 모습으로 이 장을 이해해 보자. 더욱 쉽게는 무협지에 나오는 도사를 연상하면 될 것이다.

완벽한 인격을 갖춘 사람은 실제로 뭔가 모자라는 듯한 바보처럼 보이기도 한다. 꾸밈없는 천진난만한 어린아이의 모습을 유지하고 있기 때문이다. 그래서 인격도야를 위해 늘 긴장 속에서 자신의 일거수일투족을 단속하고 있는 일반인들이 보기에는 인격적으로 부족한 듯 보이는데, 이는 자신들 같은 검속의 모습이 없기 때문이다. 그리고 진실로 속에 지식이 가득한 사람은 오히려 속이 빈 것처럼 보인다. '빈 수레가 요란하기' 마련인 것이다. 인격이 완성된 사람의 덕망과 지식의 쓰임은 끝이 없다.

이와 마찬가지로 정말 정직한 사람은 마치 뭔가를 속이는 듯한 모습으로 비칠 때도 있다. 남에게 보이기 위한 정직이 아니기 때문이다. 나아가 행동거지 및 일 처리 역시 자연스럽게 하다 보니 자연의 울퉁불퉁한 모습을 닮은 듯 서투르고 투박하게 보이게 마련이다. 택견과 취권의 굽은 동작이 오히려 직선적인 세련된 무술이 헤집고 들 틈이 없다는 게 그 이치이다. 마찬가지로 정말 뛰어난 언변은 청산유수 같은 달변이 아니다. 마치 더듬는 것 같지만 실은 전하고자 하는 내용을 더욱 잘 전달할 수 있는 말이다.

떠들썩함과 조용함이란 두 가지 덕은 모두 나름대로의 가치를 지니고 있다. 예를 들면 추운 날 떠들썩하게 몸을 움직이면 추위를 이길 수 있고, 더운 날 몸을 움직이지 않고 조용히 있으면 더위를 이길 수 있다. 그러나 그중에서 본말을 분간한다면 역시 고요함이 근본이 될 것이다. 시끄러움은 고요함에서 나왔기 때문이다.

소설 《삼국지》의 영웅으로, 유비(劉備)에게 발탁된 이래 죽을 때까지 전장을 누비던 제갈량(諸葛亮)이 자기 아들에게 준 훈계성 편지인 〈계자서(誡子書)〉 전문을 보면 다음과 같다.

> 무릇 군자의 행실은 고요함으로 몸을 닦고, 검소함으로 덕성을 배양한다. 마음을 담백하게 하지 않으면 제 뜻을 밝힐 수가 없으며, 마음의 평정을 잃으면 원대한 목표를 달성할 수가 없다. 무릇 배움이란 고요해야 이루어지며, 재주는 모름지기 배워야만 습득된다. 배움이 없이는 재주를 넓힐 방법이 없고, 의지가 없으면 배움을 이룰 방법이 없다. 방종하고 태만해서는 정신을 분발시킬 수가 없고, 성급하고 떠들썩하게 굴어서는 본성을 도야할 수가 없다. 나이는 시간과 함께 쏜살같이 지나가며, 의지도 세월과 함께 사라져가서 마침내 고목처럼 죽어가며 세상에 쓰이는 사람이 되지 못하고 비통한 심정으로 오두막을 지키면서 살게 될 것이니, 그때 가서 다시금 무슨 일을 할 수 있겠는가.(夫君子之行, 靜以修身, 儉以養德, 非淡泊無以明志, 非寧靜無以致遠. 夫學須靜也, 才須學也, 非學無以廣才, 非志無以成學. 淫慢則不能勵精, 險躁則不能治性. 年與時馳, 意與日去, 遂成枯落, 多不接世, 悲守窮廬, 將復何及!)

이 글을 통해 제갈량 역시 고요함이 수신의 근본이라는 것을 깨닫고 있음을 알 수 있다.

제46장

천하유도(天下有道)

무기를 농기계로 만들 날은 언제 오려나

天下有道, 却走馬以糞, 天下無道, 戎馬生於郊. 禍莫大於不知足, 咎
莫大於欲得, 故知足之足, 常足矣.

· 糞(분): 똥. 거름. 거름을 주다.

❖ 세상에 올바른 도리가 펼쳐지면 전쟁터를 달리던 말을 농촌으로
데려와 농사짓는 데 쓰게 되며, 세상에 올바른 도리가 사라지면 전쟁
용 말이 외양간이 아닌 전쟁터에서 새끼를 낳는다. 재앙 중에는 만족을
모르는 것보다 더 큰 게 없고, 허물 중에는 가지고자 하는 것보다 더 큰
게 없다. 그러므로 만족할 줄 아는 만족이야말로 늘 변함없는 만족인
것이다.

[이해하기]

비록 수천 년 전의 말씀이지만 흡사 작금의 세계 현실을 염두에 두
고 한 말인 듯하다. 지금 세상은 만족을 모르는 시대라고 해도 그 누가

반박할 수 있겠는가. 끝없는 욕망과 욕망들이 충돌하면서 온갖 불화를 야기하고 또 평화를 파괴시키고 있다. 그에 따라 세계 열강들은 가공할 만한 엄청난 양과 기능의 첨단 무기들을 경쟁적으로 개발하고 있다. 이러한 현상이 바로 현재 우리가 살고 있는 '천하'에는 올바른 도리가 사라져가고 있다는 명백한 증거가 될 것이다. 미래 언젠가는 우리가 가지고 있는 이 무기들을, 또는 무기를 개발하는 지혜를 농기계 또는 농기계를 개발하는 쪽으로 이용하게 될 날이 올 수 있을까.

[사족]
도가사상의 원조인 노자의 '치란관'(治亂觀)이 이러한데, 이에 대해 공자의 사상을 선양하여 유가의 아성으로 불리는 전국시대 맹자(孟子)는 어떻게 보고 있는가. 맹자 사상의 핵심이 담겨있는 《맹자》의 서두를 보면 다음과 같다.

> 맹자가 양혜왕을 알현하니 왕이 말했다. "영감님께서 천 리를 멀다 않고 오셨으니 당연히 우리나라를 이롭게 할 방도를 말씀해 주실 수 있겠지요?" 맹자가 대답했다. "임금님께서는 하필이면 이익을 말씀하십니까? 인의가 있을 뿐입니다. 왕이 어떻게 하면 제 나라를 이롭게 할까 라고 말하면 그 아래 대부들은 어떻게 하면 우리 집안을 이롭게 할까 라고 말할 것이며, 또 그 아래 일반 벼슬아치나 서민들은 어떻게 하면 제 몸을 이롭게 할까 라고 말할 것입니다. 이렇게 되면 윗사람 아랫사람이 서로 이익을 다투게 되어 나라가 위태롭게 됩니다. 만 대의 전차를 가진 나라에서 그 임금을 시해하는 사람은 꼭 천 대의 전차를 가진 제후의 나라에서 나오며, 천 대의 전차를 가진 제후의 나라에서 그 제후를 시해하는 사람은 꼭 백 대의 전차를 가진 대부의 집

안에서 나오게 마련입니다. 만 대 중에서 천 대를 가지는 것과 천 대 중에서 백 대를 가지는 게 결코 적지는 않은데도 만약 의 리를 팽개치고 이익을 앞세우면 빼앗지 않고는 만족할 줄 모릅 니다. 저는 아직까지 어질면서도 제 어버이를 버리는 사람을 보 지 못했고, 정의로우면서도 제 임금을 팽개치는 사람을 보지 못 했습니다. 임금님께서는 인의를 말씀하셔야지 하필이면 이익 을 말씀하십니까?"(孟子見梁惠王, 王曰, "叟不遠千里而來, 亦將有以利 吾國乎?" 孟子對曰, "王何必曰利, 亦有仁義而已矣. 王曰何以利吾國, 大夫曰 何以利吾家, 士庶人曰何以利吾身, 上下交征利而國危矣. 萬乘之國, 殺其君 者, 必千乘之家, 千乘之國, 殺其君者, 必百乘之家. 萬取千焉, 千取百焉, 不 爲不多矣, 苟爲後義而先利, 不奪不饜. 未有仁而遺其親者也, 未有義而後其 君者也. 王亦曰仁義而已矣, 何必曰利?")(《孟子·梁惠王上》)

이를 본다면 결국 도가와 유가의 치란관은 크게 다르지 않다는 것 을 알 수 있다.

제47장

불출호(不出戶)
문 밖을 나가지 않아도 세상을 안다

不出戶, 知天下, 不窺牖, 見天道, 其出彌遠, 其知彌少, 是以聖人不行
而知, 不見而名, 不爲而成.

• **名(명):** '明(밝다)로 풀이한 곳이 많다.

❖ 문을 나서지 않고도 세상을 알고, 창문을 내다보지 않고도 하늘
의 이치를 본다. 밖으로 나가는 것이 멀수록 아는 것은 적어지는데, 이
때문에 성인은 다니지 않고도 세상사를 알며 보지 않고도 세상 이치에
밝으며, 무엇을 하겠다고 하지 않아도 만사가 이루어진다.

[이해하기]

어떤 사람을 성인이라고 하는가. 도를 깨달은 사람, 우주 자연의 운
행 원리에서부터 인간사의 섭리에 이르기까지 모든 부분에 대해 그 진
리를 깨달은 밝은 사람을 성인이라고 한다. 노자가 깨달은 진리는 '도'
라고 했다. 그 '도'라는 것은 우주와 자연, 그 안의 모든 존재의 생멸·변

화·순환의 이치를 포함한다. 즉 '도'에서 벗어나는 것은 아무것도 있을 수 없다. 그래서 '도'에 밝으면 굳이 모든 사물을 일일이 탐구하지 않아도 그 원리를 알 수 있게 되는 것이며, '도'에 밝은 성인은 대문 밖을 나가지 않고도 세상의 모든 일의 원리를 알 수 있는 것이다.

그렇다면 노자가 깨달았던 그 '도'는 무엇인가. 앞에서 '도법자연'(道法自然)이라고 한 것처럼 자연의 섭리가 바로 '도'이며, 이 책에서는 여러 가지 형태로 비유되고 있다. 때로는 물처럼 낮은 곳으로 임하면서도 만물을 살리는 덕을 가진 것으로, 때로는 투박하기 그지없는 통나무의 모습으로 모든 그릇의 재료가 되기도 하며, 때로는 생명의 원천으로서의 암컷의 모습을 띠기도 한다. 그래서 '도'에 밝으려면 자연의 모습을 관찰하고 그것에서 섭리를 찾으면 되는 것이다.

봄이 오면 다음에는 여름이 올 것이란 것, 보름달은 다시 기울어져 마침내 사라지게 된다는 것, 이런 원리만 안다면 세상사 모두를 굳이 직접 겪어보지 않아도 짐작할 수 있다. 자연을 본받은 인간사의 원리도 마찬가지다. 예를 들어 악을 행하면 끝내 벌을 받게 되고, 선을 행하면 결국 복을 받게 된다는 것 역시 지극히 평범한 원리이다. 불가에서는 모든 것은 영원하지 않은 '제행무상'(諸行無常)이자 일체가 자신의 본질이 고정되지 않은 '무자성'(無自性)인 '공'(空)에 불과하며, 다만 인연에 따라 생겨나고 변화한다고 보았다. 현대의 지극히 상식적인 관점으로도 원인 없는 결과가 없다는 것 또한 틀림이 없다. 이는 과학적으로도 진실이다. 이러한 원리인 '도'에 밝은 사람이 성인이니, 그에게는 과거와 현재를 통해 미래가 훤히 보이는 것 역시 당연하다. 그러나 섭리에 무지한 사람들에겐 성인이 마치 대단한 예언가로 비치기도 할 것이다.

우주의 원리는 우주 안의 모든 존재물에 작용한다. 우주의 원리를 알려면 우선 그 안의 존재물을 알아야 하는데, 그 앎의 시작은 바로 자신으로부터 출발해야 한다. 소우주인 자신을 아는 것이 대우주를 아는 것의 출발이니 자신을 버리고 무엇을 알고자 하는가. 그것은 한낱 잘못된 앎이 될 뿐이다. 그래서 자신을 버리고 "멀리 나갈수록 아는 것이 적어진다"라고 한 것이다. '도'를 깨달았던 또 다른 성인 석가모니 역시 "자신을 등불로 삼고, 진리를 등불로 삼는다."(自燈明, 法燈明)라고 하였다.

제48장

위학일익(爲學日益)
지식의 축적보다 진리의 터득을

爲學日益, 爲道日損, 損之又損, 以至於無爲, 無爲而無不爲. 取天下, 常以無事, 及其有事, 不足以取天下.

❖ 학문을 하면 나날이 지식이 늘어나고, 섭리를 이행하면 나날이 욕망이 줄어든다. 줄이고 또 줄이면 하고자 함이 없는 경지에 이르게 되는데, 그렇게 되면 하지 않는 일도 없게 된다. 세상을 차지하려면 항상 어떤 일을 하고자 하는 마음이 없는 상태라야 가능하며, 어떤 일을 이루고자 하는 마음을 먹게 되면 세상을 차지할 수가 없다.

[이해하기]

이 장 또한 노자의 근본적인 지혜를 말한 부분이라고 할 수 있다. 즉 '자연'과 함께 '무위'를 강조하고 있기 때문이다. 우리가 선생님에게서나 독서 등을 통해 공부하는 것은 머릿속의 지식을 늘리는 행위라고 할 수 있다. 나아가 과학의 발전 역시 그런 학문에 속한다고 할 수 있다. 그래서 학문은 곧 지식의 축적이 목표이다. 그러나 지식의 축적이 인류의 삶에 오로지 유익하기만 할까. 지식의 축적, 과학의 발전으로 인해 사람들의 삶은 점차 편리해져가는 것은 맞다. 그러나 한편으로 마음은 오히려 옛날에 비해 상대적으로 불안과 긴장이 더해지고, 일상의 삶도 더욱 팍팍해져 간다. 이는 욕망을 따른 결과라고 할 수 있다. 그래서 지식과는 다른 지혜인 섭리를 깨달아 마음속의 욕망을 버리라고 한 것이다. 그것이 바로 자연과 가까워지는 것이며, '도'를 찾는 길이기 때문이다. 머리를 지식으로 채우기보다는 섭리를 깨닫는 지혜가 필요하다. 그것을 통해 마음속 가득한 욕망을 비워야 하고.

[사족]
진리와 지식이란 측면에서 볼 때 현대 교육에 결여된 부분은 진리에 대한 교육이다. 세계 각국은 지식 습득에 대해서는 경쟁적으로 투자를 하고 있지만 진리에 대해서는 소홀히 하고 있다고 생각된다. 진리는 곧 지혜로서, 행복한 삶을 살아가기 위해서는 필수적이다. 축적된 지식만으로는 인류의 삶이 행복하지 못하다는 것이 명백하다. 이 때문에 지금부터라도 진리 교육, 즉 무엇이 진리인가, 어떻게 사는 것이 바른 삶인가 라는 것을 깨달을 수 있도록 교육제도를 개선해야 할 것이다. 그러나 이러한 진리의 깨달음에 대한 교육은 지식 교육과는 다르게 억지로 가르쳐서 되는 게 아니다. 오랜 경험과 공부, 세심한 관찰을 통해 저절로 터득되는 것이다. 송대의 대학자이자 문호인 소동파(蘇東坡) 역시 이를 간파했었다. 해를 비유로 들어 오언률(吳彦律)이란 젊은이에게 써준 글인 <일유증오언률(日喩贈吳彦律)>에서 "진리는 도달할 수는 있지만 억지로 추구할 수는 없다."(道可致而不可求)라고 했었다.

흔히 노자의 사상을 '무위자연'(無爲自然)이란 말로 압축하기도 하는데, 이는 실제 아무 행위도 하지 않음을 뜻하는 게 아니라, 매사에 임할 때 자연의 섭리처럼 어떤 목적의식을 가지고 임해서는 안된다는 말이다. 목적의식, 이는 바로 자기가 무엇을 하겠다는 욕망이나 욕심의 다른 말이다. '무위'는 곧 개인의 '욕망'이 배제된 행위를 말한다. 욕심, 욕망은 자아와 객체를 관계 지으며, 자아를 객체에 구속하는 원인이다. 객체에 대한 자아의 구속을 끊는 방법이 바로 '무위'가 아닐까. 그것이 바로 사물에 대한 초탈이며 해탈이 아닐까. 그렇다면 어떻게 '욕망'을 배제할 수 있을까. '욕망'의 근원은 '나', '자기'라는 생각이다. 이는 불가에서도 마찬가지이다. 불가에서는 고통의 근원이 욕망이며, 그 욕망의 근원이 결국 영원할 것 같은 '나'라는 존재에 대한 인식에 있다고 보고, 궁극적으로 '아상'(我相)을 없애기를 주장한다. '나'란 존재에 집착하지 않으니 욕망이 있을 수 없는 것이다. 하지만 이는 나 같은 보통 사람들에게는 너무도 어려운 일이다. 아무리 없애고자 애를 써도 순간순간 내 속에 거대하게 자리 잡고 있는 나를 발견하게 되기 때문이다. 그놈이 떡하니 버티고 있으면서 끊임없이 욕망의 불씨를 부채질하고 있다.

제49장

성인무상심(聖人無常心)
악인도 착한 사람으로 대한다

聖人無常心, 以百姓心爲心. 善者吾善之, 不善者吾亦善之, 德善. 信者吾信之, 不信者吾亦信之, 德信. 聖人在天下歙歙, 爲天下渾其心, 聖人皆孩之.

- **常心(상심)**: 고정된 마음. 고정불변의 마음. 사심.
- **歙歙(흡흡)**: 편견이나 편애 없는 모양.
- **渾(혼)**: 섞다. 가지런히 하다. 함께하다.

※ 백서본에는 마지막 '聖人' 구 앞에 '百姓皆注耳目' 구가 추가되어 있다.

❖ 섭리를 터득한 성인은 자신만의 고정된 마음이 없으며 백성들의 마음을 자기 마음으로 삼는다. 착한 사람들은 착하게 대하고 착하지 않은 사람 역시 착하게 대하는데, 이는 모든 사람의 본래 덕성이 착하기 때문이다. 믿음이 있는 사람은 믿음으로 대하고 믿음이 없는 사람 역시 믿음으로 대하는데, 이는 모든 사람의 본래 덕성에 믿음이 있기 때문이다. 섭리를 터득한 성인은 세상을 다스림에 있어서 어느 한쪽으로 치우친 마음을 갖지 아니하며, 세상 사람들을 위해 자기의 마음을 그들과

함께하는데, (백성들이 모두 이목이란 감각기관의 욕망에 따르지만) 성인은 그 모든 사람들을 어린아이 대하듯 한다.

[이해하기]

섭리를 터득한 석가모니, 노자, 공자 같은 성인은 절대로 사심이 없는 법, 자기 마음을 비우고 사람들의 마음을 자기 마음으로 삼는다. 착한 사람도 착하게 대하고 착하지 않은 사람도 착하게 대하는데, 이는 사람들이 타고난 본성이 모두 착하기 때문이며, 그래서 본래의 착함을 회복시키고자 하기 때문이다. 진실한 사람도 진실하게 대하고 진실하지 않은 사람도 진실하게 대하는데, 이는 사람들이 타고난 본성이 모두 진실하기 때문이며, 그래서 본래의 진실함을 회복시키고자 하기 때문이다. 성인의 품성이 착하고 진실하기 때문에 착하고 진실하게 대할 수밖에 없다는 해석도 있는데, 일리가 있다. 이런 성인들은 세상을 살아갈 때 절대 사사로운 편견을 가지지 않으며, 세상 사람들의 마음과 분별없는 똑같은 마음을 가진다. 세상 사람들 모두 자신의 감각기관에 의한 욕망에 집중하지만 성인은 그들을 한결같이 어린아이 대하듯 한다. 그들도 본래는 어린아이 같은 순수한 마음을 가졌기 때문이다. 나 자신의 절대적 선이란 남의 선(善)이나 불선(不善)에 좌우되는 것이 아니라 독립적인 성격을 지닌 주관적인 선(善)이다. 이는 '이에는 이'가 아닌, '오른쪽 뺨을 때리거든 다른 쪽도 대 주어라', '원수를 사랑하라'라는 기독교의 정신과도 통한다. 사람에 대한 이런 대응법은 교육 현장에서도 충분히 적용할 수 있다. 즉, 비행, 폭력 청소년을 벌보다는 인간적으로 대해주는 교육을 통해 선도해 나가는 것도 그 예가 된다. 더 광범위하게는 석가모니, 노자, 공자 같은 성인의 지혜를 교육과 접목시키는 시도가 필요하다.

성인은 도를 실행하는 사람이기에 보통 사람인 우리는 성인의 모습을 통해 무형의 도를 볼 수 있다. 도는 하늘과 등치되기도 하는데, 하늘은 사람들에게 편견을 가지고 있지 않다. 제5장에서 다음과 같이 말했었다. "천지의 섭리는 인자하지 않으니 만물을 짚으로 만든 개처럼 취급한다. 성인은 인자하지 않으니 백성을 짚으로 만든 개처럼 취급한다."(天地不仁, 以萬物爲芻狗. 聖人不仁, 以百姓爲芻狗.) 이런 까닭으로 옛날 사마천(司馬遷)이《사기(史記)》를 저술하면서 "하늘의 섭리는 과연 옳은 것인지 틀린 것인지!"(天道, 是邪, 非邪!)라고 의문을 제기한 것처럼 우리도 종종 하늘을 보며 원망한다. 왜 착한 사람이나 악한 사람이나 똑같이 취급하느냐고. 정말 그럴까? 제73장에는 다음과 같은 말이 나온다. "하늘이 미워하는 바, 누가 그 까닭을 알겠는가. 이 때문에 성인조차도 그것을 어려워한다. … 하늘의 그물은 넓고 넓어서 성긴 듯 하지만 하나도 빠트리지 않는다."(天之所惡, 孰知其故? 是以聖人猶難之. … 天網恢恢, 疏而不失.)

[사족]

노자가 생각하는 이상향은 진정 이상일뿐인가? 춘추전국시대는 종법제도를 통치의 기틀로 삼았던 주(周)나라가 내외적 모순에 의해 와해되는 과정에서 이기주의가 만연하던 혼란기였다. 노자와 공자 등 이른바 제자백가로 불리는 사상의 출현은 바로 이런 혼란을 극복하기 위해 나름대로 제시된 해결 방안이라고 볼 수 있다. 유가의 대동사회나 도가에서 주장하는 자연의 섭리에 따른 무위자연의 사회나 묵가(墨家)의 차등 없는 박애의 사회나 양주(楊朱)의 철저한 개인주의 사회 등이 모두 당시의 혼란을 극복하고 이상적인 사회를 구현할 수 있을 것이라는 방안들이었다. 이러한 이상사회에 대한 염원은 서양에서도 마찬가지였다.

그렇다면 이러한 이상향에 대한 희망은 현대와는 전혀 무관한 것인가. 지금으로부터 2천 년도 더 전의 사상들이기 때문에 어쩌면 유효기간이 지난 시대착오적인 것에 불과할지도 모르겠다. 하지만 지금 우리 사회 역시 경쟁 위주의 이기적인 사회라는 것을 인정한다면 그 해결책을 찾기 위해 옛날 성현들이 제시했던 지혜를 참고할 필요가 있을 것이다.

제50장

출생입사(出生入死)

살려고 바둥대면 장수하지 못한다

出生入死, 生之徒十有三, 死之徒十有三, 人之生, 動之死地, 亦十有三, 夫何故, 以其生生之厚, 蓋聞善攝生者, 陸行不遇兕虎, 入軍不被甲兵, 兕無所投其角, 虎無所措其爪, 兵無所容其刃, 夫何故, 以其無死地.

- **兕(시):** 외뿔소.
- **出生入死(출생입사):** 1) 삶에서 나와 죽음으로 들어간다. 2) 나옴은 삶이고 들어감은 죽음이다. 3) 삶은 도에서 나옴이며 죽음은 도로 들어감이다.

❖ '도'에서 나오는 것이 삶이며, '도'로 들어가는 것이 죽음이다. 삶의 그룹에 속하는 것으로 대략 3분의 1 정도의 사람이 해당되고, 죽음의 그룹에 속하는 사람으로 대략 3분의 1 정도의 사람이 해당된다. 사람이 삶의 그룹에서 죽음의 부분으로 이동하는 경우도 대략 3분의 1 정도가 되는데, 왜 그러한가? 그것은 생명 영위에 지나치게 애쓰기 때문이다. 듣자하니 생명을 잘 영위하는 사람은 육지를 다녀도 외뿔소나 호랑이 등 맹수를 만나지 않으며, 군대에 들어가도 병기의 피해를 입지 않는다고 한다. 외뿔소가 뿔을 들이받을 곳이 없고, 호랑이도 발톱으로

할퀼 곳이 없으며, 병기도 날을 들이밀 곳이 없다. 왜 그러한가? 그에게는 죽음의 부분이 없기 때문이다.

[이해하기]

이 장은 섭생, 즉 양생의 도리에 대해 설명한 부분으로, 도교의 '불로장생'과도 관련이 있다. 전반부에서 비율을 언급하고 있는 부분은 크게 두 가지로 해석된다. 1) 인생 전체에 3분의 1 정도는 생(生)의 지분, 3분의 1 정도는 사(死)의 지분, 나머지 3분의 1은 생과 사의 중간 지분으로 여기에서 잘 섭생하면 삶이 오래가고, 그렇지 못하면 죽음이 빨리 찾아온다. 2) 사람들 중에 3분의 1 정도는 장수를 타고났고, 3분의 1 정도는 요절하기도 하는데, 문제는 나머지 3분의 1 정도의 사람들은 장수를 타고났지만 섭생을 잘못하여 요절하게 된다. 여기에서는 석연치는 않지만 후자를 따랐는데, 이유는 전자의 경우 "夫何故, 以其生生之厚,"의 내용과의 연결이 애매해지기 때문이다.

노자가 주장하는 바람직한 삶의 형태는 개인의 욕망에 따른 삶이 아니라 자연의 존재 원리인 '도'에 따라 사는 삶이다. '도'에 따른 삶은 생명을 손상시키지 않기 때문에 당연히 제명을 누릴 수 있겠지만 그렇지 못한 삶은 생명에 손상을 끼쳐 제명대로 살지 못하게 된다고 했다. 제명이란 바로 천명이며 타고난 자신의 수명을 말한다. 여러 가지 유전적 요소로 인해 장수와 요절이 결정되는데 그것이 바로 타고난 자신의 수명이며, 이에는 각각 전체 3분의 1에 해당하는 사람이 그런 수명을 타고났다고 할 수 있다. 그런데 나머지 3분의 1은 천부적인 수명은 장수이지만 장수의 제명을 누리지 못하는 사람들이 여기에 해당한다. 그 이유는 후천적인 요인으로, 생명에 지나치게 집착하여 그 생명을 지키려고 아득바득하기 때문이라고 했다. 바꿔 말하면 자연의 섭리인 '도'

를 따르지 않기 때문에 제명을 제대로 누리지 못한다고 했다. 파도를 잘 타는 서핑이나, 수영 초보자가 물에 빠지지 않으려고 애쓰면 오히려 더 물속으로 가라앉는 원리도 이러한 이치와 통할 것이다. 생각하건대 3분의 1이 아니라 아마 대부분은 여기에 속하지 않을까 싶다.

후반부에서는 섭생을 잘하는 사람의 형상에 대해 구체적으로 설명하고 있다. 자연의 섭리인 '도'를 잘 따르는 사람은 어떠한 위험한 환경에 처하더라도 위험을 당하지 않게 된다고 했는데, 이는 제55장에 언급된 갓난아이의 형상과 일치한다. 두 부분을 함께 보면 천명을 제대로 누리려면 갓난아이처럼 욕망을 버리고 자연의 섭리인 무위를 잘 시행해야 한다고 이해할 수 있다. 이 장을 비롯하여 이 책 전체의 섭생과 관련된 지혜를 통해 현대인의 올바른 건강 유지법을 참고할 수도 있을 것이다.

제51장

도생지(道生之)
도는 하나님이다

道生之, 德畜之, 物形之, 勢成之, 是以萬物莫不存道而貴德, 道之尊, 德之貴, 夫莫之命而常自然, 故道生之, 德畜之, 長之育之, 亭之毒之, 養之覆之, 生而不有, 爲而不恃, 長而不宰, 是謂玄德.

- **存道(존도):** 섭리가 존재하다. 백서본에는 '尊道(존도: 섭리를 높이 여기다)로 되어 있다.
- **亭(정):** '成'(완성[성정]시키다). '安'(편안하게 하다).
- **毒(독):** '熟'(성숙하게 하다). '定'(안정되게 하다). 亭·毒 모두 화육, 양육 등의 의미이다.
- **勢(세):** 형세. 환경.
- **道生之(도생지)-覆之(복지):** 만물이 섭리에 의해 생멸·변화·순환되어 가는 원리를 설명한 부분.

❖ 섭리인 '도'는 만물을 낳고, 그 성질인 '덕'은 만물을 기르며, 물질은 만물의 형태를 구성하고, 환경은 만물의 존재를 완성시킨다. 이때문에 만물은 섭리가 존재하지 않는 것이 없으며 덕성을 귀하게 여긴다. 섭리에 대한 존중과 덕성에 대해 귀하게 여김은 무릇 누가 명령하지 않아도 항상 저절로 그런 것이다. 이 때문에 섭리는 만물을 낳고 성질은 만물을 기르니, 이에 만물을 성장시키고 양육하며, 완성시키고 성

숙시키며, 보살피고 감싸준다. 만물을 낳았지만 소유하지는 않고, 만물을 위해 일하지만 그것을 내세우지 않으며, 만물을 성장시키지만 그것을 지배하지는 않는데, 이를 일컬어 신비한 덕성이라고 한다.

[이해하기]

이 장은 도가사상의 원론적인 부분이라고 할 수 있는 도와 덕에 대해 설명하고 있다. 도는 본체론적으로 설명되는 만물의 존재 근원이며 만물 전체에 총체적으로 작용한다. 그에 반해 덕은 개별적인 만물 속에 내재된 역동적인 힘을 말하는 것으로, 도가 만물 개개에 대해 개별적으로 작용하여 구체적 모습을 띤 것으로 나타나는 것이다. 도는 만물의 존재 원리이자 생명의 근원이며, 덕은 도에 의해 탄생된 만물의 개별적 속성이라고 할 수 있다. 이 점에서는 유가와 도가의 관점이 다르지 않다.

전반부는 하나님의 천지창조 과정으로 이해하면 쉬울 것이다. 즉 하나님이 사람과 동물을 창조하려는 의지를 가지고 사람과 동물에 각각 그에 합당한 성질을 불어넣어 주며, 이어서 흙이란 물질로 사람과 동물을 각각 형태를 빚고 마지막으로 숨을 불어넣어 생명을 완성시키는 과정으로 볼 수 있다. 그러나 만물 속에 만물을 창조한 '도'가 내재되어 있는 이와 같은 일원론적 관점은 천지를 창조한 하나님과 만물이 구분되어 설명되는 이원론적 관점과는 근본적으로 다르다.

마지막 부분인 '生而不有'부터 끝까지 네 구는 제10장의 마지막 부분과 중복되며, '도' 또는 '도'를 터득한 성인의 모습을 말하고 있다.

[사족]

이 장은 여러 부분에서 다른 장과 중복된다. 그래서 필자가 주목한 것은 넷째 구 '勢成之'(세성지)란 말이다. '勢'는 환경이라고 할 수 있는데, 도가 작용하여 덕성이 만물에 주어져 만물이 탄생하지만 각기 처한 환경에 따라 다르게 성장하게 된다고 하였으니, 환경의 중요성을 말한 것이라고 볼 수 있다. 이는 사람을 포함하여 자연의 모든 동식물이 예외가 없다. 모두 자신이 처한 지리, 기후, 식생 등의 환경에 영향을 받으며 나름대로의 개체로 성장, 완성되어 간다고 할 수 있다.

제52장

천하유시(天下有始)

노자 지혜의 핵심은 무욕

天下有始, 以爲天下母. 旣得其母, 以知其子, 旣知其子, 復守其母, 沒身不殆. 塞其兌, 閉其門, 終身不勤, 開其兌, 濟其事, 終身不救, 見小曰明, 守柔曰强, 用其光, 復歸其明, 無遺身殃, 是爲習常.

- 塞(색): 막다. 채우다.
- 兌(태): 이목구비 등 감각기관의 구멍.
- 閉其門(폐기문): 정욕의 문을 닫다.
- 習常(습상): 언제 어디서나 적용되는 섭리를 익히다. 영원한 도를 따르다. 백서본에는 '襲常'(습상)으로 되어 있는데, 같은 뜻으로 본다.
- '用其光, 復歸其明'(용기광, 복귀기명): 지혜의 빛을 써서 밝은 도로 돌아가게 하다.

❖ 세상에는 그 시작이라고 할 수 있는 섭리인 '도'가 있어서 세상 만물의 어머니가 된다. 이미 만물의 어머니인 섭리가 있으니 그것을 통해 그 아들격인 만물의 존재와 변화 양상을 알 수 있다. 섭리의 아들격인 만물의 존재와 변화 양상을 안 후 다시 만물의 어머니격인 섭리를 잃지 않고 지키면서 산다면 죽을 때까지 위험에 처하지 않을 것이다. 자신의 욕망의 창구 역할을 하는 감각기관의 문을 닫고, 정욕의 원천인

성기의 문을 닫으면 죽을 때까지 수고롭지 않다. 반대로 말초적 감각기관의 문을 연 채 욕망을 추구한다면 죽을 때까지 아무것도 이루지 못할 것이다.

잘 보이지 않는 미세한 것을 볼 줄 아는 것을 밝음이라고 하고, 부드러움을 유지하는 것을 강함이라고 한다. 자신의 밝은 빛을 가지고 섭리를 이해하는 밝음을 회복하면 몸에 재앙을 끼치지 않게 되는데, 이것이 바로 늘 그러한 섭리를 따른다는 것이다.

[이해하기]

이 장 역시 앞 장과 마찬가지로 도와 만물의 관계에 대해 설명하고 있다. 이를 서구철학의 용어를 빌면 이상(理想)과 현상과의 관계라고 말할 수 있을 것이다. 여기에서는 쉽게 어머니와 자식의 관계로 비유하였다. 현상은 지극히 유동적이며, 곧잘 본연의 모습을 숨긴 채 엉뚱한 모습으로 우리에게 나타난다. 유동적이며 포착하기 힘든 현상의 본래 모습을 포착하기 위해서는 그 어머니격인 섭리에 대해 밝아야 한다. 그러나 그것은 지극히 미세하여 파악하기 어렵다. 그것을 볼 줄 알아야만 비로소 지혜가 밝다고 말할 수 있다. 현상의 본질에 대한 파악과 함께 그 현상을 탄생시킨 섭리를 놓치지 않는 한 평생토록 위험에 처하는 일이 없을 것이다.

노자는 책 곳곳에서 욕심을 버리라고 했다. 욕심이란 감각적 욕망에 따른 마음일 것인데, 욕심을 없애기 위해서는 감각에 기초한 욕망을 없애는 것이 우선이다. 그래서 감각기관과 정욕의 문을 폐쇄하라고 한 것이다.

마지막 부분의 '習常'은 제27장에 "이 때문에 섭리를 체득한 사람은 항상 사람을 잘 구제하여 버리는 사람이 없으며, 항상 사물을 잘 구제하여 버리는 물건이 없다. 이를 일러 섭리를 따르는 것이라고 한다.”(是以聖人常善救人, 故無棄人. 常善救物, 故無棄物. 是謂襲明.)라는 부분의 ‘襲明’(습명)과 통한다고 할 수 있다.

[사족]

노자 사상의 핵심을 흔히 ‘무위자연’이라고 한다. 앞에서 이미 여러 번 설명한 바가 있지만 ‘무위’란 목적의식이나 의도를 배제한 행위란 뜻으로, 그래서 전체 의미는 목적이나 의도를 가지지 않는 자연스러운 상태나 행위를 말한다. 여기에서 목적의식이나 의도는 바로 욕심, 욕망의 다른 표현이라고 할 수 있다. 그래서 이 책 전체에 걸쳐 욕망에 대한 경계가 특별히 강조되고 있는 것이다. 이는 노자의 ‘무위자연’ 사상이 결국 욕망의 배제에서 나왔음을 말해준다. 불가의 반야심경에서도 그 핵심 사상인 ‘五蘊皆空’(오온개공)의 ‘오온’의 뿌리가 되는 감각기관인 이목구비, 즉 ‘眼耳鼻舌’(안이비설)도 공(空)하다고 하면서 부정하였다. 이처럼 우리의 감각기관은 욕망이란 샘의 원천 역할을 하고 있으니 어찌 경계하고 또 경계하지 않을 수 있겠는가.

제53장

사아개연유지(使我介然有知)
큰길은 넓은데 왜 샛길을 좋아할까

使我介然有知, 行於大道, 唯施是畏. 大道甚夷, 而民好徑. 朝甚除, 田甚蕪, 倉甚虛. 服文綵, 帶利劍, 厭飮食, 財貨有餘. 是謂盜夸, 非道也哉.

- **介然(개연):** 확실한 모양. 밝은 모양. 명확한 모양. 일설에는 작다.
- **施(시):** '迤'(이: 비스듬하다. 굽다). '邪'(사: 비딱하다. 기울다). 잘못된 길.
- **除(제):** 깨끗하고 좋다. 잘 정돈되어 있다.
- **盜夸(도과):** '道夸'(도과)로 되어 있는 곳도 있다. 올바른 방법이 아닌 것으로 누리는 부귀와 명예. 도둑이 누리는 호사. 도둑의 우두머리라고 보기도 한다.

❖ 내게 확실히 지혜가 있다고 한다면 반드시 큰길로 다닐 것이며, 단지 그 길이 잘못된 길일까 두려워할 것이다. 큰길은 매우 평탄한데도 사람들은 샛길을 좋아한다. 조정이 매우 정결하면 논밭은 매우 황폐해지고 곡식 창고가 텅 비게 된다. 화려한 옷을 입고 날카로운 칼을 찬 채 산해진미를 물리도록 먹으며 재물이 넘쳐난다면 이런 사람들을 일컬어 도둑의 호사라고 한다. 올바른 도리가 아닌 것이다.

[이해하기]

큰길은 항상 평탄한데도 사람들은 종종 샛길을 좋아한다는 너무도 평이한 말이 실제로 시사하는 바는 매우 크다. 여기에서 말하는 길은 바로 인생 전체의 방향을 결정하는 길이 될 수도 있고, 좁게는 일상 속에서의 자신의 일거수일투족이 될 수도 있다. 그렇다면 큰길은 무엇을 의미하는가? 바른 도리, 즉 섭리에 맞는 방식이라고 할 수 있으며, 나아가 하늘을 우러러 땅을 굽어보아 한 점 부끄러움이 없는 그런 삶의 방식이라고 할 수 있을 것이다. 그런데 그런 길은 항상 안전하고 떳떳하며, 돌아가는 길 같아도 실제로는 가장 빠른 지름길이다. 하지만 사람들은 대부분 그런 길보다는 샛길이나 험한 길을 더 좋아한다. 왜 그런가. 남들보다 빨리 가고자 하는 욕심 때문이다. 그렇지 않다면 자신이 떳떳하지 못하기에 남의 눈이 두렵기 때문일 것이다. 큰길을 가려면 우선 자신이 떳떳해야 한다. 떳떳하기 위해서는 어떻게 해야 하는가. 섭리를 알아야 한다. 섭리를 알고 그 섭리를 따르며 사는 것이 바로 떳떳한 삶이며, 그것이 바로 큰길을 가는 것이다. 그러나 살다 보면 남보다 앞서려는 욕심이 발동하여 큰길에 대한 믿음이 약해지고 샛길의 유혹에 빠지기 십상이다. 이때 다음과 같이 자신에게 주문을 걸어보자. "하늘은 결코 요령을 용납하지 않는다. 떳떳한 사람은 결국 그 보답을 받게 마련이다."

후반부는 사회의 부조리에 대해 언급하고 있다. 두보(杜甫)의 시구인 "붉은 대문 안에는 술과 고기 냄새 진동하고, 대문 밖 길에는 얼어 죽은 뼈다귀 나뒹구네."(朱門酒肉臭, 路有凍死骨.)나 이를 환골탈태시킨 현대 시인 유반농(劉半農)의 시처럼 "종이 한 장 사이로"(相隔一層紙) 극단적인 빈부가 대비되는 것을 연상하게 한다. 주식시장처럼 재화의 양이 일정하다고 할 때 내가 쌓은 부가 누군가의 희생을 전제로 한다면 그것은 합법을 통한 강탈에 다름 아니다. 그러나 현대의 자본주의 사회에서는 부에 있어서 만인의 평등을 강요할 수 없지만 단지 큰길이 아닌 샛길을 통한 부의 축적은 경계해야 할 것이다. 지배계층의 부정에 대한 비판은 제9장, 제31장 등에도 보인다.

[사족]

개인적인 경험상 중국 여행은 중국이란 죽의 장막이 열린 직후부터이다. 초기에 중국의 도시들을 방문했을 때 이상하게 여겨졌던 것은 민간(기업)의 건물에 비해 상대적으로 규모가 큰 대부분의 건물들은 정부기관이나 공산당과 관련된 건물이었다. 예를 들면 시청, 경찰서, 법원 등의 건물이나 중국공산당 무슨 무슨 건물 등이 그러했다. 이는 지금도 다르지 않다. 당시에 필자의 생각으로는 그 이유가 정부나 공산당의 권위가 민간을 압도할 정도로 크기 때문이라고 보았다. 그런데 근래 우리나라의 정부나 공공기관의 건물을 보고서 중국과 다르지 않다는 걸 알고 놀라게 된다. 어느 도시든 넓은 부지의 큰 규모로 호화롭게 잘 지어진 건물은 대개가 도청, 시청, 교육청 등 공공기관이다. 마치 정부나 지자체들이 거대한 건물 짓기 경쟁에 나선 듯한 느낌을 받는다. 이러한 우리의 실정을 보면서 노자가 말한 "조정이 매우 정결하면 논밭은 매우 황폐해지고, 곡식 창고가 텅 비게 된다."라는 구절을 떠올리게 된다.

제54장

선 건 자 불 발(善建者不拔)
흔들림 없는 삶을 꿈꾸며

善建者不拔, 善抱者不脫, 子孫以祭祀不輟. 修之於身, 其德乃眞, 修之於家, 其德乃餘, 修之於鄕, 其德乃長, 修之於國, 其德乃豊, 修之於天下, 其德乃普. 故以身觀身, 以家觀家, 以鄕觀鄕, 以國觀國, 以天下觀天下. 吾何以知天下然哉, 以此.

• 輟(철): 그치다. 중지하다. 끊다. 끝내다.

❖ 잘 세운 것은 뽑히지 않듯 섭리인 '도'에 뿌리를 확실하게 둔 사람은 쉽사리 동요되지 않으며, 잘 껴안은 것은 품에서 쉬이 벗어나지 않듯 섭리인 '도'를 제 몸에 확실히 체득한 사람은 올바른 삶의 길에서 쉽사리 벗어나지 않으며, 이 때문에 그의 후손들이 제사를 끊지 않으며 그의 덕을 오래도록 기리게 된다.

섭리인 '도'를 자기 자신에게서 수행하면 그에 따른 덕성이 참되어 참된 사람이 될 것이며, 그 섭리를 한 집안에서 실행하면 그에 따른 덕성이 집안을 넉넉하고 화목하게 할 것이며, 그 섭리를 한 지역 또는 사회에서 실행하면 그에 따른 덕성이 그 지역 또는 사회가 오래도록 유지되게 할 것이다. 그 섭리를 한 나라에서 실행하면 그에 따른 덕성이 그 나라를 풍요롭게 할 것이며, 그 섭리를 세상에서 실행하면 그에 따른 덕성이 온 세상에 두루 퍼져 이상세계를 이루게 할 것이다.

이런 원리 때문에 자신의 현재 상태가 어떤지를 통해 자신의 덕성의 구현 여부를 관찰하고, 가정의 현재 상태를 통해 그 가정의 덕성 여부를 관찰하고, 한 지역 또는 사회의 현재 상태를 통해 그 지역 또는 사회의 덕성 여부를 관찰하고, 한 나라의 현재 상태를 통해 그 나라의 덕성 여부를 관찰하고, 세상의 현재 상태를 통해 세상의 덕성 여부를 관찰할 수 있다. 세상이 어떠한 지를 내가 어떻게 알겠는가? 이런 이치를 통해서이다.

[이해하기]

이 장은 우주 자연의 섭리인 '도'와 개인·가정·사회·국가·세상 등과의 긴밀한 관계를 설명한 부분이다. 크고 작은 여러 규모의 주체가 각각 섭리인 '도'를 받아들여 어떻게 잘 실행하느냐에 따라 각각의 주체의 바람직한 상태의 구현 여부가 결정된다는 말이다. 바람직한 상태란 바로 '도'의 수행을 통해 체득하게 되는 '덕'이 될 것이며, 이는 보이지 않는 섭리의 구체화된 품성이라고 할 수 있다. 예를 든다면 잘 심어져서 뿌리가 깊어 잘 뽑히지 않는 나무처럼 개인이 '도'를 잘 수행하면 그 '도'는 참됨이란 구체화된 품성으로 나타나게 되며, 한 가정이 '도'를 잘 수행하면 그 '도'는 가정의 넉넉함이란 구체화된 품성으로 나타나게 되며, 한 사회가 '도'를 잘 수행하면 그 '도'는 사회가 오래감이란 구체화된 품성으로 나타나게 되며, 한 나라가 '도'를 잘 수행하면 그 '도'는 나라의 풍요로움이란 구체화된 품성으로 나타나게 되며, 세상이 '도'를 잘 수행하면 그 '도'는 세상에 두루 미침이란 구체화된 품성으로 나타나게 되어, 마침내는 온 세상이 이상향이 되는 것이다. 이와는 달리 각 주체를 내가 다스리는 객체로도 볼 수 있는데, 그렇게 될 때 뜻은 섭리로써 그것, 즉 자신, 가정, 사회, 국가, 세상을 다스리면 그것의 덕은 각각 참되고, 넉넉하고, 오래가고, 풍요롭고, 두루 미치게 된다 라는 의미가 된다.

후반부 '故以身觀身' 이하는 해석이 분분하다. 예를 들어 어떤 것을 판단할 때 자기 입장에서 볼 것이 아니라 그것의 입장에서 봐야 한다는 뜻으로 보기도 한다. 하지만 전반부와의 관계에서 볼 때 후반부는 전반부에 대한 역방향에서의 관계를 말한 것이라고 할 수 있다. 즉 전반부에서 크고 작은 여러 규모의 주체가 '도'를 수행할 경우의 결과 및 효용을 말한 것이라면 후반부에서는 여러 규모의 주체의 '도'의 수행 여부에 대해서 알려면 거꾸로 각각의 주체의 현재 모습인 덕성의 모습을 보면 알 수 있다는 말이다. 예를 들면 개인이 '도'를 잘 수행하면 참된 사람이 될 수 있는데, 그 사람이 참되다면 '도'를 잘 수행하고 있다고 볼 수 있다는 것이다. 또 한 사회가 '도'를 잘 수행하면 사회가 오래갈 수 있는데, 그 사회가 오래 유지되고 있느냐 그렇지 않으냐를 보면 그 사회가 '도'를 잘 수행하고 있는지 그렇지 않은지 알 수 있다는 것이다.

[사족]

이 장의 도와 크고 작은 여러 주체와의 관계에 대한 언급을 보면 《대학》의 팔조목에서 말하는 "修身, 齊家, 治國, 平天下"를 떠올리게 된다. 노자의 이 부분은 비록 서로의 인과관계가 《대학》에서처럼 긴밀하게 표현되고 있지는 않지만 온 세상에 섭리인 '도'가 두루 실행되는 것을 궁극적인 목적으로 하고 있다는 점에서 《대학》 팔조목의 관점과 다르지 않다.

제55장

함덕지후(含德之厚)
성인은 갓난아이의 모습

含德之厚, 比於赤子, 蜂蠆虺蛇不螫, 猛獸不據, 攫鳥不搏. 骨弱筋柔
而握固, 未知牝牡之合而全作, 精之至也. 終日號而不嗄, 和之至也. 知和
日常, 知常日明. 益生日祥, 心使氣日强. 物壯則老, 謂之不道, 不道早已.

- **蠆(채):** 전갈.
- **虺(훼):** 살모사.
- **螫(석):** 쏘다.
- **據(거):** 치다. 할퀴다.
- **攫(확):** 움켜잡다. 낚아채다. 攫鳥(확조): 사나운 새.
- **搏(박):** 치다.
- **全作(전작):** 하상공본에는 '峻(최: 어린아이의 음경)作'으로 되어 있다.
- **嗄(사):** 목이 쉬다.
- **祥(상):** 복. 재앙.

❖ 타고난 제 본연의 착한 덕성을 돈독하게 잘 간직하고 있는 사람
은 갓난아이에 비교된다. 벌이 쏘거나 전갈·살모사 등도 물지 않으며
맹수도 할퀴지 않고 사나운 새도 건드리지 않는다. 뼈와 근육이 유약하
기 그지없지만 손아귀의 잡는 힘은 억세며, 남녀 교합의 이치도 아직

모르는데 자지가 발기되는 것은 정기가 몸에 충만하기 때문이다. 하루 종일 울어도 목이 쉬지 않는 것은 몸의 기운이 지극한 조화를 이루고 있기 때문이다. 기운의 조화를 이룰 줄 아는 것을 '늘 그러한 섭리'라고 하고, 그러한 섭리를 아는 것을 '섭리에 밝다'라고 한다. 생명에 보탬이 되고자 하는 것을 '불길한 것'이라고 하고, 욕심이 기운을 좌우하는 것을 '강한 것'이라고 한다. 만물은 건장하게 되면 그 후로는 노쇠하게 되는 법, 이것을 '섭리에 따르지 않는 것'이라고 하며, 섭리에 따르지 않으면 일찍 생명이 끝나게 마련이다.

[이해하기]

이 책 곳곳에서 '도', 즉 섭리와 갓난아이의 연관성을 언급하고 있다. 예를 들면 제10장의 "기운을 한결같이 하여 몸을 부드럽게 만들어서 능히 갓난아이같이 될 수 있는지?"(專氣致柔, 能嬰兒乎.)와 제20장의 "아직 웃을 줄도 모르는 젖먹이와 같고"(如嬰兒之未孩)와 제28장의 "언제 어디에서나 변함없는 훌륭한 덕성이 제 몸을 떠나지 않으며, 어린아이 같은 천진한 상태로 돌아가게 된다."(常德不離, 復歸於嬰兒.)와 제49장의 "성인은 모든 사람들을 어린아이 대하듯 한다."(聖人皆孩之) 등이 그것이다. 도가에서 뿐만 아니라 유가에서조차 하늘에서 부여받은 덕성을 그대로 지니고 있는 것은 갓난아이라고 하며, 아이가 성장함에 따라 외부 환경에 영향을 받으면서 덕성을 차츰 상실하게 되는데, 이를 밝히고 회복하는 것이 바로 공부의 목적이라고 하였다.

그렇다면 노자는 왜 갓난아이가 성인의 모습과 같다고 한 것인가. 노자 지혜의 핵심은 무위자연이다. 무위는 욕심 없는 마음, 자아의 존재를 잊은 마음이라고 할 수 있다. 지각과 인식력이 생긴 이후로는 자아가 생겨나며 자아에 대한 각성은 곧 욕심으로 이어지니, 무위자연은 성인(成人)들로서는 거의 도달 불가능한 경지가 된다. 그 경지에 도달하기 위해 불가에서도 아상(我相)에 대한 집착을 버리기 위해 수행하며, 노자는 '무위자연'을 호소한 것이다. 갓난아이의 경우는 다르다. 즉 아직 자아에 대한 각성이나 욕심이 생기지 않은 단계이니, 유가에서 말하는 아직 덕성이 왜곡되지 않는 단계에 속한다. 이는 자아에 대한 각성과 욕심이 생긴 이후, 즉 덕성이 왜곡된 후에 수행을 거쳐 다시 아상, 집착, 욕심을 없앤 무위자연의 경지를 이룬 성인(聖人)과 결론적으로 같은 것이다. 갓난아이와 성인을 동일시하는 것은 비단 유가와 불가에서뿐만이 아니다. 기독교에서도 "어린아이들과 같이 되지 아니하면 결단코 천국에 들어가지 못하리라."(마18:3)라고 하고 있다.

앞부분의 갓난아이는 맹수도 해치지 않는다는 것은 제50장에서 섭리를 잘 따르는 사람에 대해 "육지를 다녀도 외뿔소나 호랑이 등 맹수를 만나지 않으며, 군대에 들어가도 병기의 피해를 입지 않는다."(陸行不遇兕虎, 入軍不被甲兵.)라고 다르게 이미 언급했으며, 이는 각종 건국신화 등에서도 쉽게 볼 수 있는 현상이다.

[사족]

사심이 없다는 게 섭리를 깨친 성인의 마음과 통한다면 우리도 주변에서 가끔씩 마주칠 경우가 있다. 예를 들어 불치병으로 사형선고를 받고 죽을 날만 기다리는 사형수 같은 환자의 경우도 그 예가 될 것이다. 이제 더 이상 자신의 의지와 욕심으로 무엇을 이룰 수 있는 것이 없다는 생각이 들 때 비로소 아상과 그에 대한 집착을 버릴 수 있을 것이며, 그 순간이 비로소 섭리를 따르는 순간이 되는 것이다. 우리 모두는 운이 좋은 경우 죽을 때가 되면 어쩌면 섭리를 깨칠 수도 있을지 모르겠다. 그래서 죽음이 마냥 부정적이고 비관적인 것만은 아닐지도 모른다.

제56장

지자불언(知者不言)

아(我)와 비아(非我)가 하나되는 세상

知者不言, 言者不知. 塞其兌, 閉其門, 挫其銳, 解其分, 和其光, 同其
塵, 是謂玄同. 故不可得而親, 不可得而疏, 不可得而利, 不可得而害, 不
可得而貴, 不可得而賤, 故爲天下貴.

- **'塞其兌, 閉其門'(색기태, 폐기문):** 욕망의 근원이 되는 감각기관의 구멍과 정욕의 문을 막고 닫다. 제53장에 나옴.
- **'挫其銳, 解其分, 和其光, 同其塵'(좌기예, 해기분, 화기광, 동기진):** 날카로운 것을 무디게 하고, 엉킨 것을 풀며, 눈부신 빛을 부드럽게 하고, 하찮은 먼지와 함께 하다. 제4장에 나옴.
- **玄同(현동):** 섭리와 구분되지 않는 오묘한 일체성.

❖ 섭리에 대해 정말 아는 사람은 그것이 어떻고 말하지 않으며, 섭리가 무엇이라고 말하는 사람은 실제로는 잘 모르고 있다. 섭리에 밝은 사람은 자신의 이목구비에 일어나는 욕망을 배제하고, 말초적인 정욕을 철저히 억제하며, 남에게 위협이 될지도 모를 날카로운 언행을 무디게 하고, 마음속에 얽혀 있는 감정을 해소시키며, 남의 눈을 멀게 할지도 모를 밝은 지혜의 빛을 부드럽게 하고, 세상의 티끌 같은 모든 사

람들과 함께 처신하는데, 이런 모습을 일컬어 '신묘한 동화'라고 한다.

이런 경지에 이르기 위해서는 상대와 가깝다고 해서 특별히 친하게 대해서도 안 되고, 사이가 멀다고 해서 특별히 소원하게 대해서도 안 되며, 상대를 특별히 이롭게 해서도 안되고 해롭게 해서도 안되며, 귀하게 대해서도 안 되며 천하게 대해서도 안 된다. 결과적으로 이런 경지에 이르게 되면 세상에 더없이 귀한 사람이 된다.

[이해하기]

나와 남과의 일체감, 그렇기 위해서는 자신이 남과 구분되는 행동을 해서는 안 된다. 그러나 품성과 지혜 등의 근본적인 차이는 어쩔 수 없다. 섭리에 밝은 사람이라면 혹 자신이 남들과 구분되지 않도록 세심한 배려를 하게 될 것이다. 타인과 대립을 유발하는 욕심과 이기심의 근원인 욕망과 정욕을 철저히 자제하고, 타인에게 상처를 줄지도 모를 자신의 날카로운 행동거지도 무디게 만들고, 타인과의 관계를 통해 자기의 마음속에 얽혀 있는 갈등이 있다면 풀어준다. 또한 타인에 대한 비판 또는 타인을 주눅 들게 할 자신의 밝은 빛을 누그러뜨리면서, 궁극적으로는 어떤 하찮은 존재와도 대립이 아닌 일체감을 이루고자 한다. 나아가 이런 경지에 도달하려면 가까운 사람이라고 특별히 친밀하게 대해서도 안 된다. 왜냐하면 친밀하게 대할 수 있다는 말은 소원하게 대할 수도 있다는 말이 되며, 그 경우는 이미 자신과 대상의 일체감이 깨어진 대립의 관계를 의미하기 때문이다. 마찬가지 이치로 상대를 이롭게 해 주거나 해를 끼쳐서도 안 되며, 귀하게 대하거나 천하게 대해서도 안 된다. 그렇게 상대와 신비한 일체감을 이루게 되면 그 결과는 결국 자신이 세상 사람들에게 더없이 귀한 존재로 인정받게 되는 것이다.

마지막 부분은 다음과 같이 달리 해석하기도 한다. "이런 경지에 이른 사람은 일반인들이 친하게 대할 수도 없고 소원하게 대할 수도 없으며, 이롭게 할 수도 없고 해롭게 할 수도 없으며, 귀하게 대할 수도 없고 천하게 대할 수도 없으니, 이런 까닭에 세상에 더없이 귀한 사람이 되는 것이다."

[사족]

상대가 어떤 존재이든 간에 일체감을 이룰 수 있는 이 신비한 동화는 어디에서 오는가. 결국 그 마음의 출발은 남을 사랑하는 마음일 것이다. 남에 대한 배려, 나 같으면 어떻겠는가 하는 생각이 바로 유가에서 말하는 '인'(仁)일 것이다. 이 장의 '현동'(玄同)의 경지에 이른 사람의 모습은 결국 '인'한 사람의 모습과 같다고 하겠다. 결론적으로 노자가 주장하는 도의 핵심 또한 이기주의가 팽배하던 대립과 투쟁의 춘추전국시대를 모두가 함께하는 이상사회로 만들고자 하기 위한 지혜일 따름이라고 볼 수 있다. 그래서 공자의 사상과 궁극적인 지점에서는 통하는 것이다. 단재 신채호는 역사를 '아와 비아의 투쟁'의 과정이라고 보았는데, 이는 노자와 공자가 처했던 시기의 특징을 절묘하게 정의한 말이라고 할 수 있으며, 이 때문에 '아와 비아가 하나 되는' 세상을 애타게 원했던 것이다.

'화광동진'(和光同塵)의 경지인 '현동'(玄同)을 1980년대 이후 중국을 G2의 반열에 올려놓은 기틀을 마련한 덩샤오핑(鄧小平)의 국가 경영의 지혜로 볼 수도 있다. 개혁개방 정책을 통해 강국의 꿈을 꾸었던 그는 통치 기간 내내 화광동진, 나아가 도광양회(韜光養晦)의 정신을 견지하여 강대국의 견제를 방지할 수 있었다.

제57장

이정치국(以正治國)
아! 전쟁 같은 현대인의 삶이여

以正治國, 以奇用兵, 以無事取天下. 吾何以知其然哉, 以此. 天下多
忌諱, 而民彌貧, 民多利器, 國家滋昏, 人多伎巧, 奇物滋起, 法令滋彰, 盜
賊多有. 故聖人云, "我無爲而民自化, 我好靜而民自正, 我無事而民自富,
我無欲而民自樸."

• **伎巧(기교)**: 교묘한 기술이나 재주. 잔재주. 잔꾀.

❖ 바른 도리로써 나라를 다스리고, 기발한 속임수로써 병력을 운
용하며, 욕심 없이 일을 함으로써 세상을 다스릴 수 있다. 내가 어떻게
그렇다는 사실을 알겠는가. 다음과 같은 이치 때문이다. 세상에 금기가
많아질수록 사람들은 더욱 가난해지고, 사람들에게 문명의 이기가 많
아질수록 나라는 더욱 혼란해지며, 사람들이 잔꾀를 많이 부릴수록 희
한한 물건들이 더욱 많아지고, 법령이 많아질수록 도적들이 더욱 많아
지게 마련이다. 이런 까닭에 섭리에 밝은 성인은 다음과 같이 말했다.
"내가 특별히 어떻게 해보겠다고 하지 않았지만 백성들은 저절로 교화

되었고, 내가 평정한 상태를 좋아하니 백성들은 저절로 올바르게 되었으며, 내가 특별히 작정하고 백성들을 위하겠다고 한 일이 없건만 백성들은 저절로 부유하게 되었고, 내가 욕심이 없으니 백성들이 저절로 순박하게 되었다."

[이해하기]

이 장에서 강조하고 있는 것은 욕망, 욕심의 배제이다. 세 번째 구의 '無事'(무사)란 곧 '無爲'(무위)에 의해 일하는 것을 말한다. 그럼 '무위'는 무엇인가. 바로 어떤 욕망이나 욕심이 배제된 상태의 자연스러운 행위, 즉 그냥 하는 행위를 말한다. 세상을 다스리는 기본 원칙이 바로 이러한 욕망이 배제된 자연스러운 마음에서 일하는 것이다. '以此' 다음부터 성인의 말 앞까지는 욕망이 개입된 '有爲'(유위), '有事'(유사)의 폐단에 대해 언급한 부분이다. 성인의 말 부분은 '도'에 따른 다스림의 효용에 대해 말하고 있는데, 위정자가 '無爲'(무위), '好靜'(호정), '無事'(무사), '無欲'(무욕)의 자세를 견지하면 백성들은 저절로 다스려진다고 하고 있다. '靜'을 좋아한다는 것은 뭔가 일을 떠벌리면서 백성들에게 떠들썩하게 굴지 않는다는 뜻이니, 이 역시 '무위'와 '무사'의 경지를 말하는 것이다.

각론으로 들어가 금기가 많으면 가난해진다는 말은 현대 통제사회인 독재 공산국가를 예로 들 수 있을 것이다. 문명의 이기가 많아지면 사람들은 근면함보다는 편리함을 추구하고, 그것을 위해 서로 다투게 되기 때문에 결국에는 그것으로 인해 나라가 혼란해진다고 했다. 사람들이 정도를 걷기보다 자기의 이익과 편리를 위해 얄팍한 잔꾀를 부리다 보면 그에 따라 있어도 그만 없어도 그만인 이상한 물건들이 난무하게 되며, 그 결과는 사람들의 삶이 오히려 더욱 혼란해지게 될 뿐이다.

절대적인 윤리는 무엇인가. 아무리 법치 국가라고 하더라도 착한 사람은 상을 주고 악한 사람은 벌을 주는 이치에서 벗어나지 않을 것이다. 법은 바로 이것 한 가지일 뿐인데도 자꾸만 법령과 규칙이 많아지니 사람들은 그것에서 벗어나기 위해 잔꾀를 부리게 되고 법망에서 빠져나가는 도적들이 늘어나게 되는 것이다.

[사족]

현대사회는 그야말로 법이 지배하는 사회다. 사람들은 제 욕심을 채우기 위해 꾸준히 법망에 걸려들지 않고자 노력하고, 이를 막기 위해 나라는 또 꾸준히 법령을 늘여가고 있으니, 과연 그 끝이 어딜지 궁금할 뿐이다. 순진한 공상이지만 이런 생각을 해본다. 모든 법령을 없애 버리고 유일한 법 하나만 두면 어떨까. 즉 "착한 사람에게는 상을 주고 악한 사람에게는 벌을 내린다"라는 것. 그것으로 모든 소송을 해결하면 어떨까. 그렇다면 착함과 악함은 어떻게 판단할 것인가. 어떤 사건의 동기는 마음에 있으며, 그 마음은 거짓으로 꾸미기 쉬운데다 남이 판단하기 어렵기 때문에 선악 판단의 기준에서 제외하고 오직 그 결과만을 두고, 그 일이 자신을 이롭게 한 것인지 아니면 남 또는 상대를 이롭게 한 것인지만을 기준으로 삼아, 자신을 이롭게 한 것은 '악', 남을 이롭게 한 것은 '선'이라고 판단하여 상벌을 결정하면 어떨까. 답답한 마음에 해본 공상이다.

전쟁, 대전, 군단, 출사표, 작전, 전략, 삼십육계, 패장 … 뉴스를 보면 온통 전쟁 아닌 전쟁 이야기다. 정치건 스포츠건 심지어 문화예술까지도 전쟁에나 쓰일 용어들이 난무하고 있다. 이는 사회의 모든 분야가 전쟁을 방불케 하는 상황이란 것을 여실히 증명하고 있다. 이 장의 서두, 정치는 바른 도리로 하고 전쟁은 예측불허의 기발한 술수로 한다는 말이 여지없이 무너지고 있다. 전쟁이란 그 속성상 어차피 상대를 이겨야 하는 것이기에 상대가 예측하기 어려운, 정도가 아닌 술수가 오히려 전쟁의 정도가 되겠지만 전쟁 외의 것은 그렇지 않다. 오직 정도를 통해서라야만 성공하든 실패하든 항상 떳떳할 수 있다. 그렇다면 전쟁 외의 사회 모든 방면이 왜 이처럼 전쟁같이 되어 버렸는가. 오직 승리만이 최고라는 가치관이 세계인의 보편적인 가치관이 된 결과라고 할 수 있다. 그 왜곡된 최상의 유일한 가치인 승리를 쟁취하기 위해서는 전쟁에서나 볼 수 있는 예측불허의 작전들이 동원될 수밖에 없는 것이다. 결국에는 전쟁뿐만 아니라 모든 분야에 대립과 투쟁이 가열되어 마침내는 파국으로 내달리게 될 뿐이다.

제58장

기정민민(其政悶悶)
순박한 정치가 순박한 국민을 만든다

其政悶悶, 其民淳淳, 其政察察, 其民缺缺. 禍兮福之所倚, 福兮禍之
所伏, 孰知其極. 其無正, 正復爲奇, 善復爲妖, 人之迷, 其日固久. 是以聖
人, 方而不割, 廉而不劌, 直而不肆, 光而不燿.

- **悶悶(민민):** 어리석다. 우매하다.
- **淳淳(순순):** 순박하다.
- **察察(찰찰):** 매우 밝다. 자세히 따지다. 세밀하고 까다롭다.
- **缺缺(결결):** 속이다. 교활하다.
- **妖(요):** 요상하다. 괴이하다.
- **割(할):** 가르다. 해를 끼치다.
- **劌(귀):** 상처를 입히다. 손상하다. 다치다.
- **肆(사):** 고집스럽다. 꼿꼿하다.

❖ 위정자의 정치가 어리숙하면 그 백성들은 순박해지고, 정치가
너무 세밀하고 철저하면 그 백성들은 교활해진다. 재앙이란 복이 깃들
어있는 것이며, 복이란 재앙이 숨겨져 있는 것이니 누가 새옹지마의 그
끝을 알겠는가. 세상에는 영원히 바른 것이란 없는 법, 바른 것은 다시

금 이상한 것이 되고, 착한 것은 다시금 요상한 것이 되니 사람들이 뭐가 뭔지를 모르게 된 것이 날이 갈수록 더욱 오래되었다. 이 때문에 섭리에 밝은 성인은 자신의 행실이 반듯하다고 해서 그것으로 인해 다른 사람들에게 해를 끼치지는 않으며, 자신이 청렴하다고 해서 그것으로 인해 다른 사람들을 다치게 하지는 않으며, 자신이 정직하다고 해서 그것으로 인해 다른 사람들에게 고집스럽게 대하지는 않으며, 자신의 지혜가 밝다고 해서 그것으로 인해 다른 사람들이 눈부셔하게 대하지는 않는다.

[이해하기]

이 장은 백성들에 대한 위정자의 올바른 자세에 대해 설명하고 있다. 위정자가 백성들을 다스리는 것이 지나치게 밝게 되면 백성들이 피곤을 느끼게 되고, 겉으로 위정자에게 잘 보이기 위해 본성을 어기고 교활하게 된다고 했다. 중간 부분의 새옹지마의 이치를 설명한 부분은 섭리인 도를 제외하고는 절대적인 선이 없으며 모든 것이 상대적이니 설령 위정자가 옳다고 하는 것도 틀린 것으로 변할 수 있다는 것을 경계하면서 후반부 내용과 연결시키고 있다. 즉, 위정자는 자기의 올바름을 백성들에게 강요하지 않으며, 백성들이 자신들의 본성을 따를 수 있도록 이러쿵저러쿵 간섭하지 않는다는 뜻이다. 이런 원리는 부모와 자식 간에 가장 잘 나타나는데, 부모가 자신의 욕심에 의해 자식을 하나부터 열까지 지나치게 간섭하게 되면 자식은 결국 부모의 간섭에서 벗어나기 위해 점점 더 꾀를 내게 되는 이치이다. 이상에서 보듯 위정자의 백성에 대한 간섭은 결국 백성을 위한 것이 아니라 노자가 경계했던 위정자 자신의 욕심에 기인한 것으로, '무위자연'의 큰 섭리를 어기는 잘못이라고 할 수 있다. 후반부의 내용은 '화광동진'(和光同塵)(제4장)의 의미라고 할 수 있다.

[사족]

재앙 속에 복이 깃들어 있고, 복 속에 재앙이 잠재하여 있다 라는 말은 진리 중의 진리라고 생각된다. 뒤에 이어지는 "세상에는 영원히 바른 것이란 없는 법, 바른 것은 다시금 이상한 것이 되고, 착한 것은 다시금 요상한 것이 된다."라는 내용과 함께 생각해 보면 이러한 이치 또한 결국은 일음일양(一陰一陽)이란 도의 반복의 섭리를 말한 것일 따름이다. 음과 양, 화와 복, 희와 비, 이러한 모든 게 영원히 제자리에 머무는 것이 아니라 영원히 반복될 뿐이다. 이것이 바로 노자가 깨달았던 자연의 섭리인 것이다. 일체가 무상하다. 전화위복, 일희일비를 반복하며 살아가는 게 우리의 삶인 것이다.

제59장

치인사천(治人事天)
사랑으로

治人事天, 莫若嗇. 夫唯嗇, 是以早服. 早服, 謂之重積德. 重積德, 則無不克. 無不克, 則莫知其極. 莫知其極, 可以有國. 有國之母, 可以長久. 是謂深根固柢, 長生久視之道.

- **嗇(색)**: 1) 아끼다. 사랑하다. 인색하다. 2) 농사(=穡).
- **早服(조복)**: 일찍 (도를) 따르다.
- **柢(저)**: 뿌리. 싹.
- **久視(구시)**: 불로. 장수. 오래 존재함.

❖ 아래로 사람을 다스리고 위로 하늘을 섬기는 데는 아끼는 것 만한 것이 없다. 오직 아껴야만 일찍 자연의 섭리를 따르게 된다. 일찍 섭리를 따르는 것은 '타고난 훌륭한 덕성을 꾸준히 쌓는 일'을 말한다. 자신의 덕성을 꾸준히 쌓게 되면 할 수 없는 일이 없으며, 하지 못할 일이 없으니 그 능력의 한계를 알지 못하게 된다. 능력의 한계를 알 수 없을 정도가 되면 나라를 소유할 수 있다. 나라의 어머니가 되는 섭리인 도를 터득하여 실행하면 그 나라를 오래 지킬 수 있다. 이것이 바로 깊은

뿌리 튼튼한 싹의 불로장생의 섭리이다.

[이해하기]

이 장은 다음의 제60장과 함께 위정자의 도리를 설명하고 있다. 대부분 '嗇'자를 '아끼다', '검소하다'라는 뜻으로 보고, 섭리를 따르기 위해서는 검약이 중요하다고 풀이하고 있다. 그러나 '아끼다'를 자신에 대한 인색함으로 보지 않고, 사물과 타인에 대한 사랑으로 풀이하면 그것이 바로 섭리를 이행하는 첩경이라고 할 수 있다. 하늘을 섬길 때나 사람을 다스릴 때 자신보다 그 대상에 사랑이 충만할 때 비로소 도가 자신에게 구현되는 것이다. 섭리인 도가 만물에 부여된 구체적인 품성이 바로 덕이니, 대상을 아끼며 사랑하는 행위는 바로 덕을 쌓는 행위가 된다. 그 덕을 꾸준히 쌓아 마침내 섭리인 도와 같은 경지에 이르게 되면 불가능한 일이 없을 것이며, 그래서 한 나라의 제후나 왕이 되어 백성을 잘 다스릴 수 있게 되는 것이다. 나라의 모체는 바로 섭리에 기반한 덕성의 회복이니, 이것만 이루면 마치 뿌리 깊은 나무가 오래 살 듯 자신이나 자신이 다스리는 나라가 오래 유지될 수 있다.

[사족]

'農者天下之大本'(농자천하지대본)이라는 농악대의 깃발에 적혀 펄럭이던 글자, 농업이 모든 것의 기본이라는 말. 아주 드물게는 이 장의 '嗇'자를 농사[穡]라고 풀이하는 경우도 있는데, 자못 일리가 있다. 노자의 도는 자연을 따르는데(道法自然) 그렇다면 직업 중 자연과 가장 가까운 것은 무엇인가. 바로 자연에 의지한 농업이라고 할 수 있다. 그래서 어떤 사람은 도가사상이 '농사꾼의 철학'이라고 말하기도 한다. 농사를 짓다 보면 자연의 섭리에 인간이 할 수 있는 일이란 게 거의 없음을 깨닫게 되기 때문이다. 부귀와 공명을 이루기 위해서는 어쩔 수 없이 도시 생활에 매달릴 수밖에 없을 것이고, 그렇게 되면 자연의 섭리보다 인간들 틈에서 서로 경쟁할 수밖에 없다. 이것이 바로 인간들 사이의 소통과 윤리를 중시하는 유가사상이 아닐까. 요즘도 마찬가지다. 도시에서 삶에 쫓기듯 살아가다 보면 계절의 변화도 제대로 느끼지 못할 때가 있다. 그래서 도와는 거리가 먼 삶이 되며, 그와 반대의 농부는 도와 가까울 수밖에 없다. 농사를 짓다 보면 저절로 몸소 자연의 섭리를 체득하게 되니, 도시인들에 비해 자연히 일찍 섭리를 깨닫고 또 따르게 된다. 사람과 나라를 다스리는 것, 하늘을 섬기는 행위, 그 모두가 이런 농사꾼이 일찍 깨달았던 섭리로써 한다면 오래 유지할 수 있을 것이다.

사족 중의 사족처럼 한마디 더 보태자면, 이 장에서 노자가 아끼는 것, 즉 검약을 강조한 것은 욕망에 대한 부정과도 통한다. 감각의 충족을 위한 욕망은 한계가 없기 때문에 욕망은 과도함과 사치를 초래하게 마련이며, 그 결과는 만족할 줄 모르기 때문에 오는 불행이다. 욕망을 배제하면 검약은 저절로 따라오게 되며, 그 결과는 만족을 통한 행복이다. 그래서 검약을 강조한 것이다.

제60장

치대국(治大國)

정치는 작은 생선 굽듯이

治大國, 若烹小鮮. 以道莅天下, 其鬼不神. 非其鬼不神, 其神不傷人.
非其神不傷人, 聖人亦不傷人. 夫兩不相傷, 故德交歸焉.

- **莅(리):** 임하다.
- **不神(불신):** 영험을 보이다. 조화를 부리지 않다.

❖ 큰 나라를 다스리는 것은 마치 작은 생선을 굽듯이 조심을 다해
야 한다. 섭리를 통해 세상을 다스리면 귀신들이 조화를 부리지 못한
다. 귀신이 조화를 부리지 못할 뿐만 아니라, 귀신의 조화가 사람을 해
치지 못한다. 귀신의 조화가 사람을 해치지 않을 뿐만 아니라 섭리에
밝은 성인도 당연히 사람을 해치지 않는다. 무릇 귀신과 성인이 백성들
을 해치지 않기 때문에 사람들이 타고난 자신의 덕성이 각자 그대로 돌
아가게 되는 것이다.

[이해하기]

사람들은 재앙을 만나게 되면 곧잘 하늘을 원망하곤 한다. 하늘이나 귀신이 자신에게 재앙을 내린 것이라고 생각하는데, 실제로 하늘이나 귀신이 어찌 재앙을 내릴 수 있겠는가. 그것은 모두 인간인 우리 자신이 저지른 죄과에 대한 업보에 지나지 않는다. 다시 말하면 재앙이란 내 자신이 '도' 즉, 올바른 도리를 따라 살아가는지의 여부에 달려 있을 뿐이니, 하늘이나 귀신이나 나아가 섭리에 통달한 성인까지도 영향을 끼칠 수가 없다. 올바른 도리를 따라 살아가는 사람에게 귀신이 조화를 부려 재앙을 끼칠 수도 없거니와 올바른 도리를 따르지 않는 사람에게 하늘이나 귀신, 나아가 성인들이 어찌 요행이나 복을 내릴 수 있겠는가.

[사족]

생선, 특히 작은 생선 잘 굽는 방법은 무엇인가. 너무 자주 뒤집거나 손을 대다 보면 오히려 살이 바스러지게 되어 망치는 결과를 낳는다. 자주 손을 대는 까닭은 잘 굽겠다는 욕심 때문이다. 욕심은 바로 노자가 줄곧 말하는 '무위'에 반하는 것이다. 제 욕심을 철저히 배제한 채 생선과 불의 섭리를 따르는 것이 생선을 잘 굽는 방법이다.

한유(韓愈)와 함께 병칭되는 당(唐) 나라 대문호 유종원(柳宗元)의 우언 산문 중에 나무를 잘 심는 사람에 대한 이야기인 〈종수곽탁타전(種樹郭橐駝傳)〉이 있다. 나무 심는 것이 직업인 곱사 곽탁타가 심은 나무는 잘 자라지 않는 나무가 없어, 그는 장안의 모든 부자와 귀인들에게 불려 가 정원수나 과실수를 심어 준다. 나무를 잘 심는 방법을 묻자, 그는 다음과 같이 대답했다.

저라고 해서 나무를 오래 살게 하고 무성하게 할 수는 없습니다. 저는 단지 나무의 본성에 순응하여 그 본성을 충분히 발휘하게 할 수 있을 뿐입니다. 옮겨 심는 나무의 본성은 그 뿌리는 뻗고자 하며, 북돋움은 평평해지고자 하며, 흙은 예전과 같기를 바라며, 흙다짐은 빈틈없기를 원할 뿐입니다. 이미 심었다면 그뿐, 흔들어보거나 걱정하지 말고 그곳을 떠나 다시는 돌아보지 않습니다. 모종을 심을 때는 자식같이 여기지만, 심고 난 후에는 방치하듯 하면 나무의 천성이 온전하게 되어 본성을 제대로 발휘하게 됩니다. 나는 나무의 성장을 방해하지 않을 뿐이지 결코 나무를 무성하게 만들지는 못합니다. 나무가 열매를 맺는 것을 방해하지 않을 뿐이지 일찍 많은 열매를 맺게 하지는 못합니다. 그런데 다른 사람들은 그렇지 않습니다. 뿌리가 굽어지게 하는가 하면 흙을 바꾸기도 하고, 북돋움도 과도하지 않으면 모자라기 일쑵니다. 이와 반대되는 사람들의 경우는 나무에 대한 사랑이 지나치거나 걱정이 너무 커서 아침에 들여다보고 저녁에 어루만지며, 떠났다가는 금방 다시 돌아와 돌봅니다. 정도가 심한 사람들은 말랐는지 죽었는지 알아보기 위해 껍질을 손톱으로 꼬집어보기도 하고, 착근 상태가 성긴지 단단한지 알아보기 위해 뿌리를 흔들어보기까지 하니 나무의 본성과는 날로 멀어지게 되는 것입니다. 비록 사랑한다고는 하지만 실은 그것을 해치는 것이요, 걱정한다고는 하지만 실은 원수처럼 대하는 것이니 나는 그들과는 다릅니다. 내가 무엇을 할 수 있겠습니까?"

맹자(孟子) 또한 이런 원리를 깨닫고 위정자의 자세에 대해 일찍이 '알묘조장'(揠苗助長)이라는 이야기로 경계하였다. 이러한 이치가 바로 노자가 깨달았던 '무위자연'이며, 이는 정치의 이치일 뿐만 아니라 교육 등 모든 분야에 적용되는 이치라고 할 수 있다.

제61장

대국자하류(大國者下流)
겸양하고 또 겸양하라

大國者下流, 天下之交, 天下之牝. 牝常以靜勝牡, 以靜爲下. 故大國
以下小國, 則取小國. 小國以下大國, 則取大國. 故或下以取, 或下而取.
大國不過欲兼畜人, 小國不過欲入事人. 夫兩者各得其所欲, 大者宜爲下.

- **交(교):** 교회(交會)하다. 모여들다. 흘러서 모이다.
- **以靜爲下(이정위하):** 고요함을 겸손함으로 삼는다. '下'자는 동사로 쓰여, 물처럼 상대의 아래에 처한다는 뜻으로, 겸손, 퇴양(退讓) 등의 의미를 지닌다. 이하 모두 같다.
- **兼畜(겸휵):** 다 먹여 살리다. 대국의 소국에 대한 겸양의 태도.
- **入事(입사):** 모시며 따르다. 소국의 대국에 대한 겸양의 태도.
- **'或下以取, 或下而取'(혹하이취, 혹하이취):** 난해한 부분이다. 억지로 신분의 고하란 측면에서 풀이해 보면 앞부분은 본래 높은 신분의 사람이 낮은 태도를 취함으로써 상대를 이길 수 있다는 뜻이 되며, 뒷부분은 본래 낮은 신분의 사람이 낮은 신분을 통해(자연스럽게 낮은 태도를 취하게 됨) 상대를 이길 수 있다 라는 뜻으로 볼 수 있다.

❖ 큰 나라는 강의 하류와 같은데, 세상 모든 나라가 모여드는 곳이자 세상의 암컷과 같다. 암컷은 항상 고요한 품성을 통해 수컷을 이기는데, 고요한 품성을 통해 겸양의 태도를 취하기 때문이다. 그래서 큰 나라가 작은 나라에 대해 겸양의 태도를 취하게 되면 작은 나라를 얻게

된다. 작은 나라가 큰 나라에 대해 겸양의 태도를 취하게 되면 큰 나라를 얻게 된다. 그렇기 때문에 어떤 경우는 상대국에 대해 겸양의 태도를 취하는 것으로 상대국을 얻게 되고, 또 어떤 경우는 스스로 겸양함으로써 상대국을 얻게 되기도 한다. 큰 나라는 지나치게 작은 나라 백성들을 모두 다 먹여 살리겠다는 욕심을 부려서는 안 되며, 작은 나라는 지나치게 큰 나라를 섬기며 따르고자 해서는 안 된다. 대개 이 두 가지는 각각 자신들이 하고자 하는 바를 행할 뿐이지만, 어쩔 수 없이 겸양할 수밖에 없는 작은 쪽보다는 자칫 겸양하기 어려운 큰 쪽이 마땅히 겸양해야 한다.

[이해하기]

이 장은 앞의 여러 장의 내용처럼 정치의 이치를 설명하고 있는데, 여기에서는 특히 겸양의 태도를 강조하였다. 겸양은 유가에서 말하는 예의 기본 정신이기도 하여 이 점에서 유가와 도가가 통한다고 생각되어 흥미롭다. 수많은 줄기의 시내들이 낮은 곳으로 흘러 큰 강을 이루듯, 상류의 시내들보다 낮은 곳에 위치한 하류가 더 큰 강을 이루게 된다. 마치 새끼를 품어주듯 상대를 대하는 모성으로 대표되는 유약한 여성성이 강한 힘으로 상대를 이기려고 하는 강건한 남성성을 이기는 것도 마찬가지 이치다. 이러한 이치는 국가 간에도 적용된다고 했다. 대국이든 소국이든 상대국에 대해 겸양의 태도를 취하면 상대국을 얻게 된다. 대국과 소국 중에 겸양의 태도가 더욱 필요한 쪽은 힘의 논리에 의해 어쩔 수 없이 겸양의 태도를 취할 수밖에 없는 소국보다 자칫 자만심에 빠지기 쉬운 대국이 더욱 겸양해야 한다.

[사족]

생태계의 약육강식의 원칙이 지배하는 현대 세계. 세계인은 이 세상을 힘의 강약에 따라 먹고 먹히는 정글이 아닌, 나라의 대소를 막론하고 함께 어울려 평화롭게 살아가는 이상세계이기를 염원한다. 그런데도 현실은 정작 그 바람과는 반대로 나아가니, 오히려 더욱 크고 작은 규모의 분쟁과 전쟁이 끊일 날이 없다. 노자의 이 장은 눈앞 우리의 국제질서를 개선하기 위해 어떤 의미를 가질 수 있을까. 국제질서에 있어서의 견지해야 할 태도가 전제주의 시대인 봉건시대와 민주국가 시대인 현대와 어떻게 같을 수가 있을까. 그렇다면 현대의 세계 속에서 취해야 할 바람직한 국가의 태도는 무엇일까. 끊임없이 의문만 쌓인다.

한때 나의 머리에 하나의 진리처럼 들어박힌 게 있었다. 즉 사람들 사이에 불화가 생겨 그 잘잘못을 따질 때가 있는데, 그 경우 나는 무조건 철이 더 든 사람의 잘못이 크다고 생각했다. 예를 들면 형제간의 싸움은 그 원인이 무엇이든 형의 잘못이 크며, 부모와 자식 간의 불화는 그 원인 제공자가 누구든 간에 어른인 부모의 잘못이 크다고 보았으며, 사제지간의 불화 역시 최종 유책자는 스승일 수밖에 없다고 보았다. 마찬가지로 이는 개인뿐만 아니라 집단에도 적용되는데, 즉 어떤 단체 또는 사회 사이, 국가와 국가 사이의 알력과 불화 역시 그 최종 귀책자는 강대한 집단이 될 수밖에 없다 라는 생각을 했었다. 이런 생각은 지금도 마찬가지인데, 이것이 곧 노자의 이 장, 특히 마지막 부분의 의미와 통한다고 하겠다.

제62장

도자(道者)
섭리란 누구에게나 열려 있는 것

道者, 萬物之奧. 善人之寶, 不善人之所保. 美言可以市, 尊行可以加人. 人之不善, 何棄之有. 故立天子, 置三公, 雖有拱璧以先駟馬, 不如坐進此道. 古之所以貴此道者何, 不曰以求得, 有罪以免邪, 故爲天下貴.

- **奧(오)**: 아랫목.
- **拱璧(공벽)**: 두 손이나 팔로 옥을 안다. 큰 옥.
- **駟馬(사마)**: 네 필 말이 끄는 수레.

❖ 섭리라는 것은 만물의 깊숙한 곳에 있는 것으로, 착한 사람이 보배로 여기는 것이기도 하고, 착하지 않은 사람도 가지고 있는 것이기도 하다. 훌륭한 말씀은 사람들에게 환영받을 것이고, 고상한 행동은 사람들에게 좋은 영향을 끼칠 수 있다. 섭리는 착하지 않은 사람이라고 해서 어찌 포기하는 일이 있겠는가. 이 때문에 천자를 옹립하고 삼공을 둘 때 귀하고 큰 옥을 안고 사두마차를 앞세우며 조정에 진상하는데, 그보다는 차라리 이러한 우주 자연의 만물에 적용되는 섭리를 바치는 것이 더 나을 것이다. 옛날 사람들이 이러한 섭리를 귀하게 여긴 이유

가 무엇이겠는가. 누구나가 얻으려고 노력하면 얻을 수 있는 보편성을 지녔고, 설령 잘못을 범했다고 해도 이 섭리를 통해 용서받을 수 있는 포용성을 지녔기 때문이지 않았던가. 그렇기 때문에 섭리는 세상의 가장 귀한 존재가 된다.

[이해하기]

대통령 취임식 등 크고 작은 기관장이나 단체장의 취임식은 해당 단체를 섭리를 통해 잘 다스리겠다는 선언식의 의미이다. 이때 진열 자리가 부족할 정도로 답지하는 화환이나 선물보다는 다양한 통로, 다양한 형식을 통해 지도자에게 섭리를 일깨우는 말을 전달하는 것이 더 의미 있을 것이다.

또한 섭리는 특정인, 특정 사물에 제한적인 것이 아닌, 우주 내의 만물에 두루 적용되는 보편성을 지니고 있다. 불가에서 말하는 세상 만물에 존재하는 불성과도 통한다고 하겠다. 불성은 섭리와 마찬가지로 지적 또는 신체적 능력, 선인과 악인 등의 구분과는 아무 관련이 없으며 누구나가 그 불성을 밝히려고 노력하면 밝힐 수가 있다. 그런데도 많은 사람들은 지레 자포자기해 버리기 때문에 불성은 끝내 자신의 깊숙한 곳에 묻혀서 드러나지 않게 되는 것이다.

다음으로 섭리는 못난 인간들의 인정처럼 야박하거나 편협되지 않으며, 그 도량이 허공의 공기처럼 무궁무진하다. 그런데도 우리들은 그 존재를 깨닫지 못하고 어둠 속에서 헤매며 살고 있다. 의상대사의 <법성게(法性偈)> 중에 '雨寶益生滿虛空, 衆生隨器得利益'(우보익생만허공, 중생수기득이익)이란 구절이 있다. 자신의 삶을 밝힐 섭리가 허공에 가득한데도 중생들은 자기 그릇만큼 그 섭리라는 이익을 챙긴다는 뜻이니, 이 부분과도 통한다고 할 수 있다. 착한 사람이야 당연히 섭리가 함께 하겠지만 악한 사람, 잘못을 저지른 사람, 나쁜 사람들도 자신의 잘못을 깨닫고 바른 섭리를 깨닫기 위해 노력하며 섭리를 지키기 위해 노력하면 그들 역시 섭리와 함께 할 수 있다. 이 부분에서 말하는 섭리의 보편성과 포용성은 석가모니, 공자의 사상은 물론 기독교 사상과도 통한다고 할 수 있다. 그래서 성인이며, 그래서 진리인 모양이다.

[사족]

　신라시대 의상(義湘625-702) 대사는 원효(元曉617-686) 대사와 함께 우리나라를 대표하는 양대 고승이다. 일찍이 원효와 함께 당나라로 유학을 떠났을 때 원효가 이른바 해골바가지 물로 도를 터득하고 귀국한 반면에 의상은 당나라로 가서 불교를 공부하고, 마침내 방대한 화엄경(華嚴經)의 대의를 7언으로 된 30구, 210자로 압축한 법성게(法性偈)를 지었다. 법성게는 불경에서 유래한 깨달음을 시의 형식으로 만든 일종의 게송이다. 깨달음의 수단은 선(禪)이요, 그것을 비유적, 상징적 문자로 표현한 것이 바로 선시(禪詩)이니, 게송 역시 선시에 속한다. 하지만 선종(禪宗)의 격언으로 깨달음이란 "경전의 가르침 밖에서 이심전심으로 따로 전수되어서, 문자로는 나타낼 수 없으며, 곧바로 사람의 마음을 꿰뚫어서, 본래 성품을 발견하면 부처가 될 수 있다."(敎外別傳, 不立文字, 直指人心, 見性成佛.)라고 한 것처럼 게송이나 선시를 통해 불도를 곧바로 깨닫기는 어렵다. 깨달음은 바깥에서 오는 것이 아니라 수행을 통한 내 안에서부터 비롯되는 것이기 때문이다.

제63장

위무위(爲無爲)
아! 욕망의 끝없음이여

爲無爲, 事無事, 味無味. 大小多少, 報怨以德. 圖難於其易, 爲大於其細. 天下難事, 必作於易, 天下大事, 必作於細. 是以聖人終不爲大, 故能成其大. 夫輕諾必寡信, 多易必多難. 是以聖人猶難之, 故終無難矣.

• **大小多少(대소다소)**: 1) 작은 것을 크게 여기고 적은 것을 많게 여기다. 2) 큰 것은 작은 것에서부터 많은 것은 적은 것에서부터 말미암다. 3) 크든 작든 많든 적든 간에.

※ 앞부분은 초간본 제10장에 "爲亡爲, 事亡事, 味亡味, 大小之. 多惕多難, 是以聖人猶難之, 故終無難."이라고 되어 있다.

❖ 개인적 욕망이나 목적의식이 배제된 행위를 행하고, 개인적 욕망이나 목적의식에 따른 일이 아닌 일을 하며, 개인적 욕망이나 목적의식에 의해 조미된 맛이 아닌 맛을 맛있다고 여긴다. 사소한 것도 중대한 것으로 여겨 일을 처리하고, 적은 양의 일도 많은 양의 일처럼 여겨 처리하면 잘못을 저지르지 않게 될 것이며, 원망은 착한 품성으로 갚으면 후환이 없게 된다. 어려운 일은 쉬운 부분에서부터 풀어나가고, 거대한 일은 미세한 부분에서부터 해결해 나간다. 세상의 어려운 일들은

모두 반드시 쉬운 부분에서 생겨나고, 세상의 거대한 일은 정작 반드시 미세한 부분에서 생겨난다. 그러므로 섭리에 밝은 성인은 끝내 큰일을 하지 않는 법인데, 그리하여 마침내 큰일을 이룰 수 있는 것이다.

일반적으로 승낙을 잘하는 사람에게는 믿음성이 적은 법이며, 쉽게 여기는 경우가 많으면 필시 어려움 또한 많이 따르게 마련이다. 이런 이유 때문에 섭리에 밝은 성인은 오히려 매사를 어렵게 여기는데, 그래서 결국 어려움을 당하는 경우가 없는 것이다.

[이해하기]

이 장은 추상적이며 관념적인 철학을 말하는 대신, 일상에 있어 매사를 처리하는 방법에 대해 구체적으로 쉽게 풀이하고 있다. 섭리에 밝은 사람은 매사를 실패 없이 쉽게 풀어나가는 것처럼 보이는 반면에 섭리에 어두운 중생들은 매사에 실패를 거듭하거나 곧잘 난관에 부닥치는 듯 보이는데, 그 이면의 마음가짐, 즉 일을 대하는 태도는 완전히 반대라고 할 수 있다. 섭리에 밝은 사람은 사소한 일, 경미한 일, 평이한 일도 중대하고도 어려운 일로 간주하며 조심스럽게 처리하는 반면에 그렇지 않은 장삼이사 우리들은 정작 중대하고도 어려운 일도 사소한 일로 간주하여 쉽게 건성건성 처리한다. 그래서 결과는 항상 자신의 바람과는 반대로 나타나게 되는 것이다. 후반부에 나오는 쉬운 승낙 역시 같은 맥락으로, 쉬이 하는 승낙이나 약속은 신뢰가 적을 수밖에 없다.

[사족]

노자 사상을 압축하여 흔히 '무위자연'이라고 한다. 이때의 '무위'는 결코 아무 행위도 하지 않음을 뜻하는 것이 아니다. 자신의 욕심이나 어떤 특별한 목적의식에서 나온 행위가 아니라, 자연의 섭리에 따른 자연스러운 행위, 그냥 하는 행위를 뜻한다. 근자에 '즉문즉설'을 통해 우리나라 불교의 대중화에 크게 기여한 법륜스님이 자주 하는 말씀인 '자신이 무슨 대단한 존재인 양 여기며 남들보다 잘해보겠다고 욕심내지 말고 길가의 풀 한 포기처럼, 산속의 다람쥐 한 마리처럼 여기며 그냥 살면 된다.'는 것과도 통한다고 하겠다.

자연은 인간과는 달리 마음이나 생각이 없기 때문에 욕망이나 목적 의식이 있을 수가 없다. 그렇다면 노자 사상의 핵심은 결국 마음의 작용인 욕망의 배제, 즉 '무욕'이라고 할 수도 있다. 자신의 이익과 감각적 만족을 위하는 것을 욕심, 또는 욕망이라고 본다면 그렇지 않은 행위가 바로 노자가 주장하는 '무위자연'이 된다는 말이다. 이와 마찬가지로 이러한 무위에 의해 이루어지는 일이 곧 '무사'(無事)일 것이며, 이는 어쩌면 공평무사(公平無私)와 통한다고 할 수 있을 것이다. 이런 이치로 볼 때 마지막의 '무미' 역시 자신의 욕망 중 미각을 만족시키기 위한 맛이 아닌 자연 그대로의 맛이라고 할 수 있을 것이다. 다시 말하면 자신의 감각적 욕망의 충족을 위해 음식 자체에 달거나 짜거나 시거나 맵거나 한 것을 추구하고자 하는 것이 아닌 음식 자체의 객관적인 맛 그대로를 맛볼 따름이라는 것이다. 욕망의 노예가 되면 결국 본인의 생명을 망치게 된다고 한다. 이것은 이미 앞의 제12장에 "오색은 사람의 눈을 멀게 하고, 오음은 사람의 귀를 먹게 하며, 오미는 사람의 입을 상하게 한다."(五色令人目盲, 五音令人耳聾, 五味令人口爽.)라고 하였었다.

제64장

기안이지(其安易持)
천리길도 한 걸음부터

其安易持, 其未兆易謀, 其脆易泮, 其微易散. 爲之於未有, 治之於未亂. 合抱之木, 生於毫末, 九層之臺, 起於累土, 千里之行, 始於足下. 爲者敗之, 執者失之. 是以聖人無爲故無敗, 無執故無失. 民之從事, 常於幾成而敗之, 愼終如始, 則無敗事. 是以聖人欲不欲, 不貴難得之貨, 學不學, 復衆人之所過. 以輔萬物之自然, 而不敢爲.

- **脆(취):** 무르다. 약하다. 연하다.
- **泮(반):** 녹다.
- **毫末(호말):** 털끝. 작거나 적은 것에 대한 비유.
- **累土(루토):** 1) 흙을 쌓다. 2) 한 무더기의 흙. 3) 한 삼태기의 흙. 4) 저지대의 땅.
- **足下(족하):** 현재의 발밑.
- **爲者(위자):** '無爲'(무위)·'有爲'(유위)의 '爲'. 즉 욕심·의도·목적을 가진 행위.
- **執(집):** 1) 자기 것으로 꽉 잡아두다. 집착하다. 2) 자신의 생각이나 의견을 고집하다.
- **復(복):** 1) 돌아가다. 돌이키다. 2) 바로잡다.

❖ 매사 만물은 안정된 상태라야 유지하기 쉽고, 문제의 조짐이 아직 나타나지 않을 때라야 해결하기 쉽다. 아직 굳지 않고 연한 상태에

있는 것은 녹여서 없애기 쉽고, 아직 거대하게 성장하지 않은 미세한 것은 흩어버리기 쉽다. 따라서 매사를 처리할 때는 잘못이 생기기 전에 처리하는 것이 좋고, 나라는 혼란해지기 전에 잘 다스리는 것이 좋다. 아름드리 큰 나무도 털끝 같은 작은 싹에서 생겨나고, 9층의 높은 탑도 한 줌 흙 쌓는 데서 시작되고, 천 리의 먼 길도 발밑의 땅 한 걸음 디디는 데서부터 시작된다.

욕심을 가지고 일을 처리하면 실패하게 마련이고, 제 것으로 꼭 쥐고 소유하려 들면 잃게 마련이다. 이런 이치로 인하여 섭리에 밝은 성인은 매사를 어떤 의도나 욕심을 가지고 처리하지 않기 때문에 실패하는 경우가 없고, 자기 소유라고 집착하지 않기 때문에 잃어버리는 경우도 없다. 사람들 일 처리를 보면 항상 일이 거의 다 이루어질 무렵에 망치게 되는데, 일을 마무리할 때도 시작할 때의 마음가짐으로 신중을 기해야만 망치는 일이 없다.

이 때문에 섭리에 밝은 성인은 욕심내지 않고자 노력하고, 얻기 힘든 재물을 귀중하게 생각하지 않으며, 지식을 늘이고자 하지 않는 자세를 견지하고, 일반인들이 지나치기 쉬운 부분으로 관심을 돌리고자 하는 것이다. 그리하여 만물의 자연 그대로의 본연의 모습을 유지할 수 있게 도와주며 감히 억지로 자신의 욕심에 따른 행위를 하지 않는 것이다.

[이해하기]

이 장은 앞의 제63장, 다음의 제65장과 많은 내용이 유사하며, 노자 사상의 핵심인 무위를 이루는 구체적인 방법을 설명하고 있다. 그 방법의 하나로 성인을 예로 들면서 '不欲'(불욕)과 '不學'(불학)을 강조하고 있는데, 욕심내지 않음과 욕망의 실마리로서의 지식을 부정한 것이다. 그러나 어쩌면 최상의 단계는 그러한 이분법적 구분 자체가 사라지는 단계가 아닐까 싶다. 가령 위(爲)와 무위(無爲), 욕(欲)과 불욕(不欲), 학(學)과 불학(不學)에 대한 구분 자체가 사라지는 단계, 그것은 불가의 선정 수행에 있어서의 분별이나 집착을 떠난 상태인 '무념무상'(無念無想)의 단계와 통한다고 볼 수도 있을 것이다.

[사족]

'도'는 우주 만물에 모두 적용되는 절대적인 섭리이다. 거꾸로 말하면 섭리에서 벗어나지 못하는 우주 만물은 모두 섭리에 따라 생멸·변화·순환 등의 과정을 겪는다. 따라서 우주 만물, 모든 일들이 섭리와 무관하게 돌발적으로 생기거나 변하거나 사라지는 법은 없다. 자연과학상의 돌연변이 역시 그 자체에는 그럴 수밖에 없는 섭리가 작용하고 있을 뿐이다. 변화의 시간이 찰나이든 억겁이든 그것은 모두 섭리에 따른 일련의 과정이라고 볼 수 있다. 그럴진대 우리가 섭리를 잘 깨달으면 우주 만물의 변화와 우리가 겪는 모든 일들의 변화 모습, 크게는 역사의 변천을 파악하는 것도 어렵지 않다. 지금 세계의 경제 또는 미래를 예측하는 학자들 또한 바로 이러한 섭리를 깨치고자 남다르게 노력한 사람이라고 할 수 있다. 다만 정도의 차이에 따라 예측의 정확률이 달라질 뿐이다. 조짐·징조라는 말이 있다. 이것은 앞으로 일어날 변화에 대한 일종의 예고인 셈인데, 이것을 볼 줄 안다면 미래에 대해 미리 대비할 수 있으며, 그리하여 일을 망치는 경우를 줄일 수 있다. 자신의 몸 상태의 변화도 마찬가지다. 그 조짐을 잘 알면 병이 크기 전 미연에 예방할 수 있으며 건강한 삶을 누릴 수 있다. 대부분 몸이 보여주는 꾸준한 조짐을 무시하는 바람에 몸을 망치거나 생명을 잃게 되는 것이다. 현재를 알려면 과거를 알아야 하고, 과거와 현재를 잘 알면 미래를 알수 있다.

제65장

고지선위도자(古之善爲道者)
똑똑한데 악한 사람이 가장 나쁘다

古之善爲道者, 非以明民, 將以愚之. 民之難治, 以其智多. 故以智治國, 國之賊, 不以智治國, 國之福. 知此兩者, 亦稽式. 常知稽式, 是謂玄德, 玄德深矣遠矣. 與物反矣, 然後乃至大順.

- **稽式(계식):** 법칙. 공식. 준칙.
- **與物反矣(여물반의):** '物'은 만물이란 뜻인데, 여기에서는 백성이란 뜻으로 쓰였다. 어떤 번역본은 "오묘한 덕성의 모습이 일반 사물과는 반대 모습을 띠고 있다"라고 해석하기도 한다.

❖ 옛날에 섭리를 잘 따르던 사람들은 백성들을 총명하게 만들지 않고 오히려 어리석게 만들었었다. 백성들을 잘 다스리기가 어려운 까닭은 그들이 너무 영리하기 때문이다. 그러므로 영리한 지혜로써 나라를 잘 다스리고자 하는 것은 나라에 도적들이 넘쳐나게 하는 것이요, 영리한 지혜로써가 아니라 순박한 자연의 섭리로써 나라를 다스리고자 하는 것은 나라에 복이 넘쳐나게 하는 것이다. 이 두 가지의 원리에 대해 아는 것 역시 하나의 법칙이다. 항상 이러한 법칙을 아는 것을 '깊이를 헤아릴 수 없는 오묘한 덕성'이라고 하는데, 이러한 오묘한 덕성

은 심원하기 그지없다. 백성들과 함께 본래의 이러한 오묘한 덕성으로 돌아가야 하며, 그런 연후에라야 비로소 자연의 섭리를 완전히 따르게 되는 것이다.

[이해하기]

노자 정치관의 일면을 엿볼 수 있는 부분이다. 대개 이 장은 노자를 우민정치의 원조로 보게 만들었으며, 나아가 백성들의 눈과 귀, 입을 막는 독재를 펼치는 후대 전제주의 정치가들의 '유위'(有爲)적인 구실이 되기도 했다. 그러나 노자가 말하는 어리석음은 결코 독재의 구실로서의 올바른 지각 행위 자체를 막는 지혜의 마비를 뜻하는 것이 아니다. 그것은 노자 전체에 걸쳐 일관되게 스며있는 욕망과 이기의 원천인 영리함을 막는 어리숙함일 뿐이다. 다시 말하면 노자가 말하는 어리석음은 자기의 욕망과 이익을 채우는 것에 어리석음이지 사리 판단의 어리석음이 아니다. 비약하면 노자의 어리석음은 자기의 욕망과 이익을 비우는 대신 그것을 남을 위해 베푸는 것에 대한 영리함이자 총명함이라고 할 수 있다. 이는 노자가 그리는 이상향 건설의 기본 조건인 셈이다.

지식의 부정은 지식 그 자체 때문이 아니라, 욕망의 창구이자 실마리 역할로서의 지식이기 때문이다. 사물 또는 대상을 객관적 존재 그대로, 즉 있는 그대로 대하지 못하고 항상 자신의 지식, 편견, 감정, 욕망, 의도 등으로 대한다. 그래서 대상의 본래 모습인 진상은 곧잘 왜곡된다. 노자의 '무위' 사상은 바로 여기에서 출발한다. 이 때문에 노자는 '유위'의 실마리가 되는 '지'(智)를 부정하는 대신 오히려 '무위'의 실마리인 '우'(愚)를 긍정한 것이다.

[사족]

　세상에는 두뇌 회전이 빠른 똑똑한 사람도 있을 것이요, 그렇지 못한 우둔한 바보 같은 사람도 있을 것이요, 인간성이 착한 사람도 있을 것이고, 남에게 해를 끼치거나 자기밖에 모르는 나쁜 인간성을 가진 사람도 있을 것이다. 지혜와 품성이란 두 기준에 다시 똑똑함과 우둔함, 착함과 악함이란 두 속성을 조합하면 인간을 크게 네 종류, 즉 똑똑한 착한 사람, 똑똑한 악한 사람, 우둔한 착한 사람, 우둔한 악한 사람으로 구분할 수 있다. 이 중에서 세상에 가장 나쁜 영향을 끼치는 부류는 바로 똑똑한 악한 사람이라고 하겠다. 주위를 둘러보거나 세계 역사를 돌아보면, 좁게는 한 가정에서부터 나아가 사회, 단체, 기업 등은 물론 넓게는 한 나라나 전 세계에 이러한 똑똑한 악한 사람이 얼마나 나쁜 역할을 담당했었던지는 쉽게 알 수 있다. 《자치통감(資治通鑑)》의 저자 송(宋)나라 사마광(司馬光) 역시 이러한 이치를 임금에게 상주하였다.

　　신 사마광은 아뢰옵니다. 지백(智伯)이 망한 것은 재주가 덕보다 많았기 때문입니다. 무릇 재주와 덕은 다른 것이지만 세속 사람은 구별하지 못하고 통틀어서 현명하다고 하는데, 이것이 바로 사람을 잃게 되는 이유입니다. 무릇 똑똑하게 사리를 잘 살피고 의지가 굳건한 것을 재주라고 하고, 정직하며 어느 한쪽으로 치우침 없는 공평한 마음씀을 덕이라고 합니다. 재주란 것은 덕을 보조하는 것이고, 덕이란 것은 재주를 통솔하는 것입니다. 운몽(雲夢)에서 나오는 대나무는 세상에서 제일가는 단단한 것이지만, 굽은 것을 바로잡지 않거나 깃털을 끼우지 않는다면 단단한 것을 뚫을 화살이 될 수가 없습니다. 당계(棠溪)에서 나는 쇠는 세상에서 제일가는 예리한 것이지만, 용광로에 넣어 주조하지 않거나 갈지 않는다면 강한 것을 뚫을 칼이 될 수 없습니다. 이 때문에 재주와 덕을 온전히 다 갖춘 사람을 '성인'이라고 하고, 재주와 덕, 두 가지가 모두 없는 사람을 '바보'라고 하며, 덕이 재주를 능가하는 사람을 '군자'라고 하고, 재주가 덕을 능가하는 사람을 '소인'이라고 합니다.(臣光曰, 智伯之亡也, 才勝德也. 夫才與德異, 而世俗莫之能辨, 通謂之賢, 此其所以失人也. 夫聰察強毅之謂才, 正直中和之謂德. 才者, 德之資也, 德者, 才之帥也. 雲夢之竹, 天下之勁也. 然而不矯揉, 不羽括, 則不能以入堅. 棠溪之金, 天下之利也. 然而不熔范, 不砥礪, 則不能以擊強. 是故才德全盡謂之聖人. 才德兼亡謂之愚人, 德勝才謂之君子, 才勝德謂之小人.)

무릇 사람을 선택하는 방법으로, 만약 성인이나 군자를 찾아서 그와 함께하지 못한다면 소인을 선택하느니보다 차라리 어리석은 바보를 선택하는 것이 낫습니다. 왜냐하면 군자는 재주를 지니고서 착한 행동을 하지만 소인은 재주를 지니고서 나쁜 짓을 하기 때문입니다. 어리석은 사람은 나쁜 짓을 하려고 해도 자신의 지혜가 미치지 못하고 힘이 감당해 내지 못합니다. 비유하자면 강아지가 사람을 물려고 해도 사람이 이를 막을 수 있는 것과 같습니다. 소인은 지혜가 간교한 짓을 행할 수 있을 정도로 충분하고, 용기가 난폭한 짓을 결행할 수 있을 정도로 충분한데, 이는 사나운 호랑이가 날개를 다는 격이니, 그 해로움이 어찌 많지 않겠습니까!(凡取人之術, 苟不得聖人君子而與之, 與其得小人, 不若得愚人. 何則君子挾才以爲善, 小人挾才以爲惡. 挾才以爲善者, 善無不至矣, 挾才以爲惡者, 惡亦無不至矣. 愚者雖欲爲不善, 智不能周, 力不能勝. 譬如乳狗搏人, 人得而制之. 小人智足以遂其姦, 勇足以決其暴, 是虎而翼者也. 其爲害, 豈不多哉!)(《資治通鑑》<周紀>卷1, 威烈王 23년)

그런데도 지금 세계의 교육은 사람 품성의 선악보다 지혜의 총명함에만 매달리고 있으니, 이것이야말로 어리석기가 그지없다고 할 것이다. 세계는 지금 지식 교육보다 덕성 교육의 필요성이 절실하다. 사족이 길었다.

제66장

강해소이능위백곡왕자(江海所以能爲百谷王者)

성인은 바보 같다

江海所以能爲百谷王者, 以其善下之, 故能爲百谷王. 是以欲上民, 必以言下之, 欲先民, 必以身後之. 是以聖人處上而民不重, 處前而民不害, 是以天下樂推而不厭. 以其不爭, 故天下莫能與之爭.

- **谷(곡)**: 계곡물. 시내.
- **上民(상민)**: 윗자리에서 백성을 다스리다.
- **重(중)**: 무겁게 여기다.

❖ 강과 바다가 수많은 계곡물의 왕이 될 수 있는 까닭은 자신을 그들보다 낮추기 때문이다. 그래서 수많은 계곡물의 왕이 될 수 있는 것이다. 이런 이유로 백성들을 위에서 다스리고자 하면 반드시 겸손한 말로써 백성들보다 자신을 낮추어야 하고, 백성들을 앞에서 이끌려면 반드시 겸손한 태도로써 백성들보다 자신을 뒤에 두어야 한다. 이 때문에 섭리에 밝은 성인이 백성들 위에 있어도 백성들은 무겁게 여기지 않고, 백성들 앞에 있어도 백성들은 자신들에게 해가 된다고 생각하지 않는다. 이 때문에 세상 사람들 모두가 즐거운 마음으로 그를 추대하면서

싫증 내지 않는다. 섭리에 밝은 성인은 남들과 다투지 않기 때문에 세상에는 그와 다툴 수 있는 사람이 없다.

[이해하기]

이 장 역시 노자가 이 책 전체에 걸쳐 강조하고 있는, 자신을 뒤로 미루는 겸양의 덕성을 말하고 있다. 부담스럽지 않은 사람, 자신에게 해가 된다고 생각되지 않는 사람, 그 사람은 어떤 사람일까. 그 사람이 자신의 사욕을 챙기기 위해 나를 경계하고 있다는 생각이 들 때, 또는 자신의 이익 추구라는 목적을 달성하기 위해 어떤 의도를 가지고 있다고 생각될 때 나는 상대가 부담스러울 수밖에 없다. 성인이 부담스럽지 않은 까닭은 바로 이와 반대이기 때문이다. 실제 결과는 성인이 백성 위에 군림하고 앞에서 이끌지만 그것은 결코 성인이 자신을 낮추거나 뒤에 두는 행동의 목적이 아니었다. 단지 아무 목적 없는, 즉 '무위' 행위의 결과일 뿐이다. 이 때문에 우리는 이 점을 특히 주의해야 한다. 만약 남 위, 남 앞에 서기 위해 자신을 낮춘다면 어쩌면 그 목적을 달성할 수 없을지도 모르기 때문이다. 진정으로 남보다 아래, 남보다 뒤에 서겠다는 생각이어야 한다.

[사족]

바보는 고대로부터 희극의 주요 소재가 되어왔다. 사람들은 바보의 행위를 보면서 마음의 긴장을 푼다. 연극과 마찬가지로 실제 생활에 있어서도 바보는 사람들에게 부담감을 주지 않으며, 적대적인 생각을 갖지 않게 하는 존재이다. 그런 의미에서 어쩌면 성인과 통한다고 하겠다. 성인과 바보의 상통하는 부분은 바로 사람들이 부담스러워하거나 해롭게 여기지 않는다는 점인데, 그 이유는 양자 모두 자신의 욕망과 이익을 쟁취하기 위한 경쟁적 존재로 생각되지 않기 때문이다. 반대로 비극의 주인공들은 대부분 신분이 높거나 학문이 깊은 사람들이다. 이는 관객들이 만만하게 보면서 긴장을 푸는 일이 없게 하기 위해서이다. 이것이 바로 희비극의 원리이다.

제67장

천하개위아도대(天下皆謂我道大)

사랑하기에 용감할 수 있다

天下皆謂我道大, 似不肖. 夫唯大, 故似不肖. 若肖, 久矣其細也夫. 我有三寶, 持而保之, 一曰慈, 二曰儉, 三曰不敢爲天下先. 慈故能勇, 儉故能廣, 不敢爲天下先, 故能成器長. 今舍慈且勇, 舍儉且廣, 舍後且先, 死矣! 夫慈以戰則勝, 以守則固. 天將救之, 以慈衛之.

- **我(아)**: 노자 자신.
- **舍(사)**: 捨(사)자와 같은 뜻. 버리다.

❖ 세상 사람들 모두 내가 말하는 섭리는 너무 커서 세상 그 무엇과도 닮은 게 없는 것 같다고 한다. 무릇 오직 크기 때문에 그 무엇과도 닮지 않은 것 같을 것이다. 만약 내가 말하는 섭리가 다른 그 무엇과 닮았다면 오래전부터 그것은 자질구레한 것이었을 것이다.

나에게는 세 가지 보물이 있는데, 항상 그것을 간직하고 지킨다. 첫째는 자애, 즉 남을 사랑하는 마음이고, 둘째는 욕망을 절제하는 검소함이며, 셋째는 감히 세상 사람들보다 앞서지 않는 것이다. 세상 사람들을 사랑하기 때문에 그들을 위해 용감할 수 있고, 욕망을 절제하며 검약하기 때문에 항상 물품이 넓게 넘쳐나고, 감히 세상 사람들 앞에 나서지 않기 때문에 관리들의 우두머리가 될 수 있는 것이다. 지금 세상은 진정으로 남을 사랑하는 마음은 버린 채 용감하게 굴려고만 하고, 욕망의 절제인 검소함을 버린 채 물품을 넘쳐나게 쓰려고만 하고, 남의 뒤에 서기를 포기한 채 항상 앞에만 서려고 하는데, 결국 자신의 생명을 버리게 될 뿐이다.

무릇 남을 진정으로 사랑하는 마음을 가지고 전쟁하면 승리할 수 있으며, 사랑하는 마음으로 수비하면 견고하게 지킬 수 있다. 하늘도 사랑하는 마음을 가진 사람이 위험에 빠지면 도와줄 것이며, 사랑의 마음으로 그를 지켜줄 것이다.

[이해하기]

서두 부분은 노자가 깨달은 우주 자연의 섭리인 '도'를 다시 설명하고 있다. 우주 안의 모든 것을 다 포용하는 섭리이기 때문에 우주 안의 어떤 특정 사물과 닮을 수가 없다. 이는 제1장에서 이미 "진리는 무슨 진리라고 말할 수 있으면 언제 어디에서나 적용될 수 있는 보편적인 진리가 아니다."(道可道, 非常道.)라고 말했다.

다음으로 노자가 지닌 세 가지 보물에 대해 말하고 있다. 바로 사랑과 검약, 그리고 겸양이다. 진정 사랑할 줄 아는 사람만이 사랑하는 대상을 위해 용기를 가질 수 있고, 진정 욕망을 절제하며 검약할 줄 아는 사람만이 넉넉하게 쓸 수 있고, 진정 남들 뒤에 설 수 있는 사람만이 남의 앞에 설 수 있다. 여기에서 세 번째 '不敢爲天下先'은 다른 말로 표현하면 바로 '후'(後: 남보다 뒤에 서는)가 될 것이며, 이는 결국 겸양의 다른 표현이라고 하겠다.

[사족]

삼보(三寶)라는 말은 불가에서는 불교를 이루는 핵심인 불, 법, 승을 가리킨다. 즉 불법을 깨달은 붓다와 불법, 그리고 불법을 깨닫기 위해 수행하는 승가를 의미한다. 좀 더 구체적으로 말한다면 불보(佛寶)인 붓다는 불법을 깨달은 석가모니를 비롯한 모든 부처를 가리키며, 법보(法寶)는 불교의 모든 가르침과 가르침을 담은 경전을 가리키며, 승보(僧寶)는 불교의 가르침에 따라 계율을 지키며 수행하는 모든 출가 사문을 가리킨다. 우리나라에는 삼보사찰로 불리는 절이 있는데, 즉 불보사찰인 양산의 통도사, 법보사찰인 합천의 해인사, 승보사찰인 순천의 송광사가 여기에 해당하며, 각각 해당 사찰의 특징을 나타낸다.

제68장

선위사자불무(善爲士者不武)

진정 잘 싸우는 자는 폭력적이지 않다

善爲士者不武, 善戰者不怒, 善勝敵者不與, 善用人者爲之下. 是謂不爭之德, 是謂用人之力, 是謂配天, 古之極.

- **士(사):** 여기에서는 병사를 통솔하는 장수를 가리킨다.
- **配天(배천):** 천도에 부합하다. 자연의 섭리에 부합하다.

❖ 정말 훌륭한 장수는 자신의 무력을 시행하지 않고, 정말 잘 싸우는 사람은 화를 내지 않고, 적을 잘 이기는 사람은 적에게 말려들어 대적하지 않고, 사람을 잘 쓰는 사람은 사람들의 아래에 처한다. 이러한 것을 다투지 않는 덕성이라고 하며, 이러한 것을 사람을 쓰는 능력이라고 하며, 이러한 덕성을 하늘의 섭리에 부합하는 것이라고 하는데, 옛날부터 전해오는 지극한 법도이다.

[이해하기]

잘 싸우는 뛰어난 장수는 자신이 무력을 먼저 행사하지 않는다. 반대로 힘이 부족한 장수는 곧잘 자신의 용맹함을 과시한다. 이는 동물 세계를 보면 잘 알 수 있다. 개의 경우, 몸집이 작고 싸움에 약한 개일수록 미리 상대방에게 털을 세우며 사납게 짖어댄다. 반대로 싸움 능력이 뛰어난 개일수록 별로 자신을 과시하지 않고 아예 싸우려 들지도 않는다. 이것은 싸움에만 적용되는 이치가 아니다. 사람들은 대체로 자신이 부족한 부분을 가리고자 하는 본능이 있다. 그래서 지식이 없는 사람일수록 아는 것이 많은 체하기 쉽고, 부귀에 대해 민감하게 반응하는 사람일수록 근본적으로 빈천한 사람일 경우가 많다. 남에게 과시하거나 화를 내거나 싸움을 벌이는 것은 결국 자신의 부족함을 인식한 나머지 그것을 남에게 보이지 않겠다는 의도, 즉 '유위'(有爲)적 행위에 지나지 않는다. 자신의 능력을 인식조차 않는 것, 그것이 정말 훌륭한 능력인 것이다. 《장자(莊子)》에 싸움닭 이야기가 나온다.

기성자(紀渻子)가 제나라 왕을 위하여 싸움닭을 길렀다. 닭을 훈련 시킨 지 열흘만에 왕이 물었다. "닭이 싸울 수 있겠느냐?" 기성자가 대답하였다. "아직 안 됩니다. 지금은 허세를 부리며 자신의 실력을 믿고 있습니다." 열흘 후에 임금이 다시 물었는데, 기성자가 대답하였다. "아직은 안 됩니다. 다른 닭의 소리만 들어도 바로 그것에 대응하고 다른 닭의 그림자만 보아도 그것에 대응합니다." 열흘 후에 또 물었는데, "아직 안 됩니다. 상대를 얕잡아 보고 싸우면 반드시 이긴다고 기세를 올리고 있습니다." 열흘 후에 또다시 묻자, "거의 다 된 것 같습니다. 울면서 덤비는 닭이 있더라도 낯빛이 변하지 않고 바라보는데 흡사 나무로 깎아 놓은 닭 같습니다. 그 덕성이 완전합니다. 다른 닭들이 감히 대들지 못하고 달아날 것입니다."(紀渻子爲王養雞, 十日而問, "雞已乎?" 曰, "未也, 方虛憍而恃氣." 十日又問. 曰, "未也, 猶應響影." 十日又

問. 曰, "未也, 猶疾視而盛氣." 十日又問. 曰, "幾矣. 雞雖有鳴者, 已無變矣.
望之似木雞矣, 其德全矣. 異雞無敢應者, 反走矣.") (《莊子·達生》)

[사족]

윗사람으로서 아랫사람을 잘 거느리는 사람은 어떤 사람일까. 노자
의 지혜를 빌면 아랫사람에게 군림하면서 명령하는 사람이 아니라 반
대로 아랫사람을 받들고 추켜세워 주면서 그들 스스로 윗사람처럼 알
아서 일을 처리해 나갈 수 있도록 해 주는 사람이라고 한다. 요즘 대개
의 정치인들의 입에 발린 말, '국민을 섬긴다'는 것이 바로 이런 원리에
서 나온 것이지만, 진정으로 국민을 섬기는 사람은 보기 어려운데, 이
는 섬김 그 자체가 '무위'에서 말미암은 것이 아니라 이미 그들 위에 군
림하겠다는 목적의식 '유위'에서 나온 것이기 때문이다.

제69장

용병유언(用兵有言)

전쟁이란 마지못해 하는 흉사

用兵有言, 吾不敢爲主而爲客, 不敢進寸而退尺. 是謂行無行, 攘無臂, 扔無敵, 執無兵. 禍莫大於輕敵, 輕敵幾喪吾寶. 故抗兵相加, 哀者勝矣.

- **行無行(행무행):** 1) '행'은 나아가다, 진격하다의 뜻. '무행'은 無爲(무위)의 行(행)으로서, 적을 치겠다는 목적의식을 염두에 두지 않은 진격을 말한다. 이하 세 개의 '無'자도 쓰임이 같다. 2) 나아가는 행위가 없는 데도 나아가는 효과를 보는 것. 이하 '팔 없이 팔을 걷어 올리지만 실제 그 효과를 보는 것', '적 없이 치지만 적을 물리치는 효과를 보는 것', '무기를 손에 잡지 않았어도 손에 잡은 효과를 보는 것' 등으로 풀이할 수 있다. 3) '行'은 진을 치다 라는 뜻. 칠 진이 없는 것처럼 진을 친다 라는 뜻. 이하 '걷어 올릴 팔이 없는 것처럼 팔을 걷어 올리고, 공격할 적이 없는 것처럼 적을 공격하고, 잡을 무기가 없는 것처럼 무기를 잡고'라는 뜻으로 풀이한다.
- **攘臂(양비):** (흥분하거나 화가 나서) 소매를 걷어 올리다. 제38장에 "攘臂而扔之(소매를 걷어붙이고 억지로 끌어당겨 하도록 시킨다)라는 말이 나온다.
- **扔(잉):** 던지다. 당기다. 부수다. 치다.
- **吾寶(오보):** 제62장의 '三寶'(삼보)인 慈(자), 儉(검), 不敢爲天下先(불감위천하선). 또는 나라의 인명이나 재산을 의미하기도 한다.
- **抗兵(항병):** 1) 무기를 들다. 2) 서로 대항하는 병사. 3) 군사를 동원하다.
- **相加(상가):** 1) 접전하다. 2) 서로 군사력을 증강하다.

❖ 병사 운용법에 다음과 같은 격언이 있다. 즉, "절대로 전쟁을 도발하는 주동자가 되지 말고 부득이할 경우 공격에 응전하는 수비자가

되고, 한 치라도 진격하기 위해 희생을 감수하지 말고 차라리 한 자를 후퇴하더라도 희생을 줄인다."라고 했다. 이러한 행동을 일컬어 염두에 두지 않고 진격하고, 염두에 두지 않고 팔을 걷어 올리고, 염두에 두지 않고 적을 공격하고, 염두에 두지 않고 무기를 잡는다고 하는 것이다. (염두에 둔다는 말은 전쟁에 있어서 적군을 죽이고 반드시 승리하겠다는 생각을 말한다.)

적을 얕보는 것보다 더 큰 화가 없다. 적을 경시하면 자칫 자신의 보배를 잃게 될 것이다. 그러므로 무기를 들고 서로 맞붙어 싸울 때는 전쟁을 슬프게 여기는 쪽이 이긴다.

[이해하기]

이 장은 제31장, 제67장 등과 같이 노자의 전쟁관의 일면을 보여주는 부분이다. 노자의 전쟁관은 전쟁이란 하지 않아야 할 흉사라고 여긴다. 다만 부득이한 경우, 응전하여 수비하는 것에 그친다고 하였다. 그럴 경우 항상 전쟁으로 인한 희생을 슬퍼하는 마음을 가져야 한다고 했으며 그런 사람이 승리한다고 했다.

[사족]

부득이해서 하는 것과 자발적인 것. 예를 들면 반장 선거에 어쩔 수 없이 나가 반장이 되는 것과 자발적으로 나가 반장이 되는 것의 차이는 무엇인가. 이는 '무위'(無爲)와 '유위'(有爲)의 차이다. 노자 지혜의 핵심을 '무위'라고 할 때, '무위'는 어떤 목적의식이나 욕심이 없는 것이니, 그것은 자발적일 수가 없다. 그래서 어쩔 수 없이 피동적으로 임하는 것이다. 그렇다면 성인을 피동적으로 만드는 주체는 무엇인가. 그것은 결국 '도', 즉 우주 만물, 자연의 섭리이다. 전쟁에서조차 물러남의 섭리를 말하고 있으니, 노자의 지혜는 겸양이 핵심이라고 할 수 있다. 그런 의미에서 공자의 사상과도 정확히 일치한다.

제70장

오언심이지(吾言甚易知)
진리의 말은 너무나도 쉽건만

吾言甚易知, 甚易行, 天下莫能知, 莫能行. 言有宗, 事有君, 夫唯無知, 是以不我知. 知我者希, 則我者貴, 是以聖人被褐懷玉.

- **宗(종):** 종지(宗旨). 주지(主旨). 골자.
- **君(군):** 주인. 근본. 중심. '宗'과 같은 의미.
- **則(칙):** 법칙으로 삼다. 본받다. 따르다. 드물게는 '그리하여'라는 접속사로 보기도 하는데, 이 경우 앞 구와 함께 "나를 아는 사람이 드물어서 내가 귀해진다."라고 해석된다.
- **貴(귀):** 드물다. 희귀하다. 적다.
- **褐(갈):** 올이 굵은 거친 베.

❖ 내 말은 이해하기가 매우 쉬우며 실행하기도 매우 쉽지만, 세상에는 이해하는 사람도 없고 실행하는 사람도 없다. 말에는 골자가 있고 일에는 근본이 있는 법인데, 대개는 오로지 그것을 모르기 때문에 나를 이해하지 못한다. 나를 이해하는 사람이 드물고 나를 본받는 사람이 희귀하니, 이 때문에 섭리에 밝은 성인은 거친 베옷을 입은 채 속에 귀한 옥을 품고 있는 것과 같다.

[이해하기]

세상의 섭리에 밝은 사람의 눈에는 그렇지 못한 사람이 얼마나 안타깝게 비칠 것인가. 온갖 비근한 예를 다 동원하고 몸소 행동으로 보여 줘도 사람들은 오히려 비웃기만 하고 섭리와는 반대 방향으로 나아가니 답답하기도 할 것이다. 오죽했으면 "낮은 수준의 인격을 갖춘 사람은 진리를 들으면 크게 웃어버리는데, 이들에게 비웃음을 받지 않으면 진리라고 하기에는 부족하다."(下士聞道, 大笑之, 不笑, 不足以爲道.)(제41장)라고까지 했을까.

진리는 간단하며 그에 따른 행동 역시 간이하다. 복잡하면 그것은 벌써 진리가 아니다. 그런 측면에서 볼 때 석가모니가 깨친 '자비'(慈悲)의 진리나 공자가 깨친 '인'(仁)의 진리가 같은 것으로 간단히 알기 쉽게 '사랑'이라고 할 수 있다. 그 사랑에 따른 행동 역시 간단히 말하면 남을 우선하고 자기를 뒤로하는 '겸양'일 것이다. 섭리에 밝은 성인과 그렇지 못한 중생들과의 관계는 비유하자면 부모와 자식과의 관계가 아닐까. 부모가 아무리 쉬운 말로 바른길을 제시해도 자식은 도무지 알아듣지를 못하는 것이 닮았다.

[사족]

이 장의 내용을 보면 사서의 기록과는 달리 노자는 생존 당시에 이미 사람들에게 자신의 가르침을 전수했었다는 사실을 알 수 있다. 그 대상은 아마도 제후와 같은 위정자들이었을 것이다. 그렇기에 자기의 말이 이해하기도 쉽고 실행하기도 쉬운데 막상 이해하거나 실행에 옮기는 사람이 없다는 답답한 심정을 피력한 것이다. 그래서 그 결과는 전국시대라는 혼란 속으로 빠져든 것이고.

제71장

지부지(知不知)
모르면서 아는 척하지 마시라

知不知, 上, 不知知, 病. 夫唯病病, 是以不病. 聖人不病, 以其病病, 是
以不病.

- **知不知(지부지):** '자신이 알지 못한다는 것을 아는 것' 또는 '도는 알 수 없는 것이란 걸 아는 것'이
  라고 해석하기도 한다. 전자는 소크라테스의 '너 자신을 알라'라는 말과 통하며, 후자는 도의 불
  가지성을 말한 것이다.
- **病(병):** 병. 병폐. 병통. 단점. 결점. 흠. 잘못.

❖ 자신이 알고 있으면서도 알지 못한다고 생각하는 것이 최상이
요, 실제 모르면서도 안다고 생각하는 것이 고질적 병폐이다. 무릇 자
신의 병폐를 병폐라고 생각할 줄 알면 이 때문에 오히려 병폐가 되지
않는다. 섭리에 밝은 성인이 병폐가 되지 않는 것은 자신의 병폐를 병
폐라고 생각하기 때문이며, 이 때문에 병폐가 되지 않는 것이다.

[이해하기]
어설픈 지식은 완고한 편견의 근원이 된다. 가장 무서운 것은 이러

한 어설픈 지식, 잘못된 지식을 남에게 자랑하거나 전달하는 것이다. 즉 아는 척하는 것이다. 그것이 결국 다른 사람에게도 나쁜 영향을 끼치기 때문이다. 그런 사람은 사기꾼이다. 이 장 역시 노자 사상 전체적으로 본다면 지식적 측면에서 남보다 내가 못하다는 겸양의 태도를 강조한 것으로 볼 수 있다.

중국을 공부하는 사람의 경우를 예로 들어서 앎의 단계에 대해 설명해 보기로 한다.

1) 중국을 공부하기 전의 단계: 당연히 중국에 대해서 실제 아무것도 아는 것이 없다. 그렇기 때문에 중국에 대한 자신의 무지를 스스로도 인정한다. 즉, 모르는 것을 모른다고 한다. 이는 병폐는 아니다.

2) 중국을 공부한 이후, 학교에서의 2~3년 간의 중국에 대한 공부 및 1년 간의 중국 유학 경험을 통해 어느 정도 중국을 이해한 단계: 중국이 어떻다는 것을 나름대로 많이 알고 있다고 생각하게 된다. 그러나 실제 알고 있는 중국에 대한 지식은 전문가의 입장에서 볼 때 거의 초보적인 수준이거나 잘못된 지식일 경우가 많다. 그런 측면에서 볼 때, 이는 모르는 것을 안다고 생각하는 병폐에 빠지기 쉬운 단계이다.

3) 대학 졸업 후, 중국 관련 기업에 취업, 중국 현지에 파견되어 10년 이상 근무한 단계: 중국은 아무리 이해하고자 해도 이해하기 어려운 것으로 파악될 수도 있을 것이다. 그래서 남들에게 섣불리 중국에 대해 어떻다고 말하기를 어려워할 것이다. 그리하여 자신이 확실하게 체득한 지식이 아니면 감히 안다고 말하지 않고 차라리 모른다고 할 것이다. 본문과 결부시키면 나는 아직 중국에 대해 잘 모른다고 생각하기 때문에 오히려 잘못을 저지르는 일이 없게 되는 것이다.

[사족]

절대적이면서 완벽한 지식이 과연 존재할까. 소크라테스처럼 끊임없이 질문을 해 들어가면 결국에는 막힐 수밖에 없다. 이러한 지식의 불완전성 때문에 사람들은 공부를 하며, 공부를 통해 자신을 발전시켜 나가는 것이다.

아는 척하는 것과 관련하여 사족을 더 달아볼까 한다. 주변을 보면 역사 속의 인물이나 사건에 대해 간단하게 나쁘다, 옳다 등으로 단정해 버리는 사람들을 흔히 볼 수 있다. 한 인물만 두고 보더라도 그 사람의 삶에는 수많은 드러나지 않은 삶의 얼개들이 뒤섞여 있으며, 그 속에는 또한 선과 악, 나아가 선악으로 구분하지 못하는 숱한 요소들이 뒤섞여 있는데도 과연 한 마디로 선인이나 악인이라고 단언할 수 있을까. 사건도 마찬가지다. 어떠한 사건 하나가 발생하기 위해서는 그야말로 오랜 시간 동안의 수많은 요소와 인연의 고리, 이해관계들이 뒤엉켜 있는데, 그것을 일도양단하듯 옳은 일, 나쁜 일이라고 판단할 수 있을까. 도의 원리로 보면 선 속에 악이 깃들어 있고, 악 속에도 선이 깃들어 있는데도 말이다. 그래서 지금 주변의 사람이나 사건들을 판단하기도 어렵고, 역사 속의 인물이나 사건을 판단하는 것은 더더욱 어렵고 조심스러운 것이다.

제72장

민불외위(民不畏威)

겁 없는 세상

民不畏威, 則大威至, 無狎其所居, 無厭其所生. 夫唯不厭, 是以不厭.
是以聖人自知不自見, 自愛不自貴, 故去彼取此.

- **大威(대위):** 하늘의 위엄. 천벌.
- **狎(압):** 본래는 '친하다'의 뜻이나, 여기에서는 '狹(협: 협박하다. 핍박하다)의 뜻으로 쓰였다.
- **厭(엽):** 누르다. 압박하다.
- **厭(염):** 싫어하다. 미워하다. 물리다.
- **自見(자현):** 자신을 백성들에게 훤하게 드러내다.
- **去彼取此(거피취차):** 본문 번역과는 달리 '형벌정치를 버리고 무위자연의 정치를 행한다'라고
  풀이하기도 하는데, 일리가 있다.

❖ 백성들이 위압을 두려워하지 않게 될 때 더욱 큰 위압인 천벌이 닥
치게 될 것이다. 백성들의 거처를 핍박하지 말며, 백성들의 삶을 압박하지
말아야 한다. 무릇 통치자가 압박하지 않기 때문에 백성들도 통치자를 싫
어하지 않는 것이다. 이 때문에 섭리에 밝은 성인은 자신이 잘 알고 있으
면서도 백성들에게 그런 자신을 잘 드러내지 않으며, 자신을 사랑하지만
자신을 귀하게 여기지는 않는다. 이 때문에 성인은 저와 같은 행동인 자신

을 드러내면서 자신을 귀하게 여기는 일을 하지 않고, 이와 같은 행동인 자신을 잘 드러내지 않으면서 자신을 사랑하는 행동을 하는 것이다.

[이해하기]

사람들이 부모 또는 연장자의 권위나 위엄에 대해 겁내지 않거나, 나라의 지도자의 권위나 법의 권위에 대해 겁내지 않거나, 나아가 자연의 위엄인 섭리에 대해서까지 겁내지 않고 얕보게 되면 더 큰 위엄을 맞게 된다. 바로 하늘의 권위이자 위엄으로서, 하늘에서 내리는 천벌을 받게 된다는 말이다. 백성들의 삶을 압박하면 그 결과 백성들은 위정자의 권위를 무시하거나 불사하고 대들게 된다. 그렇게 되면 결국 나라가 망하는 천벌을 받게 되는 것이다. 이런 이치 때문에 백성들의 삶을 해치지 않으면서 도와줘야 하는 것이다.

[사족]

요즘 우리 사회를 돌아보면 온통 용감무쌍한 사람들 천지라는 것을 느낀다. 상대에 대해서 도무지 겁이 없다. 인간은 자연을 겁 없이 훼손하고 위정자는 국민을 겁낼 줄 모르고, 폭력은 공권력을 겁내지 않고, 자식은 부모에 대해 겁이 없고, 학생들은 선생님들을 겁내지 않는다. 겁이 없다는 것, 겁내지 않는다는 말, 겁날 것이 없다는 말은 바로 자신에 대한 자신감이 충만한 나머지 남을 배려하는 마음이 없다는 말과 통한다. 노자의 지혜 전체를 두고 볼 때 이 장 역시 겸양 사상의 다른 식의 표현이라고 할 수 있다. 상대를 존중하고 자신을 겸양하는 태도라면 하루하루 만나고 겪게 되는 사람과 일들이 어찌 쉽게 여겨질 수 있겠는가? 신중하지 않을 수 있겠는가? 신중하다는 것, 조심스럽다는 것 역시 노자 사상의 주요한 부분이 된다.

제73장

용어감즉살(勇於敢則殺)
하늘 그물은 넓고도 치밀하다

勇於敢則殺, 勇於不敢則活. 此兩者, 或利或害, 天之所惡, 孰知其故?
是以聖人猶難之. 天之道, 不爭而善勝, 不言而善應, 不召而自來, 繟然而
善謀. 天網恢恢, 疏而不失.

- **勇於敢則殺(용어감즉살)**: 예)사형 판결에 용감하면 한 사람을 죽이게 된다.
- **或利或害(혹리혹해)**: 김충열 교수는 '때로는 이롭고, 때로는 해롭다.'로 풀이했다.
- **繟然(천연)**: 느슨[평이]한 모양.
- **恢恢(회회)**: 광대한 모양.

❖ 과감한 것에 용감하면 사람을 죽이게 되고, 과감하지 않은 것에 용
감하면 사람을 살리게 된다. 이 두 가지 중 어떤 것은 이롭고 어떤 것은
해로운데, 하늘이 미워하는 것에 대해 어느 누가 그 까닭을 알겠는가. 이
때문에 섭리에 통달한 성인조차 그런 이치에 대해 어렵게 생각한다. 하
늘의 섭리는 다투지 않고서도 잘 이기며, 말하지 않고서도 잘 응대하며,
부르지 않아도 저절로 찾아오며, 느슨한 태도이지만 매사를 잘 도모한다.
하늘의 그물은 넓고 넓어서 성긴 듯하지만 빠트리는 법이 없다.

[이해하기]

그야말로 말로서는 표현할 수 없는 하늘의 섭리를 설명한 부분이다. 그 섭리에 통달했다고 하는 성인조차도 이해하기 쉽지 않은 하늘의 섭리, 그것을 깨치게 되면 싸우지 않아도 늘 이길 수 있으며, 교묘한 말솜씨가 없어도 상대방에게 잘 응수할 수 있으며, 억지로 불러들이지 않아도 저절로 찾아오게 할 수 있으며, 매사를 처리하는 데 있어서도 느슨하기 그지없는 자세로 임하건만 항상 잘 처리할 수 있다. 왜 그런가. 이 우주 안의 모든 존재들은 하늘의 섭리에서 예외일 수 있는 것이 하나도 없기 때문이다. 우리 중생이 부처님 손바닥 안에 있듯. 주변 세상의 이치가 중생들이 보기에는 도무지 선악의 법칙에 맞지 않는 것 같아 야속하기가 그지없지만 결국 티끌만 한 부분도 그 섭리에서 벗어날 수 있는 게 없는 것이다. 이와 같은 논리로는 제5장에서도 "천지는 인자하지 않으니, 만물을 짚으로 만든 개처럼 취급한다."(天地不仁, 以萬物爲芻狗.)라고 하였고, 제79장에서도 "하늘의 섭리는 사사로운 친함이 없으며, 항상 착한 사람과 함께 한다."(天道無親, 常與善人.)라고 했다.

용기에는 두 가지 종류가 있다. 섭리에 의하면 하지 않아야 할 것을 제 욕망에 따라 감행하는 용기와 욕망에 의하면 하고 싶은 것을 섭리에 따라 하지 않는 용기가 있다. 여기에서 섭리는 자신의 욕망과 이익을 위함이 아니라 내 아닌 남을 사랑하는 마음이다. 그렇게 볼 때 자신을 위해서는 용기를 내지 말아야 하고, 남을 위해서는 용기를 내야 한다는 말이 된다.

[사족]

노자는 법의 그물인 법망(法網)은 빠져나갈 수 있어도 하늘의 그물인 천망(天網)은 결코 빠져나갈 수 없다 라고 했다. 하늘은 정말 착한 사람에게 복을 내리고 악한 사람에게 벌을 내리는가. 정말 하늘의 섭리라는 게 옳은 것인가, 잘못된 것인가. 선과 악, 선인과 악인에 대한 판단은 하늘만이 알 수 있는 것이 아닐까. 그래서 우리 인간들이 피상적으로 봤을 때 선한 사람이 벌을 받고 악한 사람이 복을 받는 것처럼 보이는 것도 실제 하늘이 판단할 때는 선한 사람이나 악한 사람이 아닐 수 있기 때문이 아닐까. 그렇다면 우리의 눈에 비친 객관적이라고 하는 그 판단 역시 잘못일 수 있다는 말이 된다.

그런 의미에서 결과론적 역사관을 조심스럽게 제기해 본다. 노자는 도, 즉 하늘의 섭리는 우주 안의 모든 존재물을 하나 빠트리지 않고 관할하는 최고의 선이라고 하였다. 아울러 모든 존재물에 대해 편견 없이 오직 착한 사람의 편에 선다고 했다. 불가에서 말하는 인연과보의 법칙 또한 이러한 섭리와 다르지 않다. 유가에서도 명심보감 첫 구절처럼 선악은 그에 합당한 분명한 보상이 따른다고 하였다. 이러한 이치에 기준하여 역사 순간 순간의 사건의 옳고 그름, 선과 악에 대해 판단해 보면 어떨까.

과거 역사를 돌이켜 볼 때, 전국시대 초(楚)나라의 충신 굴원(屈原)이 정말 역사의 기록처럼 충성스러운 신하였음에도 불구하고 하늘은 어찌 그가 끝내 자결로 목숨을 버리도록 내버려두었던가? 흔히들 진시황 (秦始皇)을 폭군으로만 생각하는데, 만약 진시황이 그렇게 악인이었음에도 하늘은 열국의 제후들 중에서 왜 하필 그의 편을 들어주었을까? 조조(曹操)가 소설에서 묘사된 것처럼 그렇게 간특했다면 하늘은 어찌 그로 하여금 일국의 재상을 차지하면서 마침내는 아들을 통해 제업을 이루게 놔두었을까? 시야를 한반도로 돌려보면, 삼국시대 신라가 당나라와 결탁하여 외세를 끌어들였음에도 하늘은 어찌 통일의 열매를 신라가 차지하도록 허락했던가? 수양대군은 조카를 왕위에서 끌어내려 죽음으로 내몰고, 정의의 화신인 사육신들을 잔인하게 죽였건만 어찌 그를 용상에 오르도록 허락했던가? 이런 식으로 의문은 끝없이 이어질 수 있을 것이다. 이러한 의문들에 대해 노자라면 결국 어떻게 설명하겠는가. 노자의 입장을 대변한다면 이런 대답이 될 것이다.

> 하늘은 그 어떤 사람도 편애한 적이 없다. 선악은 결코 눈앞의 현상으로 판단할 수 있는 게 아니다. 오직 결과를 두고 볼 지어다. 그 결과는 바로 지금 당장 나타날 수도 있고, 조금 나중에 나타날 수도 있고, 한참 나중에 나타날 수도 있다. 이 때문에 어리석은 사람들이여, 당장이든 나중이든 그 결과를 가지고, 그 사람이 착한데도 나쁜 결과를 봤다면 그 사람의 악한 점이 무엇인지 찾아볼 것이요, 그 사람이 악한데도 좋은 결과를 봤다면 그 사람의 착한 점이 무엇인지를 찾아보도록 할 지어다. 모든 결과에는 다 원인이 있게 마련이다.

이와는 다른 각도에서 현재 중국에서 CC카메라 등을 통한 공공의 감시시스템을 '天網監控'(천망감공)이라고 이름 붙인 것은 절묘한 아이디어라고 생각된다. 14억 인구 중 한 사람도 감시망을 벗어나지 못하게 통제하겠다는 의도라서 기발하다는 생각과 함께 조금은 섬뜩한 느낌마저 든다.

제74장

민불외사(民不畏死)

사는 게 사는 게 아닐 때

民不畏死, 奈何以死懼之! 若使民常畏死而爲奇者, 吾得執而殺之, 孰
敢? 常有司殺者殺, 夫代司殺者殺, 是謂代大匠斲. 夫代大匠斲者, 希有不
傷其手矣.

- **爲奇(위기):** 사악한(못된, 나쁜) 짓을 하다.
- **'若使民常畏死而爲奇者, 吾得執而殺之, 孰敢?'(약사민상외사이위기자, 오득집이살지, 숙감):**
  1) 백성들로 하여금 항상 죽음을 두려워하게 해 놓고 나서 못된 짓을 하는 자를 잡아다 죽이면
  누가 감히 못된 짓을 하겠는가? 2) 만약 사람들이 늘 죽음을 두려워하면서도 못된 짓을 하는 사
  람은 내가 잡아다 죽일 수 있지만 어찌 감히 그렇게 할까? 3) 만약 백성들이 항상 죽음을 두려워
  한다면 못된 짓을 하는 자들을 내가 잡아다가 죽이니 누가 감히 못된 짓을 하겠는가? 4) 만약 백
  성들로 하여금 항상 죽음을 두려워하게 해 놓고 못된 짓을 하는 사람은 내가 그를 잡아서 죽이
  니, 나 말고 누가 감히 그 일을 하겠는가?
- **司殺者(사살자):** 죽임을 담당하는 자. 여기에서는 하늘 또는 자연의 도를 가리킨다.
- **斲(착):** 깎다. 파다.

❖ 백성들이 죽음을 두려워하지 않는다면, 어찌 죽음으로써 백성들
을 두렵게 할 수 있겠는가? 백성들로 하여금 항상 죽음을 두려워하게
해 놓고 나서 못된 짓을 하는 자를 잡아다 죽이면 누가 감히 못된 짓을

하겠는가? 언제나 죽음을 맡은 자가 있어서 죽이는 일을 하는데, 무릇 죽음을 맡은 자를 대신해서 죽인다고 한다면, 이것을 훌륭한 목수를 대신해서 목재를 깎는 것이라고 한다. 대체로 훌륭한 목수를 대신해 목재를 깎는 사람 중에 제 손을 다치지 않는 사람이 드문 법이다.

[이해하기]

사형제도는 죽음을 두려워하는 인간의 본성을 이용하여 악행을 막기 위한 제도이다. 그런데 실상 사람의 생사는 하늘의 뜻에 달린 것이지, 결코 사람들 스스로 결정할 일이 아니다. 그렇다면 옛날부터 나라에서 사형을 집행했던 것은 무슨 까닭인가. 모두 하늘을 대신한 것일 따름이다. 하늘을 대신해서 사람을 죽이는 것은 서투른 목수가 대목수를 대신해서 나무를 깎는 것과 같은 이치로, 자칫 제 몸 다치기 십상이니 어찌 삼가지 않을 수 있겠는가. 삼가고 또 삼가야 한다.

[사족]

다른 뭇 생명들처럼 인간의 본성 역시 죽음을 두려워하고 삶에 애착을 갖게 마련인데, 어떤 경우 죽음을 두려워하지 않으며 나라에 대들기도 하는가 하면 심할 경우 스스로 목숨을 버리기도 한다. 거기엔 여러 가지 이유가 있을 수 있겠지만 삶을 포기하면서 삶보다 더한 가치를 추구하는 경우가 있을 수 있겠고, 또 다른 경우는 삶이 죽음보다 결코 더 낫다는 생각이 들지 않을 경우, 즉 이판사판이란 생각이 들 때이다. 전자의 경우로는 의를 위해 죽는 의사(義士), 예를 들면 안중근·윤봉길 같은 사람이 그들이며, 후자의 경우는 하루하루의 삶 자체가 너무도 힘들거나 사랑하는 사람과의 이별 등으로 인해 삶 자체가 고통으로 받아들여지는 사람들일 것이다. 삶이 정말 삶다울 때 죽음과 멀어지며 죽음이 두려워지게 된다. 사는 게 사는 게 아닌 세상은 삶과 죽음의 거리가 비근해진다. 그럴 경우 사람들은 죽음을 두려워하지 않게 된다. 사형집행의 여러 방법을 통해 죽음을 두렵게 할 생각을 하지 말고, 삶을 행복하게 하여 죽기 싫도록 만드는 것이 정치의 요체다.

제75장

민지기(民之饑)

위정자가 배부를수록 백성들은 굶주리게 된다

民之饑, 以其上食稅之多, 是以饑. 民之難治, 以其上之有爲, 是以難治. 民之輕死, 以其上求生之厚, 是以輕死. 夫唯無以生爲者, 是賢於貴生.

❖ 백성들이 굶주리는 것은 위정자들이 세금을 많이 거두어들이기 때문으로, 이 때문에 백성들이 굶주리게 된다. 백성들을 잘 다스리기 어려운 것은 위정자들이 이기적인 욕망을 개입시킨 인위적인 정치를 하기 때문으로, 이 때문에 백성들을 잘 다스리기 어려운 것이다. 백성들이 죽음을 가볍게 여기는 것은 위정자들이 삶을 지나치게 추구하기 때문으로, 이 때문에 백성들이 죽음을 가볍게 여기는 것이다. 대저 오직 삶 때문에 인위적으로 일을 하지 않는 것이 삶을 귀하게 여기는 것보다 더 낫다.

[이해하기]

위정자들이 나라를 다스린답시고 세금을 많이 거둬들이니 백성들은 먹고 살기가 힘들게 되는 것이다. 제53장에서도 이와 비슷한 말이 보인다. 즉, "조정이 매우 정결하면 논밭은 매우 황폐해지고, 곡식 창고가 텅 비게 된다."(朝甚除, 田甚蕪, 倉甚虛.) 여기에서는 한 걸음 더 나아가 위정자들이 자신의 생명에 집착한 나머지 백성의 생명을 뒷전으로 치니 그로 인해 백성들은 죽음과 가까워지게 되고 마침내 죽음조차 가볍게 여기게 되는 것이다. 이는 위정자들이 자신들의 삶을 지나치게 추구하기 위해서는 백성들의 삶의 희생을 담보로 할 수밖에 없기 때문이다. 다시 말하면 위정자들의 삶과 죽음 사이의 거리는 갈수록 멀어지고, 그에 따라 죽음을 점점 두려워하게 되며, 반면에 백성들의 삶과 죽음 사이의 거리는 갈수록 가까워져, 마침내 죽음조차 두렵지 않은 하찮은 것이 되어 버린다. 마지막 구절은 살기 위해 온갖 일을 행하는 것에 대한 부정이다.

[사족]

결국 유위적인 것 때문에 모든 일을 망치고 만다. 생명에 집착하지 않는 무위적 삶이 오히려 생명을 귀하게 여기며 집착하는 유위적 삶보다 낫다. 예나 지금이나 국민들을 가장 괴롭히는 것은 세금이다. 세금은 국가라는 틀 속에서 국민들이 편안하게 살 수 있도록 하기 위해서 드는 비용에 대한 국민의 부담이라고 할 수 있다. 쉽게 비유하면 어느 재래시장에서 상인들이 돈을 벌기 위해 각종 장사를 하는데, 그 장사를 보다 안정되고 편안하게 하도록 강구하는 여러 가지 제도적, 인적, 물적 시설을 갖출 경우, 이때 드는 비용을 시장 상인들이 각자 장사 규모에 비례한 비용을 지불하는 것과 같다. 예를 들면 시장의 원활한 기능을 위해 시장번영회를 조직하고 거기에 필요한 인원을 선발하는데, 그들이 바로 공무원이라고 할 수 있을 것이다. 시장에 주차시설 등을 새로 설치할 경우 인적, 경제적 비용이 추가될 것인데, 이 경우 상인들이 내는 비용은 늘어날 것이다. 아울러 내는 비용이 늘어나도 그에 합당하게 집행되어 자신들의 장사에 도움이 된다면 별 불만이 없을 것이다. 그러나 번영회에서 제멋대로 인원을 늘린다든지 효용이 떨어지는 시설을 추가한다든지 하면 상인들은 불만을 토로하게 될 것이다. 거대 집단인 국가 역시 마찬가지다. 국가는 국민들을 위해 최소한의 비용으로 최대한의 행복을 창출하는 게 목표가 되어야 한다. 그러기 위해서는 세금을 최소화하고, 세금의 소비처 또한 최소화해야 한다. 세금의 소비처란 무엇을 말하는가. 바로 공공기관 및 그에 종사하는 이른바 공무원을 말한다. 이런 논리는 대학 등의 기관이나 회사 등 모든 단체에 적용된다고 할 수 있다. 나라나 위정자가 세금을 가혹하게 거둬들이게 되면 국민들은 그야말로 죽음도 두려워하지 않게 된다. 공자도 일찍이 백성들은 가혹한 세금을 내느니 차라리 호랑이에게 물려 죽는 걸 택하게 된다고 경계하였다.

제76장

인지생야유약(人之生也柔弱)

강함보다 부드러움을

人之生也柔弱, 其死也堅强. 萬物草木之生也柔脆, 其死也枯槁. 故堅强者死之徒, 柔弱者生之徒. 是以兵强則不勝, 木强則兵. 强大處下, 柔弱處上.

- **柔脆(유취):** 부드럽고 여리다.
- **兵(병):** 황무재(黃茂材)의 《노자해(老子解)》와 해동(奚侗)의 《노자집해(老子集解)》에는 '折'(절)자로 되어 있다. 백서본 갑본에는 '是以'(시이) 두 글자가 없다. 다른 판본에는 '拱'(공)·'恒'(항)·'兢'(긍) 등으로 되어 있다. 《열자(列子)·황제(黃帝)》에는 "老聃曰, '兵彊則滅. 木彊則折. 柔弱者生之徒, 堅彊者死之徒.'"라고 했는데, 여기에서는 이를 따라 '折'자로 풀이했다.

❖ 사람이 살아있을 때는 부드럽고 약하지만 죽으면 단단하고 강하다. 동물이나 식물도 마찬가지로 살아있을 때는 부드럽고 연하지만 죽으면 마르고 딱딱해진다. 그러므로 단단하고 강한 것은 죽음에 속하며 부드럽고 약한 것은 삶에 속한다. 이 때문에 병력이 강하면 상대를 이길 수 없고 나무가 강하면 부러지게 마련이다. 결국 강하고 큰 것은 낮은 자리를 차지하게 되고 부드럽고 약한 것은 높은 자리를 차지하게 된다.

[이해하기]

갓난아이의 보들보들한 육체는 나이가 들어갈수록 굳어져 딱딱하게 변해간다. 따라서 생명을 위한 운동은 몸을 단단하게 하는 운동이 아니라 몸을 부드럽게 만드는 운동이다. 예를 들면 요가·스트레칭·국선도·유도 등이 되겠다. 몸의 각을 만들기보다 원을 지향하도록 해야 하겠다. 이 장의 내용과 관련이 있는 부분으로는, 제36장, 제40장, 제43장, 제55장, 제61장, 제78장 등이 된다. 강한 것이 죽음의 속성이라는 것은 관념의 세계에서도 적용된다. 좁게는 한 개인의 사고에서부터 넓게는 사상이나 종교, 철학 등에도 이런 이치가 적용된다. 견고한 아집, 타협의 여지가 전혀 없는 주장, 극도의 배타성을 지닌 사상치고 만인을 포용하는 것이 없고 영속되는 법이 없다.

강대한 것은 낮은 자리, 유약한 것은 높은 자리를 차지한다는 것은 무슨 의미인가. 왕필(王弼)은 나무를 예로 들면서 뿌리와 가지를 예로 들었다. 구체적으로 말하자면 단단한 뿌리와 줄기는 아래에 있고, 부드러운 가지와 잎, 꽃들은 위에 있는 이치이다.

[사족]

지구상의 모든 생명은 태어났기 때문에 반드시 죽는다. 이 때문에 모든 생명은 그 장단의 시간과는 무관하게 유한하다. 그 어떤 의미 있는 것, 위대한 것들도 죽음을 분모로 삼으면 0이 된다. 하루살이든 삼천갑자 동박삭(東方朔)이든 모두 무한의 시간을 분모로 삼으면 0이 될 수밖에 없다. 죽음과 영원 앞에 우리의 삶이란 덧없기가 그지없다. 덧없고 덧없으니 덧없기 그지없는 우리네 삶이다.

제77장

천지도(天之道)
남는 것을 덜어서 부족한 것을 채운다

天之道, 其猶張弓與! 高者抑之, 下者擧之, 有餘者損之, 不足者補之.
天之道, 損有餘而補不足. 人之道則不然, 損不足以奉有餘, 孰能有餘以
奉天下? 唯有道者. 是以聖人爲而不恃, 功成而不處, 其不欲見賢.

• **恃(시):** 믿다. 의지하다. 자신하다. 뽐내다.

❖ 하늘의 섭리는 마치 활시위를 당기는 것과 같다. 높은 것은 내리
누르고 낮은 것은 높이 들어 올리며, 남아도는 것은 줄이고 모자라는
부분은 보태준다. 하늘의 섭리는 남아도는 것은 들어내고 모자라는 것
은 보태준다. 하지만 사람의 섭리는 그렇지 않은데, 모자라는 것을 줄
여서 남아도는 것을 떠받드는데, 누가 남아도는 것을 가지고 세상 사람
들을 받들 수 있겠는가? 오직 섭리를 깨달은 사람뿐이다. 이 때문에 섭
리를 깨달은 성인은 일을 하되 자신의 일을 뽐내지 않고, 공적이 이루
어졌지만 그 공적에 안주하지 않으며, 자신의 훌륭함을 드러내려고 하
지 않는다.

[이해하기]

활을 쏠 때의 활 모습을 생각해 보자. 세로로 세운 활에 화살을 매겨서 시위를 당기면 활의 모양은 어떻게 변하는가. 위쪽 부분은 아래로 내려오고 아래쪽은 위로 올라가는 모습을 보일 것이다. 위쪽은 '高者抑之'(고자억지)와 '有餘者損之'(유여자손지)에 해당되고, 아래쪽은 '下者擧之'(하자거지)와 '不足者補之'(부족자보지)에 해당된다. 노자가 말하는 섭리를 가장 잘 구현하고 있는 물은 항상 평평하고자 하는 속성이 있다. 물은 항상 평균보다 높은 곳, 높이가 남는 곳에서 낮은 곳, 높이가 모자라는 곳으로 흘러간다.

사회주의 국가는 대개 빈부의 격차를 해소하기 위해 국가의 힘을 이용하여 물자가 '남아도는 사람'에게서 덜어내어 '모자라는 사람'에게 보태준다. 그렇다면 국가의 이러한 통치 행위 또한 '유위'적인 것이 아닐까? 자연스럽게 시장의 원리에 맡겨두는 것이 오히려 더 '무위'에 가까울 수도 있지 않을까? 비록 그렇다고 하더라도 노자가 이 장에서 말하고자 하는 것은 국가의 통치 행위를 말하는 것이 아니라 사람들 개개인의 행위를 말하는 것이니, 요즘 말하는 시장경제 역시 경제의 주체인 구성원들이 노자적 '무위'의 지혜를 견지한다면 이상적인 사회로 나아갈 수 있을 것이다.

[사족]

권력이든 명예든 돈이든, 심지어 지식까지도 세속의 이치는 하늘의 이치와는 정반대로 흘러간다. 비근한 예로서 사회적 신분이 높을수록 대소사에 선물이나 촌지가 더욱 넘쳐나는 것, 이 또한 노자가 경계한 욕망과 유위의 결과라고 할 수 있다. 나의 선물 또는 촌지를 통해 내가 득을 보기 위한 욕심과 의도에 다름 아니다. 이러한 유위를 버리지 못하는 사회는 결국 가진 자는 더욱 가지게 되고, 부족한 자는 더욱 부족하게 되는 것이며, 이로 말미암아 세상은 부조리함에서 헤어나지 못하게 될 게 자명하다.

제78장

천하막유약어수(天下莫柔弱於水)

지도자는 낮은 자리에서 봉사하는 사람

天下莫柔弱於水, 而攻堅强者, 莫之能勝, 以其無以易之. 弱之勝强, 柔之勝剛, 天下莫不知, 莫能行. 是以聖人云, "受國之垢, 是謂社稷主, 受國不祥, 是謂天下王." 正言若反.

- **易之(역지)**: 물의 성질을 바꾸다. '之'는 물을 가리킨다. 이 구절은 "물은 고정된 형태를 갖지 않는 이른바 '무아'의 나약하기 그지없는 존재로서, 이러한 물의 성질을 바꿀 수 있는 것은 아무것도 없다."란 의미다.
- **垢(구)**: 때. 더러운 것. 치욕. 굴욕.
- **社稷(사직)**: 나라. '社'는 토지 신, '稷'은 곡식 신. 옛날 임금은 이 두 신에게 제사 지냈기 때문에 나라를 상징하는 말로 사용되었다.
- **不祥(불상)**: 재난. 액운. 불행.

❖ 세상에는 물보다 더 부드럽고 약한 것이 없지만, 단단하고 강한 것을 이기는 것으로 물보다 더 나은 것이 없다. 이는 물의 본성을 바꿀 수 있는 것이 없기 때문이다. 약한 것이 강한 것을 이기고, 부드러운 것이 딱딱한 것을 이긴다는 이치는 세상에서 모르는 사람이 없지만 실천하는 사람은 하나도 없다. 이 때문에 섭리에 통달한 성인은 "나라의 허

물을 떠맡는 이가 바로 사직의 주인이며, 나라의 불행을 떠맡는 이가 바로 천하의 왕이다."라고 말했으니, 올바른 말은 세상의 일과 반대인 것만 같다.

[이해하기]

우리 눈에 보이는 것, 이것을 현상[phenomenon]이라 한다. 그러나 현상의 너머엔 그것의 원리인 진리[idea]가 존재한다. 플라톤은 이데아론을 통해 그것을 설파했고, 불가에서 색(色)과 공(空)으로 설명했으며, 유가에서는 기(氣)와 이(理)로써 설명했다. 이러한 눈에 보이는 현상과 눈에 보이지 않는 진리는 진리를 깨달은 사람에게는 다 같은 존재라고 여겨지겠지만 그렇지 못한 대부분의 평범한 우리들의 눈에는 흡사 서로 모순되는 것처럼 보이게 마련이다.

우리가 성인의 깨달음을 얻는 것이 거의 불가능하다고 판단된다면 진리는 항상 우리의 눈에 비친 현상과는 반대의 모습을 띠고 있다고 보는 것이 옳을 것이다. 이 때문에 약한 것이 강한 것을 이기고, 아름다운 것이 오히려 진실하지 않으며, 소박한 것이 오히려 세련된 것보다 낫다는 결론이 가능한 것이다. 그렇다고 한다면 우리가 만물에 내재된 진리를 판단할 때는 항상 눈에 비친 현상과 반대로 하면 잘못을 저지를 경우가 줄어들지도 모르겠다.

[사족]

물은 노자가 깨달은 도의 상징이기도 하다. 물은 사람들이 싫어하는 낮은 곳으로만 흐른다. 이렇듯 남들이 싫어하는 것, 그것을 감히 받아들일 수 있어야만 물과 같은 섭리를 지닐 수 있으며, 그래야만 성인이 될 수 있고 왕이 될 수 있다. 이것은 단지 나라의 임금에게만 적용되는 이치가 아니다. 모든 집단이나 단체에 두루 적용되는 진리이다. 어느 집단이나 그 집단의 리더로서의 자격은 지휘의 권한이나 군림의 즐거움을 향유하기보다 힘든 자리에서 어려움을 감당하는 희생과 봉사정신이 투철한 사람이어야 한다. 그러나 사람들은 그 섭리에 대해 고개를 끄덕이면서도 막상 실천으로 옮기는 사람이 드무니, 이는 섭리를 진정으로 깨치지 못하였기 때문인지, 아니면 너무나 어리석기 때문인지. 결국엔 자신의 앎에 대한 확신과 신념이 부족하기 때문일 것이다.

제79장

화대원(和大怨)

빚진 사람처럼 항상 겸손하게

和大怨, 必有餘怨, 安可以爲善? 是以聖人執左契, 而不責於人, 有德司契, 無德司徹. 天道無親, 常與善人.

- **和(화)**: 화해하다. 화해시키다.
- **左契(좌계)**: 채무자 계약서. 백서본 갑본에는 '右契'(우계)로 되어 있다. '左契'는 계약서를 좌우로 나누어서 대질하는 것이다. 《예기(禮記)·곡례(曲禮)》에 "곡식을 바치는 사람은 우계를 갖는다."(獻粟者, 執右契.)라고 했는데, 정현(鄭玄)의 주석에 "계(契)는 계약서를 말하는 것으로 오른쪽이 높다."(契, 券要也, 右爲尊.)라고 했다. 마서륜(馬敍倫)은 왕방(王雱)의 설을 인용하여 "좌계는 채무를 지는 사람이 가진다."라고 했고, 또 오징(吳澄)의 설을 인용하여 "좌계를 가지고 있는 사람은 자신이 남에게 책임 지우지 않고, 다른 사람이 와서 좌계와 우계를 서로 합해본 뒤 채무 사항을 이행할 뿐이지, 그 사람이 선한지 아닌지에 대해서는 따지지 않는다."라고 했다. 왕필(王弼)의 주석도 이와 같은 뜻이다. 그러나 고명(高明)은 백서본 갑본에 의거해서 좌계는 우계의 잘못으로서, 성인은 베풀기만 할 뿐 보답을 바라지 않는다는 뜻으로 풀이했다. 이 구절을 채무자 계약서로 해석한다면 "채권자이면서도 채무자처럼 행동하며, 갚으라고 독촉하지 않는다."라고 번역할 수 있다.
- **責(책)**: 추궁하다. 독촉하다.
- **徹(철)**: 세금. 구실. 주(周)나라 때 토지에 부과하던 세금으로, 수익의 10분의 1을 바치게 했다.

❖ 깊은 원한은 아무리 풀어준다 해도 반드시 응어리가 남기 마련

이다. 원한을 맺게 한 후에 그것을 풀어주었다고 해서 어찌 잘했다고 할 수 있겠는가. 이 때문에 섭리에 밝은 성인은 마치 빚진 사람처럼 사람들에 대해 독촉하는 일을 하지 않는다. 착한 품성이 있는 사람은 계약서에 따라 하듯 일을 순리대로 처리하고, 착한 품성이 없는 사람은 세금을 징수하듯 억지로 일을 처리한다. 하늘의 섭리는 사사로운 친함이 없으며, 항상 착한 사람과 함께 한다.

[이해하기]

성인이 채무자가 된다 라는 말은 하나의 비유에 불과하다. 관점을 크게 보아야 한다. 비단 돈 관계에만 국한된 것이 아니라 매사에 있어서 성인은 남을 추궁하는 채권자 입장에 서지 않는다는 뜻이다. 성인은 자신이 착한 사람이지만 그렇다고 해서 남 또한 자기처럼 착하기를 요구하지는 않는다. 매사에 항상 빚진 사람처럼 겸손해야 한다는 뜻이니, 결국 이 장 역시 노자 지혜의 핵심 중의 하나인 겸양의 덕성을 말하고 있다고 볼 수 있다.

[사족]

하늘이 함께하는 사람은 어떤 사람일까? 제5장에 "천지는 인자하지 않으니 만물을 짚으로 만든 개처럼 취급한다. 성인은 인자하지 않으니 백성을 짚으로 만든 개처럼 취급한다."(天地不仁, 以萬物爲芻狗. 聖人不仁, 以百姓爲芻狗.)라고 했으며, 제49장에 "성인은 착한 사람들은 착하게 대하고, 착하지 않은 사람 역시 착하게 대한다."(善者吾善之, 不善者吾亦善之.)라고 하는 등 만물을 편애함 없이 공평하게 대한다고 했다. 그렇다면 착한 사람과 함께 한다는 이 부분과는 모순된 것인가. 이 부분만 두고 보면 유가의 천명에 따른 덕치 주장과도 통하며, 노자가 말하는 자연의 섭리도 착한 사람에게는 착한 것으로 보답한다는 것이다. 이에 대해 무위당(無爲堂) 장일순은 "햇빛은 모든 사람에게 골고루 비추는데, 맨몸으로 있는 사람과 양산 쓴 사람 중 결국 실제로 누구에게로 비춰지겠는가?"라고 했다. 결국 중요한 것은 만물을 편견 없이 친애하는 하늘에 누가 더 친애하고 그 이치를 따르는가이다.

제80장

소국과민(小國寡民)

세계화가 정답은 아니야

小國寡民, 使有什佰之器而不用, 使民重死而不遠徙. 雖有舟輿, 無所乘之, 雖有甲兵, 無所陳之, 使人復結繩而用之. 甘其食, 美其服, 安其居, 樂其俗. 隣國相望, 鷄犬之聲相聞, 民至老死不相往來.

- **什佰之器(십백지기)**: 1) 열 사람 백 사람 몫을 하는 문명의 이기. 예를 들면 수레나 배 등의 탈 것. 2) 병기. 3) 여러 가지 기물.
- **陳(진)**: 사용하다. 발휘하다.

❖ 나라의 크기는 작게 하고, 그 인구는 적게 하여, 문명의 이기가 있다 해도 그것을 쓰지 않도록 하며, 백성들로 하여금 죽음을 크게 생각하며, 멀리 떠돌지 않도록 다스린다. 배나 수레가 있다고 해도 그것을 타는 일이 없을 것이며, 갑옷과 무기가 있다고 해도 그것을 쓸 일이 없을 것이며, 그렇게 하여 사람들이 문자를 버리고 옛날처럼 새끼줄을 묶어 의사를 표현하도록 한다.

그렇게 하면 백성들은 자기들이 먹는 음식이 맛있다고 여기고, 자기들이 입고 있는 옷이 아름답다고 여기며, 자기들이 사는 집이 편하다고 여기고, 자기들이 행하는 풍속을 즐겁다고 여긴다. 이웃 나라가 서로 바라보이는 곳에 있어서, 닭 우는 소리와 개 짖는 소리가 서로에게 들릴 정도로 가깝지만 백성들은 늙어 죽을 때까지 서로 왕래하지 않는다.

[이해하기]

이 장은 노자가 그리는 이상사회 또는 이상 국가의 모습을 설명한 부분으로, 백서본에서는 통행본 제66장 다음에 나온다. 이상 국가의 형태는 주장하는 사람이 살았던 배경과 관련이 있다. 즉 자신이 처한 시대가 이상 국가가 아니기 때문에 그것을 극복하기 위해 제기된 것이 바로 이상 국가론이다. 그에 따르면 노자가 주장하는 이상 국가의 형태는 당시의 시대 상황과 반대가 되는 극히 소박한 바람의 구체화가 아닐까 싶다. 소박한 원시사회의 모습을 띠고 있다. 문명은 인간의 욕망 실현의 결과라고 볼 때, 욕망을 부정하는 노자는 당연히 문명과 그 이기를 부정할 수밖에 없었을 것이다. 그러나 욕망 역시 인간 본성의 하나로 본다면 역사의 흐름에 따른 문명의 발달 또한 자연의 섭리가 아닐까. 그 발전을 거꾸로 되돌리는 것이 어쩌면 섭리를 거스르는 것이 아닐까. 그렇다면 노자의 소국과민, 반문명 사상을 현대사회에 어떻게 적용시키면 좋을까.

인간이 도구 즉 문명의 이기인 계산기, 컴퓨터, 번역기, 스마트폰, 인터넷, AI, 로봇 등을 발명하면 할수록 그와 관련된 인간의 능력은 퇴보한다. 지금처럼 문명의 이기들이 끊임없이 발전하면 할수록 인간의 능력은 더욱 퇴보해 갈 게 분명하다. 그렇다면 이기의 발명의 끝은 어딜까. 지금까지 축적된 경험을 토대로 미래를 예측해 볼 때 결국은 인간 능력의 제로 상태가 아닐까. 그것은 결국 무엇을 의미할까. 인간은 문명의 이기가 없으면 꼼짝달싹하지 못하는 상태가 된다는 것이며, 인간성의 완벽한 상실, 이기에 종속되는 노예가 된다는 의미가 아닐까. 또한 삶을 중시하는 인간들이 발명하고 있는 삶을 죽이는 무기는 갈수록 발달하고 있으니, 이것은 곧 인간이 스스로를 죽이고자 부단히 노력하고 있는 모순된 행위라고 하겠다.

[사족]

소국과민의 이상론은 결국 현대 글로벌화된 지구촌과는 맞지 않는 사상일까. 세계화 속에서 소국과민을 실현할 방도는 결국 없다는 말인가. 지방자치 제도처럼 전체의 속에서 자치제도를 강화하는 것이 그 대안이 될 수는 없을까. 전체는 통합해 나가고 개체는 분화시키는 방법, 큰 정치, 예를 들면 국가 간의 분쟁이나 경쟁은 세계화란 관점에서 풀어나가고, 작은 정치, 예를 들면 사람 개개인의 의식주 해결 문제, 경제, 종교, 문화 등의 측면은 자치화, 분화란 관점에서 행하는 것은 어떨까.

노자의 이상적인 생각이 복잡다단하기 그지없는 현실 사회를 이상적인 국가나 세계로 만들 수는 없을 것이다. 다만 그 사상을 이해하고 실천하려는 사람들에게는 노자의 이러한 반세계화와 반문명의 지혜가 결코 무의미하지만은 않을 것이다. 특히 2020년 초 중국발 신종 바이러스 '코로나19'로 인한 팬데믹 현상은 우리 인류로 하여금 노자의 이 장의 함의를 더욱 깊이 음미해 보게 한다. 아울러 팬데믹을 계기로 본격적인 AI시대가 도래하게 되어 인간이 기계 문명에 지배를 받을 날이 한층 더 가까워지고 있다. 이에 세계의 지성, 석학, 지도자들은 인류의 미래를 위한 대승적 관점에서 반문명, 반세계화에 대한 심도 있는 고민을 해야 할 때라고 생각한다. 특히 노자가 깨달았던 것처럼 행복과 불행은 상대적이란 것이기 때문에 더욱 그렇다. 부탄이란 나라의 2011년 행복지수가 세계 1위였었는데, 인터넷의 발달로 세계에 눈을 뜨기 시작하면서 행복지수가 급격히 떨어져 2019년 95위(156개 국가 중)가 되었다는 사실은 이러한 이치를 웅변해 준다.

참고로 유가에서 생각하는 이상사회는 대동(大同)사회이며, 대동에는 미치지 못하지만 성인이 다스리는 소강(小康)사회가 있다고 했다.

옛날 공자께서 국가의 제사에 귀빈으로 참석하셨다가 제사가 끝난 후 밖으로 나와 이리저리 둘러보며 깊이 탄식하셨는데, 이는 노(魯)나라의 당시 상황을 탄식한 것이었다. 마침 옆에서 모시던 언언(言偃)이 "군자께서 어찌 탄식하십니까?"라고 물었다. 공자께서 말씀하시길, 나는 대도(大道)가 행해졌을 때의 일과 하은주(夏殷周) 3대의 사정을 직접 보지는 못했으나 그 시대의 기록이 남아있어 그 시대를 추측할 수는 있다. 그 시대에는 천하가 모든 사람의 것이어서 어질고 능력 있는 사람을 뽑아서 모든 백성들에게 믿음을 가르치고 화목하게 살았었다. 그러므로 그 시대에는 내 부모, 내 자식만 부모 자식으로 여기지 아니하고, 늙은이는 평안하게 일생을 마칠 수 있도록 돌보았고, 장정들은 모두 맡은 일이 있었고, 어린아이는 건강하게 잘 자랄 수 있었다. 과부, 홀아비, 고아, 병자를 불쌍히 여겨 모두 봉양하였다. 남자들은 다 직업이 있었고, 여자들은 시집가서 돌볼 가정이 있었다. 그 시대에는 재물을 헛되이 낭비하는 것은 미워하였으나, 자기만을 위하여 쌓아 두지는 않았다. 불로소득으로 먹고 노는 것은 미워하였으나, 자기만을 위하여 일하지는 않았다. 이런 까닭에 간사한 꾀가 통용될 수 없었고, 도적질하거나 난을 일으킬 수가 없었다. 그래서 사람들은 밤에 잘 때에도 문을 닫아걸지 않았다. 그런 시대를 일컬어 대동(大同)이라고 한다. (昔者, 仲尼與於蜡賓. 事畢, 出遊於觀之上, 喟然而嘆. 仲尼之嘆, 蓋嘆魯也. 言偃在側曰, 君子何嘆? 孔子曰, 大道之行也, 與三代之英, 丘未之逮也, 而有志焉. 大道之

行也, 天下爲公, 選賢與能, 講信脩睦. 故人不獨親其親, 不獨子其子, 使老有
所終, 壯有所用, 幼有所長, 矜寡孤獨廢疾者, 皆有所養. 男有分, 女有歸, 貨
惡其棄於地也, 不必藏於己. 力惡其不出於身也, 不必爲己. 是故, 謀閉而不
興, 盜竊亂賊而不作. 故外戶而不閉, 是謂大同.)

　　내가[공자가 살고 있는] 지금 시대는 대도가 이미 사라졌다.
천하를 자기 것으로 만들고, 자기 부모만 부모로 여기고 자기
자식만 자식으로 여기고, 재물과 힘을 자기만을 위하여 사용하
게 되었다. 천자나 제후들은 세습을 당연한 것으로 알고, 성곽
과 해자를 파서 굳게 지키고, 예의를 벼리로 삼아 군주와 신하
사이를 바로잡고, 아버지와 아들 사이를 돈독하게 하고, 형제
사이를 화목하게 하고, 부부 사이를 화합하도록 하였다. 또한
제도를 만들고 마을을 세우고, 용기와 지혜를 중하게 여기며,
공로는 개인의 것으로 여겼다. 간사한 꾀가 여기에서 일어나게
되었고, 전쟁도 여기에서 일어나게 되었다. 대도(大道)는 사라
졌으나 다행스럽게도 우왕(禹王), 탕왕(湯王), 무왕(武王), 성왕(成
王), 주공(周公)이 예로써 좋은 정치를 하였다. 이 여섯 군자 가운
데 예로써 삼가지 않은 이가 없었다. 예로써 의를 드러냈으며,
예로써 그 믿음을 이루었으며, 예로써 그 허물을 드러냈으며,
예로써 법을 어질게 하였으며, 예로써 겸양을 가르쳐 백성들에
게 떳떳함이 있도록 하였다. 만약 이 예를 따르지 않는 자가 있
으면 백성들이 재앙으로 여겨 비록 천자라 할지라도 버림을 받
았다. 이를 일컬어 소강(小康)이라 한다. (今大道旣隱, 天下爲家, 各親
其親, 各子其子, 貨力爲己. 大人世及以爲禮, 城郭溝池以爲固, 禮義以爲紀,
以正君臣, 以篤父子, 以睦兄弟, 以和夫婦, 以設制度, 以立田里, 以賢勇知,
以功爲己. 故謀用是作, 而兵由此起. 禹湯文武成王周公, 由此其選也. 此六
君子者, 未有不謹於禮者也, 以著其義, 以考其信, 著有過, 刑仁講讓, 示民有
常. 如有不由此者, 在執者去, 衆以爲殃, 是謂小康.)

이를 보면 노자의 반문명도 결국은 공자가 말한 대동사회를 지향한 것이 아닐까 싶다. 우리는 흔히 《노자》라는 책에 대해 제1장의 언급에서처럼 도에 대한 형이상학적 개념을 논술한 책으로 알고 있다. 하지만 제80장의 '소국과민'과 같은 내용은 구체적인 정치 형태에 대한 서술로서, 매우 현실적인 의미를 지니고 있기 때문에 책 전체를 읽을 때도 현실에 바탕하여 읽을 필요가 있다. 노자가 살았던 시대와 지금의 시대는 시간적으로는 비록 2천 년도 훨씬 더 차이가 나지만 그 속의 구성원인 인간의 이기심은 크게 변하지 않았을뿐더러, 그 이기적 인간들이 구성하고 있는 사회와 국가 역시 부단한 경쟁에서 벗어나지 못하고 있다는 점에서 노자 당시와 크게 다르지 않다고 할 수 있다. 다만 달라진 게 있다면 당시의 혼란과 문제는 인간과 인간의 대결 문제에 그쳤었지만 지금은 인간과 인간의 대결은 물론이요, 인간과 자연의 대립, 나아가 인류 전체의 미래에 대한 불확실성까지 대두되고 있어서 노자 당시보다 위기가 더욱 심화된 시대라고 할 수 있다. 인공지능으로 상징되는 과학기술의 발달이 인류의 행복한 미래를 확실하게 보장한다고 할 수 없을 뿐만 아니라 오히려 인간성의 상실을 초래할 수도 있다. 그리고 강대국 위주의 세계화 명분 또한 더 이상 지구촌 전체를 행복하게 할 수 있는 진리는 아니다. 그래서 지금 우리는 보편적 인간의 가치 회복과 행복 추구를 위해 노자의 지혜에 관심을 가져야 한다. 그리하여 세계의 지도자들은 지금이라도 국가 경영의 패러다임을 발전 지향에서 행복 지향으로 전환시켜야 한다.

제81장

신언불미(信言不美)

진실한 말은 듣기에 좋지 않다

信言不美, 美言不信, 善者不辯, 辯者不善, 知者不博, 博者不知. 聖人不積, 旣以爲人, 己愈有, 旣以與人, 己愈多. 天之道, 利而不害, 聖人之道, 爲而不爭.

· **旣(기):** 모두. 전부.

❖ 진실한 말은 아름답지 않고, 아름답게 여겨지는 말은 진실하지 않다. 착한 사람은 말을 잘하지 못하고, 말을 잘하는 사람은 착하지 못한 법이다. 사리를 잘 아는 사람은 박식하지 않고, 박식한 사람은 사리를 잘 알지 못하는 법이다. 섭리에 밝은 성인은 재물을 쌓아 두는 일이 없으며, 가진 것을 모두 남을 위해 쓰지만 자신은 더욱 가지게 되고, 가진 것을 모두 남에게 주지만 자기 것은 더욱 많아지게 된다. 하늘의 섭리는 만물을 이롭게 하면서 해를 끼치지 않으며, 섭리에 밝은 성인의 도리는 무슨 일을 하더라도 결코 남과 다투지 않는다.

[이해하기]

이 장을 끝으로 삼은 이유가 무엇일까. 노자의 입을 가상하여 들어보자.

제1장부터 지금까지 섭리에 대해 설명한 다양한 나의 말이 비록 아름답지 않더라도 거기에는 진실이 담겨져 있으며, 비록 이론 전개가 교묘하지 못하다고 하지만 그것은 결코 악한 사람의 글이 아니다. 비록 온갖 사물에 대해 박학다식한 지식을 말하지는 않았지만 그것은 결코 얄팍한 싸구려 지식과는 다르게 섭리에 대해서 설명한 것이란 점을 명심하고 글을 잘 새겨서 읽어야 할 것이다. 내가 글을 통해 섭리를 외치는 것이 어떻게 보면 독자들을 위한 유위적인 행위 같아서 내가 주장하는 무위와 모순된다고 생각할 수도 있다. 하지만 나의 이런 유위적 행위는 결코 여러분들에게 해를 끼치는 일이 없으며 오로지 여러분들을 이롭게 해드리기 위한 일념에서 나온 것임을 잘 헤아려주시길 바란다.

[사족]

노자 지혜의 핵심은 비록 무위(無爲)라고 하지만, 생각건대 유위(有爲)이되 결코 무욕이어야 한다는 게 아닐까 싶다. 무욕에 의한 유사(有事)와 유위(有爲), 그것은 이기주의에 대한 극복에서 나아가 철저한 이타주의의 실현을 강조한 것일 수 있다. 그렇다면 어떤 목적을 갖든 그 목적에 따라 어떤 일을 벌이든 그것은 절대 자신의 욕망을 채우기 위한 이기주의에 근거한 것이 아니어야 한다는 말이 된다. 이러한 관점에서 볼 때 어쩌면 유욕(有欲)조차도 이기주의를 극복한 철저한 이타주의에 근거한 욕망이라면 인정될 수 있을지도 모르겠다. 결론적으로 노자가 깨달았던 이상사회 구현을 위한 지혜의 핵심은 공동체의 이익을 위해 이기주의를 타파하는 것이라고 봐도 무방할 것이다. 다시 말하면 노자의 지혜가 개개인의 삶에서 출발한 것이지만 결국 그 목적은 이상적인 공동체 건설을 위한 것이라고 할 수 있다.

지은이 | 권혁석(權赫錫)

1960년 경주에서 출생, 경북대학교 중어중문학과 학사, 석사 학위 취득, 서울대학교 중어중문학과 박사 학위 취득, 2001년부터 현재까지 국립한국교통대학교 중국어학과에 재직 중이다.

2007년 《옥대신영》(전3권) 번역이 한국학술진흥재단의 '우수연구성과 51선'에 선정되었으며, 2012년 교육과학기술부의 '인문사회기초연구 우수성과'로 선정되었다. 주요 논문으로는 「중국 고대 동요의 언어적 특성」, 「唐代 부부 애정시 試論」, 「《玉臺新詠》을 통해 본 중고시기 여성의 형상」, 「《玉臺新詠》 중의 남성동성애 시가 연구」, 「중고시기 가훈에 나타난 수신과 처세」, 「唐宋 시가 속의 24절기 연구」, 「《老子》의 저술 경위 연구」, 「《老子》에서 謙讓 읽기」, 「孔子의 언어관을 통해 본 사상」, 「《尙書·堯典》을 단초로 삼아 고찰한 孔子의 敬 사상」 등이 있다.